# 互联网+会计档案管理

蔡盈芳 著

电子工业出版社

**Publishing House of Electronics Industry**

北京·BEIJING

## 内 容 简 介

本书以互联网技术、数字技术为背景，首先介绍了会计档案、电子会计档案有关概述和传统纸质会计档案的管理方法；然后介绍了电子会计资料的收集、整理、移交等归档流程和电子会计档案保管、利用，介绍了电子会计档案管理中的真实性维护和长期性保证两大关键技术的解决方案，以及电子发票的管理；最后提供了 7 个案例以对本书介绍的理论和方法进行验证，并附有与书中内容相关的会计档案管理制度和标准规范等。

本书适合会计人员、会计档案管理人员、档案部门行政管理人员、档案管理信息化业务的服务商、高校档案教育的教师及档案科研机构的科研人员学习参考。

**图书在版编目（CIP）数据**

互联网+会计档案管理/蔡盈芳著. —北京：电子工业出版社，2019.6
ISBN 978-7-121-36816-5

Ⅰ. ①互…　Ⅱ. ①蔡…　Ⅲ. ①互联网络－应用－会计－档案管理　Ⅳ. ①G275.9-39

中国版本图书馆 CIP 数据核字（2019）第 111911 号

责任编辑：许存权
特约编辑：谢忠玉　等
印　　刷：北京七彩京通数码快印有限公司
装　　订：北京七彩京通数码快印有限公司
出版发行：电子工业出版社
　　　　　北京市海淀区万寿路 173 信箱　邮编　100036
开　　本：720×1 000　1/16　印张：21　字数：538 千字
版　　次：2019 年 6 月第 1 版
印　　次：2025 年 4 月第 4 次印刷
定　　价：89.00 元

# 前言

当前，最明显的技术特征就是互联网技术。"互联网+"极大地改变着人们的生活。在会计档案领域，电子发票的出现，互联网技术的应用，直接催生了电子会计档案的电子化单套制归档存储，直接驱动了《电子会计档案管理办法》的修订，给会计事业的发展带来了极大的促进作用，也给经济发展和政务服务提供了有力支撑。为此，很多单位希望尽快实施电子会计档案管理，实现电子会计档案的电子化单套制归档存储。但是从电子会计资料输出纸质归档到电子化单套制归档，这个跨越在档案领域是比较大的，加上这些工作是基于多种载体会计资料混合使用的情况，各单位在实施电子会计档案管理时碰到不少难题。

本书正是基于解决实施电子会计档案管理时的困难而撰写的。本书分五篇，第一篇主要介绍与会计档案工作、电子档案管理有关的概念、基本原理等内容；第二篇介绍传统载体会计档案的管理，这有助于读者了解电子会计档案管理中的有关内容；第三篇介绍电子会计档案的管理，系统介绍单位实施电子会计档案管理、实现电子会计档案单套制归档的步骤和方法；第四篇介绍与电子会计档案管理有关的电子文件管理的理论，这些内容有助于对第三篇有关内容的理解和掌握；第五篇是案例，是对前面各章节所阐述原理的验证，由于这些案例形成于《会计档案管理办法》修订期间，有些做法目前不一定适合，但有助于读者对一些做法的理解。最后是附录，附有与书中内容密切相关的法律、行政法规、部门规章和规范性文件，供读者参考。

本书案例部分内容来自本人参与编写的《<会计档案管理办法>讲解》一书，姚荷英女士对全书进行了辛苦的整理和校对工作。在此，对姚荷英女士及提供案例的单位和相关人员表示感谢！

本书适合机关、事业、企业及其他社会组织单位的会计人员和会计档案管理人员参考，也可供各级档案行政部门、档案馆、档案室相关人员参考。本书的有关内容还可供开发会计业务系统、电子档案管理系统的技术人员参考。

由于时间较紧和本人水平所限，书中的错漏及不足之处，恳请读者批评指正。

蔡盈芳

# 目录

## 第二篇　传统会计档案的管理

## 第四篇　电子会计档案若干技术

## 附　　录

# 第一篇 概　述

# 第一章　会计档案管理

## 第一节　会计档案管理概述

### 一、会计档案与会计资料

有多个文献讨论了会计档案的定义。最新修订的《会计档案管理办法》将会计档案定义为"单位在进行会计核算等过程中接收或形成的，记录和反映单位经济业务事项的，具有保存价值的文字、图表等各种形式的会计资料，包括通过计算机等电子设备形成、传输和存储的电子会计档案"。

而会计资料是指一切由文字、图表等形式形成的各种会计核算资料，来源包括从外部获得和单位在核算过程中产生的，形式包括纸质和电子两种形式。

可以从以下两点对会计档案和会计资料进行区别：

第一，会计档案是由会计资料有条件转化而来的，会计档案和会计资料是同一事物在不同阶段的不同形态。首先，会计档案是办理完毕的会计资料。这里说的办理完毕一般是指核算行为已经完成，如会计凭证已经正式生成等，而处于审批流程中的会计凭证则属于会计资料，不属于会计档案。其次，会计档案是具有保存价值的会计资料。单位在日常会计核算过程中会产生大量的会计资料，但不是所有的会计资料都要作为会计档案，如在会计核算中间环节进行试算平衡所形成的草稿，由于试算平衡的结果将最终反映到会计凭证上，所以，试算平衡的草稿就不作为会计档案保存。再次，会计档案是按一定逻辑规律整理的会计资料。即会计档案是将会计资料按照档案管理的相关要求进行整理而形成的，而不是将会计资料无逻辑、无序地堆砌。

第二，会计档案既可以是外部接收取得的会计资料，也可以是内部直接形成的各种形式的会计资料。其中，外部接收取得的会计资料是指所记载内容需要从单位外部取得的、能够证明经济事项实际发生的会计资料，主要是外部取得的各类原始凭证，如发票、银行回单、银行对账单、购销合同、收据、消费清单等。当前国家正在推进电子发票工作，符合相关要求的电子发票可以作为外部接收的会计资料予以归档。内部直接形成的会计资料是指单位在会计核算过程中产生的会计资料，主要是记账凭证、总账、明细账、日记账、固定资产卡片及其他辅助性账簿，月度、季度、半年度、年度财务会计报告等，以及单位内部相关管理系统生成的据以进行会计核算的凭据，如固定资产管理系统导出的计提折旧的资料、税务管理系统导出的计算所得税的资料等。

电子会计档案属于会计档案。电子会计档案是指具有凭证、查考价值并归档保存的电子文件。电子文件是指企业在履行其法定职责或处理事务过程中，通过计算机等电子设备形成、办理、传输和存储的数字格式的各种信息记录。因此，电子会计档案具有如下特征：第一，电子会计档案的来源是计算机等电子设备，即电子会计档案是以计算机等电子信息设备为载体形成和处理的电子会计信息；第二，电子会计档案的形成、办理、传输等环节是通过计算机等电子设备为载体进行的；第三，电子会计档案最终可以存储、保管在本地计算机等电子设备、设施中，也可以存储在第三方提供的云存储空间中。

## 二、会计档案管理

理论界对会计档案管理尚无统一的定义，《会计档案管理办法》第五条，"单位应当加强会计档案管理工作，建立和完善会计档案的收集、整理、保管、利用和鉴定销毁等管理制度，采取可靠的安全防护技术和措施，保证会计档案的真实、完整、可用、安全"。据此，我们可以对会计档案管理定义为：单位采取可靠的安全防护技术和措施对会计资料进行收集、整理，并对会计档案进行保管、利用、鉴定、销毁等，保证会计档案的真实、完整、可用、安全的过程。

该定义包含以下含义：

1.会计档案管理分为两大阶段

即会计档案管理包括会计资料管理和会计档案管理两个阶段，前者包括会计资料的收集、整理，保管一定时间（不多于3年）后向档案部门移交，这个阶段的工作主要由会计部门负责。会计档案的保管、利用、鉴定和销毁四个环节的工作，主要由档案部门负责。

2．会计档案管理需要一定的物质技术条件。

3．会计档案管理的目标是保证会计档案的真实、完整、可用、安全。

# 三、会计档案管理历史

通过检索文献，发现并没有专门针对会计档案管理历史的研究。我们认为，会计档案工作是与会计工作相伴而生的，随着会计工作和档案事业的发展而发展。自新中国建立以来，我国的会计档案工作经历了附着阶段、规范化阶段、信息化阶段和互联网阶段四个阶段。

## （一）附着阶段

会计档案工作是与会计工作相伴而生的。新中国建立后，我国在借鉴苏联会计模式的基础上，继续使用复式记账法，结合我国实际，逐步建立了我国会计制度。在会计制度中，也包括了会计档案管理制度。此时，并没有建立独立的会计档案管理制度。

## （二）规范化阶段

随着我国经济的发展，会计档案越来越多，制定专门的会计档案管理制度提上议事日程。1984 年 6 月 1 日，《会计档案管理办法》第一次正式出台，会计档案工作进入规范化管理阶段。

## （三）信息化阶段

随着信息技术的应用和档案信息化的发展，会计档案也开始应用信息技术实现信息化。1999 年，修订《会计档案管理办法》，加入了应用信息化技术的内容。但信息技术在会计档案管理中的应用仅限于目录管理和票据扫描。后来，会计档案管理的标准规范进一步完善，2008 年，《会计档案案卷格式》（DA/T 39-2008）出台，对会计档案的案卷格式进行了规范。

## （四）互联网阶段

随着互联网技术的应用，财务共享机制得到推广，原有的会计档案管理微观体制已不能满足企业的需要，对会计档案的电子化管理和电子单轨制提出迫切的需求。2012 年，国家档案局联合国家发展改革委、财政部、国家税务总局开展会计档案电子化综合管理试点，对会计档案电子化和电子发票的归档进行试点，揭开了互联网时代会计档案工作的序幕。2015 年，新修订的《会计档案管理办法》出台，将前期试点形成的会计档案电子化单轨制管理经验转化为管理制度，会计档案的信息化走在了档案信息化的前列。

# 四、电子会计档案及电子会计资料

会计资料是会计档案的前身。一直以来，我国会计工作形成的会计资料是纸质载体的，但随着信息技术的应用，会计资料开始以电子载体形式出现。尤其是《企业会计信息化工作规范》的出台，正式承认了电子会计资料的合法性。电子会计资料即由计算机生成、传输并以电子形式存在的会计资料。为适应会计信息化工作需要，电子会计档案应运而生。根据《会计档案管理办法》，电子会计档案是指通过计算机等电子设备形成、传输和存储并归档保存的电子会计资料。在这里，电子会计资料相当于我们在研究电子档案时的电子文件。本书会交替使用电子会计资料和电子文件，前者是特指电子会计档案完成归档前的状态，后者泛指电子档案完成归档前的状态。随着会计信息化的发展，电子会计资料和电子会计档案会越来越多，将成为会计档案管理工作的主要对象。

# 第二节　我国会计档案管理制度及体制

# 一、我国会计档案管理法律、法规及制度

涉及会计档案管理的法规有法律、行政规章及规范性文件，主要有以下。

## （一）法律

### 1.《档案法》

《中华人民共和国档案法》第二十四条规定"下列行为之一的，由县级以上人民政府档案行政管理部门、有关主管部门对直接负责的主管人员或者其他直接责任人员依法给予行政处分；构成犯罪的，依法追究刑事责任：（一）损毁、丢失属于国家所有的档案的；（二）擅自提供、抄录、公布、销毁属于国家所有的档案的；（三）涂改、伪造档案的；（四）违反本法第十六条、第十七条规定，擅自出卖或者转让档案的；（五）倒卖档案牟利或者将档案卖给、赠送给外国人的；（六）违反本法第十条、第十一条规定，不按规定归档或者不按期移交档案的；（七）明知所保存的档案面临危险而不采取措施，造成档案损失的；（八）档案工作人员玩忽职守，造成档案损失的。在利用档案馆的档案中，有前款第一项、第二项、第三项违法行为的，由县级以上人民政府档案行政管理部门给予警告，可以并处罚款；造成损失的，责令赔偿损失。企业事业组织或者个人有第一款第四项、第五项违法行为的，由县级以上人民政府档案行政管理部门给予警告，可以并处罚款；有违法所得的，没收违法所得；并可以依照本法第十六条的规定征购所出卖或者赠送的档案。"

第二十五条规定"携运禁止出境的档案或者其复制件出境的，由海关予以没收，可以并处罚款；并将没收的档案或者其复制件移交档案行政管理部门；构成犯罪的，依法追究刑事责任。"

### 2.《会计法》

《中华人民共和国会计法》第四十二条规定"未按照规定保管会计资料，致使会计资料毁损、灭失的，由县级以上人民政府财政部门责令限期改正，可以对单位并处三千元以上五万元以下的罚款；对其直接负责的主管人员和其他直接责任人员，可以处二千元以上二万元以下的罚款；属于国家工作人员的，还应当由其所在单位或者有关单位依法给予行政处分；构成犯罪的，依法追究刑事责任。会计人员未按照规定保管会计资料，致使会计资料毁损、灭失，情节严重的，由县级以上人民政府财政部门吊销会计从业资格证书。"

第四十四条规定"隐匿或者故意销毁依法应当保存的会计凭证、会计账簿、财务会计报告，构成犯罪的，依法追究刑事责任。"

### 3.《刑法》

《刑法》第三百二十九条规定"抢夺、窃取国家所有的档案的，处五年以下有期徒刑或者拘役"，"违反档案法的规定，擅自出卖、转让国家所有的档案，情节严重的，处三年以下有期徒刑或者拘役"。

## （二）行政规章

### 1.《会计档案管理办法》

这是为专门规范会计档案管理而出台的部门规章，由财政部和国家档案局联合制发。《会计档案管理办法》的内容将在第二章专门介绍，本节不介绍。

### 2.《档案管理违法违纪行为处分规定》（国家档案局令第 30 号）

该规定于 2013 年由监察部、人力资源和社会保障部、国家档案局联合下发，其中多项条款适用于会计档案管理，主要条款如下：

第三条规定"将公务活动中形成的应当归档的文件材料、资料据为己有，拒绝交档案机构、档案工作人员归档的，对有关责任人员，给予警告处分；情节较重的，给予记过或者记大过处分；情节严重的，给予降级或者撤职处分。"

第四条规定"拒不按照国家规定向指定的国家档案馆移交档案的，对有关责任人员，给予警告或者记过处分；情节较重的，给予记大过或者降级处分；情节严重的，给予撤职处分。"

第五条规定"出卖或者违反国家规定转让、交换以及赠送档案的，对有关责任人员，给予撤职或者开除处分。"

第六条规定"利用职务之便，将所保管的档案据为己有的，对有关责任人员，给予记大过处分；情节较重的，给予降级或者撤职处分；情节严重的，给予开除处分。"

第七条规定"因工作不负责任或者不遵守档案工作制度，导致档案损毁、丢失的，对有关责任人员，给予记过处分；情节较重的，给予记大过或者降级处分；情节严重的，给予撤职或者开除处分。"

第八条规定"擅自销毁档案的，对有关责任人员，给予记过处分；情节较重的，给予记大过或者降级处分；情节严重的，给予撤职或者开除处分。

第九条规定"有下列行为之一的，对有关责任人员，给予记过或者记大过处分；情节较重的，给予降级或者撤职处分；情节严重的，给予开除处分：（一）涂改、伪造档案的；（二）擅自从档案中抽取、撤换、添加档案材料的。"

第十条规定"携运、邮寄禁止出境的档案或者其复制件出境的，对有关责任人员，给予警告、记过或者记大过处分；情节较重的，给予降级或者撤职处分；情节严重的，给予开除处分。"

第十一条规定"有下列行为之一的，对有关责任人员，给予警告、记过或者记大过处分；情节较重的，给予降级或者撤职处分；情节严重的，给予开除处分：（一）擅自提供、抄录、复制档案的；（二）擅自公布未开放档案的。"

第十二条规定"有下列行为之一，导致档案安全事故发生的，对有关责任人员，给予记过或者记大过处分；情节较重的，给予降级或者撤职处分；情节严重的，给予开除处分：（一）未配备安全保管档案的必要设施、设备的；（二）未建立档案安全管理规章制度的；（三）明知所保存的档案面临危险而不采取措施的。"

第十三条规定"有下列行为之一的，对有关责任人员，给予记过或者记大过处分；情节较重的，给予降级或者撤职处分；情节严重的，给予开除处分：（一）档案安全事故发生后，不及时组织抢救的；（二）档案安全事故发生后，隐瞒不报、虚假报告或者不及时报告的；（三）档案安全事故发生后，干扰阻挠有关部门调查的。"

第十四条规定"在档案利用工作中违反国家规定收取费用的，对有关责任人员，给予记过或者记大过处分；情节较重的，给予降级或者撤职处分；情节严重的，给予开除处分。"

第十五条规定"违反国家规定扩大或者缩小档案接收范围的，对有关责任人员，给予警告或者记过处分；情节较重的，给予记大过或者降级处分；情节严重的，给予撤职处分。"

第十六条规定"拒不按照国家规定开放档案的，对有关责任人员，给予警告、记过或者记大过处分。"

第十七条规定"因档案管理违法违纪行为受到处分的人员对处分决定不服的，依照《中华人民共和国行政监察法》《中华人民共和国公务员法》《行政机关公务员处分条例》等有关规定，可以申请复核或者申诉。"

对于企业不属于公职人员的，应按照各企业制定的档案违法违纪行为处罚规定予以处罚。

## （三）规范性文件

### 1.《会计基础工作规范》

《会计基础工作规范》对会计基础工作的管理、会计机构和会计人员、会计人员职业道德、会计核算、会计监督、单位内部会计管理制度建设等问题作出了全面规范，一方面为各基层单位和广大会计人员开展会计基础工作提出要求和示范，使加强和改进会计基础有明确的目标和具体努力方向，以此推动各单位的会计基础工作逐步规范化、科学化、现代化；另一方面，为各级管理部门管理会计基础工作、检查会计基础工作情况提供政策依据和考核标准，督促各单位不断改进和加强会计基础工作。《规范》共六章一百零一条，第一章总则，第二章会计机构和会计人员，第三章会计核算，第四章会计监督，第五章内部会计管理制度，第六章附则。其中在第十一条规定，各机构必须设置会计档案管理岗位。第十二条规定，出纳不得兼任会计档案保管工作。第四十条规定，"各单位的会计凭证、会计账簿、会计报表和其他会计资料，应当建立档案，妥善保管。会计档案建档要求、保管期限、销毁办法等依据《会计档案管理办法》的规定进行。实行会计电算化的单位，有关电子数据、会计软件资料等应当作为会计档案进行管理"。

### 2.《企业会计信息化工作规范》

《企业会计信息化工作规范》于2013年12月6日财政部印发，涉及会计档案管理的是第十三条，其中规定"会计软件应当具有会计资料归档功能，提供导出会计档案的接口，在会计档案存储格式、元数据采集、真实性与完整性保障方面，符合国家有关电子文件归档与电子档案管理的要求"。

### 3.《会计案卷格式要求》

《会计案卷格式要求》于2009年11月2日发布，2010年1月1日实施，标准号为DA/T 39—2008，规定了会计档案卷（盒）及其有关表格的项目设置、规格、质量要求，是有关会计档案管理的唯一一份档案行业标准。

## 二、会计档案工作的宏观管理体制

会计档案工作宏观管理体制的规定体现在《会计档案管理办法》第四条，即"财政部和国家档案局主管全国会计档案工作，共同制定全国统一的会计档案工作制度，对全国会计档案工作实行监督和指导。""县级以上地方人民政府财政部门和档案行政管理部门管理本行政区域内的会计档案工作，并对本行政区域内会计档案工作实行监督和指导。"这条规定表明，我国会计档案管理工作坚持统一领导、分级管理的原则。财政部和国家档案局是全国会计档案工作的行政主管部门，对全国会计档案工作进行统一领导；各地会计档案工作的监督和指导由其所在地的地方人民政府财政部门和档案行政管理部门具体负责。这样，既可以防止会计档案工作政出多门、无人负责，又可以防止会计档案多头管理、分散流失。

## 三、会计档案管理的微观体制

会计档案工作微观管理体制是指一个单位内部的会计档案管理体制，对此，《会计档案管理办法》通过多项条款进行了规定，分别如下：

第五条 单位应当加强会计档案管理工作，建立和完善会计档案的收集、整理、保管、利用和鉴定销毁等管理制度，采取可靠的安全防护技术和措施，保证会计档案的真实、完整、可用、安全。

单位的档案机构或者档案工作人员所属机构（以下统称单位档案管理机构）负责管理本单位的会计档案。单位也可以委托具备档案管理条件的机构代为管理会计档案。

第十条 单位的会计机构或会计人员所属机构（以下统称单位会计管理机构）按照归档范围和归档要求，负责定期将应当归档的会计资料整理立卷，编制会计档案保管清册。

第十一条 当年形成的会计档案，在会计年度终了后，可由单位会计管理机构临时保管一年，再移交单位档案管理机构保管。因工作需要确需推迟移交的，应当经单位档案管理机构同意。

单位会计管理机构临时保管会计档案最长不超过三年。临时保管期间，会计档案的保管应当符合国家档案管理的有关规定，且出纳人员不得兼管会计档案。

第十七条　会计档案鉴定工作应当由单位档案管理机构牵头，组织单位会计、审计、纪检监察等机构或人员共同进行。

第十八条　经鉴定可以销毁的会计档案，应当按照以下程序销毁。

（一）单位档案管理机构编制会计档案销毁清册，列明拟销毁会计档案的名称、卷号、册数、起止年度、档案编号、应保管期限、已保管期限和销毁时间等内容。

（二）单位负责人、档案管理机构负责人、会计管理机构负责人、档案管理机构经办人、会计管理机构经办人在会计档案销毁清册上签署意见。

（三）单位档案管理机构负责组织会计档案销毁工作，并与会计管理机构共同派员监销。监销人在会计档案销毁前，应当按照会计档案销毁清册所列内容进行清点核对；在会计档案销毁后，应当在会计档案销毁清册上签名或盖章。

电子会计档案的销毁还应当符合国家有关电子档案的规定，并由单位档案管理机构、会计管理机构和信息系统管理机构共同派员监销。

第二十三条　建设单位在项目建设期间形成的会计档案，需要移交给建设项目接受单位的，应当在办理竣工财务决算后及时移交，并按照规定办理交接手续。

第二十六条　单位委托中介机构代理记账的，应当在签订的书面委托合同中，明确会计档案的管理要求及相应责任。

根据上述规定，单位内部会计档案管理是一种既分工又协作的关系。各方职责如下。

## （一）企业负责人会计档案管理职责

### 1．建立档案机构

各单位应根据本单位生产经营的规模和管理要求，设立相应的档案管理机构或者配备相应的档案工作人员。单位的档案管理机构不一定是专门的机构或部门，也可由单位的综合部门承担；对于规模较小、业务简单的单位，可以仅配备兼职的档案工作人员，或者委托具备档案管理条件的机构代为管理会计档案。代为管理档案的机构的档案人员、档案业务流程、保管档案的库房以及设施设备等也应当满足档案管理的相关要求。

### 2. 建立会计档案管理制度

建立和完善会计档案的收集、整理、保管、利用和鉴定销毁等管理制度。

### 3. 为会计档案工作配备必要的设备

采取可靠的安全防护技术和措施，配备必要的设备。

## （二）会计部门职责

根据《会计档案管理办法》第十条要求，单位的会计机构的职责是：按照归档范围和归档要求，负责定期将应当归档的会计资料整理立卷，编制会计档案保管清册。还有一项工作就是进行到期档案的销毁监督。

## （三）档案部门的职责

单位的档案部门负责管理本单位的会计档案。这里的管理是指保管、鉴定、利用、销毁，对所属单位的会计档案工作实行监督和业务指导。

## （四）其他部门的职责

其他部门为信息技术部门、保密部门、法律及其他有关部门，它们的职责是协助档案部门开展到期档案的鉴定工作，参加到期档案的鉴定会议。

## （五）会计档案工作协调机制

为了做好到期档案的鉴定工作，要求各单位在鉴定会计档案时，成立会计档案鉴定小组（或委员会、临时会议），由档案部门牵头，会计、财务、审计、法律、资产管理等部门组成或参加。

## （六）会计档案管理工作外包

单位如自身不具备会计档案管理能力，或是从经济性考虑，也可将会计档案工作外包。一是将会计档案工作委托给代理记账机构。委托人委托代理记账机构代理记账，应当在相互协商的基础上，订立书面委托合同。委托合同除应具备法律规定的基本条款外，应当明确下列内容：

（1）双方对会计资料真实性、完整性各自应当承担的责任；（2）会计资料的传递程序和签收手续；（3）编制和提供财务会计报告的要求；（4）会计档案的保管要求及相应的责任；（5）终止委托合同应当办理的交接事宜。

代理记账机构接受委托对单位的会计档案进行管理的，应当遵照《会计档案管理办法》的有关规定。

代理记账机构如满足《会计档案管理办法》第八条、第九条规定条件的，可以利用信息化手段管理委托人的电子会计档案。

单位也可以仅将会计档案的管理工作（包括整理、保管、利用、销毁等工作）外包给其他有关机构，但过程必须符合《档案服务外包工作规范》。

还有一种情况，单位将会计档案管理工作委托给下属单位，既不签订合同，也不支付费用。这种情况也应遵照《会计档案管理办法》及《档案服务外包工作规范》。

# 第三节  互联网时代会计档案工作的机遇与挑战

## 一、互联网时代的会计工作

"互联网+"是把互联网的创新成果与经济社会各领域深度融合，推动技术进步、效率提升和组织变革，提升实体经济创新力和生产力，形成更广泛的以互联网为基础设施和创新要素的经济社会发展新形态。近些年来，"互联网+"逐步深入人心，已经改变着各行各业。会计工作的许多方面也与互联网开始深入融合，网络代理记账、在线财务管理咨询、云会计与云审计服务等第三方会计审计服务模式初现端倪；以会计信息化应用为基础的财务一体化进程不断提速、财务共享服务中心模式逐渐成熟；联网管理、在线受理等基于互联网平台的管理模式成为会计管理新手段。

## （一）基于互联网平台的管理模式成为会计管理新手段

在互联网时代下，企业间的竞争非常激烈，谁掌握了先进的科学技术和最新的商务信息，谁就会在竞争中处于领先地位。在电子商务中，企业运用各种现代化的电子信息工具，使得各经济主体间的经济交易得以迅速、准确进行。会计作为一种以提供财务信息为主的经济信息系统，必须采用多样化、现代化的手段为企业服务。网络会计的出现，打破了原先束缚会计自由发展的桎梏，会计信息化早已从会计电算化过渡到互联网管理、在线受理等，并且全球账簿应运而生。

## （二）云会计服务模式初现端倪

电子商务要求会计服务范围更加广泛。电子商务是基于网络、信息社会的产物，其活动领域可以形成从政府到市场，从市场到生产，从生产到消费者的许多方面的网络与联系，即将原有的商务活动扩散，延伸到商品生产企业的采购、销售环节；延伸到政府的贸易、调控、采购部门；延伸到消费者的办公室、家庭等网络可以到达的一切地方，从而形成了全球统一、规范竞争的有序的大市场。而会计为了更好适应电子商务的客观要求，服务于这个大市场，其服务范围也应不断扩大，不但要服务物质生产领域，而且还要服务非物质生产领域，如政府、流通行业、消费者以及国内外贸易的各个方面。网络代理记账、在线财务管理咨询、云会计与云审计服务等第三方会计审计服务模式初现端倪。

## （三）财务共享服务中心模式逐渐成熟

财务共享服务中心（Finance Shared Service Center，简称 FSSC）作为一种新的财务管理模式正在许多跨国公司和国内大型集团公司中兴起与推广。财务共享服务中心是企业集中式管理模式在财务管理上的最新应用，其目的在于通过一种有效的运作模式来解决大型集团公司财务职能建设中的重复投入和效率低下的弊端。"财务共享服务"（Finance Shared Service，简称 FSS）最初源于一个很简单的想法：将集团内各分公司的某些事务性的功能（如会计账务处理、员工工资福利处理等）集中处理，以达到规模效应，降低运作成本。目前，众多《财富》500 强公司都已引入、建立"共享服务"运作模式。根据埃森哲公司（Accenture）在欧洲的调查，30 多家在欧洲建立"财务共享服务中心"的跨国公司平均降低了 30% 的财务运作成本。

### （四）电子发票从试点到全国应用

电子发票本身就是互联网时代的产物。没有互联网，就不可能出现电子发票。2012 年初，在北京、浙江、广州、深圳等 22 个省市开展网络（电子）发票应用试点后，国家税务总局在发布的《网络发票管理办法（征求意见稿）》中提到，国家将积极推广使用网络发票管理系统开具发票，并力争在三年内将网络发票推广到全国。

2013 年 6 月 27 日，北京市国家税务局、北京市地方税务局、北京市商务委员会、北京市工商行政管理局发布关于电子发票应用试点若干事项的公告。公告称，自 2013 年 6 月 27 日起，在北京市开展电子发票应用试点。2018 年，全国开出电子发票 43.5 亿张。电子发票的出现大大提高了行政管理效率，降低了企业经营成本，节约了社会资源。据京东商城介绍，2018 年开具电子发票 14 亿多张，节省打印耗材及相关人工成本约 4 亿元。电子发票加速了会计工作信息化和网络化的速度，给会计信息记录和处理带来极大的挑战和机遇。

## 二、互联网时代会计档案管理的挑战

面对互联网时代会计工作的变革，会计档案工作也面临着不少挑战。

### （一）会计档案在线服务需求迫切

互联网时代，财务共享服务中心模式逐渐成熟。财务共享服务中心模式实行会计在线服务，打破了会计服务模式的地域限制，会计信息跨地域传送和共享。这在客观上要求会计资料的归档收集、整理、鉴定以及会计档案的保管、利用等均需采用在线的跨地域管理方式。不少企业正是因为无法解决数量庞大的纸质会计资料的跨地域流动，从而放弃了财务共享服务中心模式的实施。有的企业为了实施财务共享服务中心模式，不得不在纸质档案的跨地域流动花费更多的费用，抵消了财务共享服务中心模式的节约效应。会计档案电子化单轨制管理模式正是在中国电信集团、中国人保财险集团公司等实施财务共享服务中心模式时提出的。

## （二）会计档案载体产生较大变化

为了适应互联网时代的会计工作，财政部下发了《企业会计信息化工作规范》，企业会计资料正式由纸质载体转变为电子载体。2012 年，国家推出电子发票，截至 2019 年初，电子普通发票开票量占到总开票量的半数以上，会计资料中电子载体的发票越来越多。近期财政部票据管理中心也正式实施财政票据的电子化管理，财政票据也由纸质载体转变为电子载体。会计资料载体的变化直接决定了会计档案载体由纸质向电子的转变，而且其转变速度远超其他类别的档案。当前，尽管我国电子档案管理技术日臻成熟，但仍有部分关键技术等待攻克，电子会计档案的出现，给会计档案工作提出了较大的挑战。

## （三）会计档案数量以前所未有的速度增长

随着经济发展，商务活动变得更加频繁，商务交易量增长迅速。互联网技术的运用，交易信息记录更加方便，这使得会计信息数量以几何级数增加，随之而来的会计资料和会计档案的数量以前所未有的速度增长。财务共享服务中心模式使分散的会计档案走向集中，会计档案数量增加速度明显高于非共享模式。会计档案数量增长，给会计档案工作提出了挑战。

## （四）要求更高效管理会计档案

在互联网时代，市场竞争非常激烈，在商务活动中，各经济主体间的经济交易必须迅速、准确进行。会计档案作为经济主体的一部分，其管理工作也要求更高效率，以满足交易、决策、管理等迅速、准确地进行。

## （五）对多维会计信息利用提出了需求

在互联网时代，大数据技术得到青睐。经济主体已不满足于传统纸质会计档案管理模式下仅提供一维会计档案信息，而且要求能提供多维信息，以便于在大数据技术中应用，使会计档案信息为运营、管理、决策、分析等提供更好的服务。

# 三、互联网时代会计档案管理的机遇

互联网时代给会计档案工作带来了巨大挑战，客观世界往往是机遇与挑战并存，会计档案工作也不例外。

## （一）互联网时代为提高会计档案管理效率提供了机遇

互联网时代，会计档案管理对象的载体由纸质的变为电子的，会计档案的形态由模拟的变为数字的，会计档案信息的传输变得更加方便；与此同时，会计档案工作还运用互联网技术，加速了会计信息的流动，加快了处理会计档案的速度，会计档案管理效率大幅提高。据中国人保财险集团公司对实施会计档案电子化转型前后的对比显示，会计档案管理工作电子化后管理效率提高了 3 倍多，以前需要 4 人管理会计档案，现在只需 1 人。互联网技术的运用，也使会计档案信息提供利用的效率大幅提高，会计档案利用可突破时空限制。

## （二）互联网时代为提升会计档案服务经济发展的能力提供了机遇

财务共享服务中心模式、电子发票的应用、会计信息化的快速发展，促使会计档案管理加速电子化转型升级。但反过来，会计档案管理电子化的转型升级也有力地促进了财务共享服务中心模式的发展，使之得以在更大范围实施；同时，会计档案管理电子化的转型升级也有力地促进了电子发票的应用，使电子发票的推广应用速度明显加快。更为重要的是，会计档案管理电子化的转型升级也解决了因会计数据迅速增长而使会计业务系统超负荷运行问题，解决了会计数据的长期保存问题，有力地促进了会计信息化的发展。

## （三）互联网时代给会计档案管理的长足发展提供了千载难逢的机遇

互联网时代，会计档案管理融入并应用互联网技术，使会计档案管理实现了电子化，使会计档案的利用方式得到了革命性的变革。与此同时，各单位基于财务共享服务中心建设、电子发票应用、电子商务体系建设等需要，加大对会计档案电子化转型投入的力度，使会计档案管理得到了长足发展，成为国内率先实现电子化单轨制归档的档案类别。

# 四、互联网时代会计档案管理转型升级

## （一）转型升级的方向

### 1. 实现管理手段的信息化

管理手段的信息化，是应对当前会计档案管理工作挑战的必由之路。不实现管理手段的信息化，会计档案管理不仅无法应对和满足当前会计业务发展的需要，也无法融入会计业务工作，最终会使会计档案管理失去其应有的作用。管理手段的信息化是当前档案管理发展的方向，当然也应该是档案部门工作的方向。

### 2. 服务方式网络化

传统的会计档案服务方式受地域和时间限制，远不能满足互联网时代会计业务工作和政治、经济、文化等发展的需要。要满足当前各方面对会计档案管理的需求，就必须实现服务方式的网络化，使会计档案的各种服务突破时空限制，从而促进财务共享服务中心建设、电子发票应用、电子商务体系建设等需要。

### 3. 共享利用知识化

互联网技术的应用催生了大数据技术。大数据背景下，各单位对更深层次和多维会计信息的利用提出了更高的需求，这种需求本质上是利用大数据、知识管理等技术将会计信息转化为知识，因此，互联网时代，共享利用知识化是会计档案管理转型升级的又一大方向。

## （二）转型升级的内容

前面论述了互联网时代会计档案管理转型升级的方向，但转型升级必须通过以下几个方面的工作来实现。

### 1. 实现会计档案资源的电子化

会计档案资源的电子化主要是对电子会计资料实现电子化单轨制归档，使其归档后仍旧保持电子化（数字化）状态，而不是打印纸质会计资料归档。要实现电子会计资料的电子化单轨制归档，会计业务系统要开发归档接口、设计电子会计档案的存储格式、规划电子会计档案的元数据、设计归档流程等。

### 2. 实施电子档案管理系统

实现对电子会计资料的收集归档，实现会计档案管理手段的信息化，实现会计档案的网络服务等，都离不开实施电子档案管理系统。实施电子会计档案管理系统可通过购买、自主开发等方式，这是当前档案信息化工作的主要内容。

### 3. 建立适应电子商务发展的会计档案管理模式

要实现会计档案管理的转型升级，仅有手段上的转变还远远不够，还要建立适应互联网时代业务需要的会计档案管理模式，即由分散走向集中，由手工管理模式向信息化管理模式转变。

### 4. 转变观念，融入电子商务

要实现会计档案管理的转型升级，有手段、技术、管理对象等方面的转变还不能顺利实现，还必须要有思想上的转变。因此，要将会计档案管理从传统方式走向互联网方式，还要转变观念，要由被动服务向主动服务转变，由封闭向开放、共享转变。要对会计档案工作人员进行新思想、新理念的教育引导，使之树立主动作为、开放、共享的理念。要将会计档案管理融入电子商务之中，识别电子商务的需求，主动作为，真正体现档案工作围绕中心、服务大局的理念。

# 第二章 《会计档案管理办法》修订与会计档案工作

为适应电子会计档案电子化单轨制管理的需要，2015年12月11日，实施了17年的《会计档案管理办法》再次完成了修订。修订后的《会计档案管理办法》促进了电子会计档案的管理，本章重点介绍《会计档案管理办法》修订的有关情况。

## 第一节 《会计档案管理办法》的修订背景、过程和意义

### 一、修订背景

1984年财政部、国家档案局联合印发了《会计档案管理办法》，并于1998年进行了第一次修订。《会计档案管理办法》实施十多年以来，在规范和加强会计档案管理、促进会计工作更好地为经济建设服务等方面发挥了积极作用。近年来，随着我国市场经济体制的不断健全、经济社会的快速发展以及信息技术的广泛应用，会计档案的范围内容、承载形式、管理手段、应用程度等均发生了较大变化，《会计档案管理办法》原来的有关条款已经无法适应新情况和新变化，突出表现如下。

（一）近年来，党中央、国务院积极推动"互联网+"行动和"大众创业万众创新"，我国基于互联网的新业态、新模式蓬勃兴起，国家对会计档案的管理提出了新的需求。如2013年国家发改委联合有关部委下发《关于进一步促进电子商务健康快速发展有关工作的通知》（发改办高技〔2013〕894号）文件，其中第二条就提出"推动电子商务企业会计档案电子化试点工作。财政部会同有

关部门，组织开展会计档案电子化管理试点工作，修订完善《会计档案管理办法》，研究完善电子会计档案管理制度，推进电子会计档案在电子商务领域中的应用，充分发挥电子会计档案在电子商务领域会计信息数据管理、利用等方面的作用，推动电子商务领域会计信息化，提高会计信息质量。"2015 年 5 月 4日，国务院下发《关于大力发展电子商务加快培育经济新动力的意见》（国发〔2015〕24 号）文，专门要求税务总局、财政部、国家档案局、国家标准委等部门"逐步推行电子发票和电子会计档案，完善相关技术标准和规章制度"。

（二）随着各单位信息化水平和精细化管理程度的日益提升，越来越多的会计凭证、账簿、报表等会计资料以电子形式产生、传输、保管，形成了大量的电子会计档案，需要予以规范。

（三）随着各单位经营管理对会计核算多维信息需求的增加，会计档案数量大幅上升，档案管理工作面临着成本效率问题，会计档案的保管方式需要进行变革。

（四）随着我国会计法律法规的不断完善，以及国家有关档案管理标准的出台或修订，会计档案的范围、保管、利用、销毁、交接等方面的规定需要予以调整或进行完善。

## 二、修订意义

（一）有利于推动互联网创新经济的发展。新修订的《会计档案管理办法》肯定了电子会计档案的法律效力，电子会计凭证的获取、报销、入账、归档、保管等均可以实现电子化管理，将大大推动电子凭证的在线传递和线上应用，为互联网创新经济发展提供了有力的政策支持。

（二）有利于促进形成绿色、低碳的发展方式。党的十八大报告强调，要着力推进绿色发展、循环发展、低碳发展，形成节约资源和保护环境的空间格局、产业结构、生产方式、生活方式；党的十八届三中全会进一步提出要加快建立生态文明制度。党的十八届五中全会提出必须牢固树立并切实贯彻创新、协调、绿色、开放、共享的发展理念。新修订的《会计档案管理办法》允许符合条件的会计凭证、账簿等会计资料可以不再打印纸质资料归档保存，同时要求建立会计档案鉴定销毁制度，完善销毁流程，推动会计档案销毁工作有序开展。这些新的规定将节约大量纸质会计资料的打印、传递、整理成本以及归档后的保管成本，减少社会资源耗费，推动节能减排，有利于形成绿色环保的生产方式。

（三）有利于推进国家治理能力现代化。国家治理体系和治理能力现代化需要大数据的支撑，需要通过广度信息聚合、深度数据挖掘、扁平网络传递，实现决策科学化、管理精细化。电子会计档案是电子会计资料的归属，新《会计档案管理办法》明确将电子会计档案纳入会计档案范围，将大力推动电子会计数据的深度开发和有效利用，为政府决策和管理提供更多维度、更具参考价值的会计信息。

# 三、修订过程

（一）第一次修改阶段（2010年—2011年）。为探索会计档案电子化管理的有效模式，规范电子会计档案管理，修改完善1998年版《会计档案管理办法》，从2010年底开始，国家档案局会同财政部先后赴中海油、中国电信、中国联通等企业以及广东省的有关行政事业单位开展了调研和座谈。根据调研情况，对《会计档案管理办法》进行修改，重点规范电子会计档案管理，并结合电子会计档案的特点，对会计档案的定义、范围、归档、查阅、销毁等内容进行了修改，形成了征求意见稿，并于2011年6月在全国财政系统征求意见。根据各地的反馈意见，国家档案局会同财政部对《会计档案管理办法》的有关内容再次进行了修改完善。在此次征求意见过程中，不少单位提出，会计档案管理工作目前面临的最大问题就是如何规范管理电子会计档案，电子会计档案需要先进的信息技术来支撑，保障电子会计数据的真实、完整、可读、安全，建议选择一些企业开展相关试点，完善技术、培养人才、积累经验、形成标准。

（二）开展试点阶段（2012年—2014年）。2012年，国家档案局会同财政部，按照"企业主动申请、符合必要条件"的原则，确定在中国电信广东省分公司、中国联通集团公司开展会计档案电子化管理试点工作，试点内容为"以电子形式保存记账凭证、总账、明细账、日记账、内部信息系统产生的原始凭证和外部的银行回单"。2013年2月，国家税务总局印发了《网络发票管理办法》（国家税务总局令第30号），提出"省以上税务机关在确保网络发票电子信息正确生成、可靠存储、查询验证、安全唯一等条件的情况下，可以试行电子发票"。为此，国家档案局会同财政部、国家税务总局、审计署联合组织中国人民财产保险股份有限公司开展会计档案电子化管理试点，试点内容扩大到电子发票的入账报销和归档保存。2013 年 4 月，发展改革委、财政部等 13 个部委发布了《关于进一步促进电子商务健康发展有关工作的通知》（发改办高技〔2013〕894 号）提出"推进电子会计档案在电子商务领域中的应用，充分发挥电子会计档案在电子商务领域会计信息数据管理、利用等方面的作用，推动电子商务领域会计信息化，提高会计信息质量"。结合电子商务企业的快速发展对电子化管理的迫切需求，财政部会同发展改革委、国家税务总局、国家档案局选择部分地区和企业开展电子发票及电子会计档案管理综合试点工作。2014 年 7 月，财政部会同国家档案局进一步推动财政票据会计档案电子化工作，并在厦门开展试点。

（三）第二次修改阶段（2014 年—2015 年）。在试点基础上，2014 年 10 月国家档案局、财政部再次启动现行《会计档案管理办法》的修改工作，成立了由试点单位工作人员及有关专家组成的《会计档案管理办法》修订工作组，对现行的《会计档案管理办法》进行了集中修改；2014 年 12 月国家档案局印发了《会计档案管理办法（征求意见稿）》，向社会公开征求意见，收到反馈意见近 200 条；2015 年 5 月再次印发征求意见稿，向社会公开征求意见，收到反馈意见 100 多条。两次的反馈意见主要集中在以下五个方面：一是建议在该办法的基础上出台相关细则或解读材料，对各类会计档案的保存和归档要求（如电子档案存储介质、环境及备份要求）以及仅以电子形式归档保存需要满足的条件等方面进行详细说明，以便更好指导各单位开展会计档案管理工作；二是建议修改或完善仅以电子形式保管的会计档案的具体条件，如电子会计档案与纸质会计档案的关系、外部原始凭证的电子签名等；三是建议明确会计档案销毁工作的组织、流程和责任等；四是建议延长会计机构移交会计档案的时间，以及明确电子会计档案移交的有关要求；五是建议明确会计档案携带出境的要求，并修改完善驻外机构和境内单位在境外设立企业的会计档案的相关规定。国家档案局和财政部对收集的意见进行了集中讨论和研究，充分吸收了其中的合理化建议，形成了《会计档案管理办法（修订草案）》。

在修订期间，国家档案局多次召开有关业务司部参加的协调会，讨论有关条款的修改。为确定有关条款内容，2015 年 5 月，国家档案局领导亲自召开会议，讨论本办法的征求意见稿。9 月 29 日，财政部、国家档案局召开了公开征求意见后的专家咨询会议，在会上，专家对个别条款提出了完善性修改意见。

# 第二节 《会计档案管理办法》修订要点

新修订的《会计档案管理办法》（以下简称《办法》）共 31 条，与原《会计档案管理办法》相比，主要在以下方面做了修订。一是完善了会计档案的定义和范围。二是明确了电子会计档案管理要求。三是增加了实行会计档案仅以电子形式归档保存的管理要求。四是进一步完善了会计档案的鉴定销毁程序。五是明确了会计档案出境的管理要求。六是对会计档案向单位档案管理机构移交的时间做了更加灵活的规定。七是对定期保管会计档案的保管期限做了调整，延长了凭证、账簿和辅助性会计资料的保管期限。下面对电子会计档案的定义和范围、电子会计档案管理要求、会计档案仅以电子形式归档保存的管理要求、会计档案的鉴定要求和销毁程序五个方面的修订进行说明。

## 一、提出了电子会计档案的概念

新《办法》第三条明确"通过计算机等电子设备形成、传输和存储的会计档案"是电子会计档案。本概念既参照了《电子档案管理基本术语》（DA/T58-2014）中的电子档案的概念，又不同于下定义，而是以范围界定的方式确定了什么是电子会计档案。在这个表述中，特别强调了电子会计档案的原生性，即通过计算机等设备形成的，以区别于将纸质会计档案扫描形成的数字化副本。

## 二、提出了电子会计档案的管理要求

与原《会计档案管理办法》相比，新《会计档案管理办法》最主要的内容就是电子会计档案管理的要求，主要修订要点如下。

一是明确了"单位可以利用计算机、网络通信等信息技术手段管理会计档案"，这与原《会计档案管理办法》中"具备采用磁带、磁盘、光盘、微缩胶片等磁性介质保存会计档案条件的，由国务院业务主管部门统一规定，并报财政部、国家档案局备案"的要求是截然不同，不用报备即可利用计算机、网络通信等信息技术手段管理会计档案。

二是对电子会计档案移交与接收提出了要求。要求电子会计档案移交时将电子会计档案及其元数据一并移交，且文件格式应当符合国家档案管理的有关规定；特殊格式的电子会计档案应当与其读取平台一并移交。

电子会计档案接收分为单位内部会计部门向档案部门移交接收以及单位之间的移交接收。对于前者，要求"单位档案管理机构接收电子会计档案时，应当对电子会计档案的准确性、完整性、可用性、安全性进行检测，符合要求的才能接收"；对于后者要求"档案接受单位应当对保存电子会计档案的载体及其技术环境进行检验，确保所接收电子会计档案的准确、完整、可用和安全"。

三是要求电子会计档案的销毁由单位档案管理机构、会计管理机构和信息系统管理机构共同派员监销。

## 三、仅以电子形式归档保存会计档案的管理要求

为确保电子会计档案的真实、完整、可用、安全，对于电子会计资料仅以电子形式归档保存的方式，新《会计档案管理办法》提出了如下要求：一是形成的电子会计资料来源真实有效，由计算机等电子设备形成和传输；二是使用的会计核算系统能够准确、完整、有效接收和读取电子会计资料，能够输出符合国家标准归档格式的会计凭证、会计账簿、财务会计报表等会计资料，设定了经办、审核、审批等必要的审签程序；三是使用的电子档案管理系统能够有效接收、管理、利用电子会计档案，符合电子档案的长期保管要求，并建立了电子会计档案与相关联的其他纸质会计档案的检索关系；四是采取有效措施，防止电子会计档案被篡改；五是建立电子会计档案备份制度，能够有效防范自然灾害、意外事故和人为破坏的影响；六是形成的电子会计资料不属于具有永久保存价值或者其他重要保存价值的会计档案；七是电子会计资料附有符合《中华人民共和国电子签名法》规定的电子签名。以上要求中：第一、七项规定是确保电子会计档案的真实，第二、三、六项是确保电子会计档案的准确、完整、可用，第四、五项规定是确保电子会计档案的安全。单位内部生成的电子会计资料仅以电子形式归档保存必须同时满足第一至六项规定；单位外部接收的电子会计资料仅以电子形式归档保存必须同时满足第一至七项规定。

## 四、会计档案保管期限的调整

会计档案保管期限的调整是这次《会计档案管理办法》修订的重要内容，也是变化最大的内容。

新《会计档案管理办法》将会计档案的定期保管期限由 3 年、5 年、10 年、15 年、25 年五类调整为 10 年、30 年两类。调整原因主要包括以下几个方面。

一是与各单位其他档案保管期限保持一致的需要。近年来，国家档案局对机关和企业档案的定期保管期限进行了调整，《机关文件材料归档范围和文书档案保管期限规定》（国家档案局令第 8 号）、《企业文件材料归档范围和档案保管期限规定》（国家档案局令第 10 号）分别将机关文书档案和企业档案的定期保管期限统一为 10 年、30 年。

二是与有关法律法规相协调的需要。会计档案在很多民事案件中都作为重要证据，民事案件的诉讼时效最长为 20 年，加上诉讼开始前事件已经有一定的时间，民事案件常常需要 20 年以前的会计档案作为证据。但大部分会计档案的最低保管期限都低于 20 年。某法院在经济纠纷案审判中曾遇到过由于会计档案到期已销毁而无法判定钱款是否收付的情况，后来该法院专门提出司法建议指出，由于民事案件的诉讼时效最长为 20 年，建议将会计凭证和会计账簿的保管期限修改为 20 年以上。

三是与资产存续期限相协调。各单位都认为原定保管期限太短，由于原定保管期限不合理，特别是一些与使用期超过档案保管期限的固定资产相关的会计档案，在保管期限到了后，与其相关的资产仍在使用或存续，与此有关的会计档案需要调阅查用。

四是贯彻以人为本的理念。大量会计档案与人有关，与人有关的档案会在较长时间内需要查阅利用。原《会计档案管理办法》规定的保管期远远短于其他与人有关的档案的保管期限，为了维持各单位员工或社会其他成员的合法权益，将会计档案的保管期限适当延长是必要的。

五是现实反映会计原定保管期限过短。各单位有大量到了原定保管期限的会计档案也都不销毁，有的单位 50 年前的会计档案仍旧保留着；超过 15 年的凭证档案和超过 25 年的账簿档案仍有被查阅利用需要；这从一个侧面反映了会计档案保管期限有延长的必要。

六是考虑电子会计档案的特点。与纸质载体相比，电子会计档案对库房等物理空间占用较少，保管成本大幅降低，具备延长保管期限的条件。

七是满足当前反腐需要。现存会计档案保管期限标准不能满足责任追查的需要。

八是原《会计档案管理办法》设定的会计档案定期保管期限类型太多，许多会计人员和档案人员在划定会计档案的具体保管期限时往往无法很好把握。

## 五、会计档案定期鉴定程序的修订

定期鉴定是档案工作的一个重要环节，它是优化档案资源，去除无利用价值档案，确定档案存销的又一次鉴选。会计档案也不例外，一般来说，各单位应对保管期满的会计档案进行鉴定，并根据鉴定结果采取相应处置。原《会计档案管理办法》规定了会计档案销毁的具体程序，要求"单位负责人在会计档案销毁清册上签署意见"，但未明确销毁前的鉴定工作和有关责任，在一定程度上将销毁的最主要责任归于单位负责人，致使大多数单位不敢销毁会计档案，即使已到保管期限。大量已失去保存价值的会计档案占据了储存空间，造成了资源浪费。

根据新《会计档案管理办法》要求，单位不仅"应当定期对已到保管期限的会计档案进行鉴定，并形成会计档案鉴定意见书"，而且"会计档案鉴定工作应当由单位档案管理机构牵头，组织单位会计、审计、纪检监察等机构或人员共同进行"。参加人员至少应包括会计机构、审计机构、纪检监察人员，必要时还应有法律部门人员参加。"经鉴定，仍需继续保存的会计档案，应当重新划定保管期限；对保管期满，确无保存价值的会计档案，可以销毁。"

由于各单位每年都会产生会计档案，每年都有会计档案保管期限到期，是否需要每年进行鉴定，这完全取决于企业的实际情况。如果每年的到期档案数量不大且库房空间充足，可几年鉴定一次，如果每年的到期会计档案数量比较大，且库房空间有限，可每年开展一次鉴定工作。

会计档案定期鉴定时为什么要会计机构、审计机构、纪检监察人员参与，因为档案部门不一定能全部掌握本单位哪些会计涉及未结清的债权债务和未了事项，这些只有会计机构、审计机构、纪检监察机构人员共同参与才能全部掌握。设有法务部门的单位，法务人员也应参与会计档案的定期鉴定工作。这都是避免将涉及未结清的债权债务和未了事项的会计档案被销毁的有效措施，是保护单位合法权益和经济利益的需要。

具体鉴定时，可先由档案部门会同会计部门通过逐卷、逐份档案阅读的方法，提出初步的鉴定结论。鉴定时应考虑本办法第十九条的要求。鉴定结论可以是销毁或继续保存期限。初步鉴定结论提出后，形成初步鉴定意见，然后召开鉴定小组或委员会会议，对初步鉴定意见进行讨论审定，形成正式鉴定意见书。经鉴定可以销毁的会计档案，编制销毁清册。

# 六、会计档案销毁程序的修订

由于会计档案包含较多的敏感信息，因此，会计档案销毁工作重点要防止会计档案信息外泄，因此新《会计档案管理办法》对可以销毁的会计档案首先要求"单位档案管理机构编制会计档案销毁清册，列明拟销毁会计档案的名称、卷号、册数、起止年度、档案编号、应保管期限、已保管期限和销毁时间等内容"。

为了防止错误销毁会计档案，新《会计档案管理办法》还设置了销毁前再次确认程序，要求"单位负责人、档案管理机构负责人、会计管理机构负责人、档案管理机构经办人、会计管理机构经办人在会计档案销毁清册上签署意见"。

监销是保证销毁工作按照规定程序和要求进行的一项制度安排。原来规定，"销毁会计档案时，应当由单位档案机构和会计机构共同派员监销。国家机关销毁会计档案时，应当由同级财政部门、审计部门派员参加监销。财政部门销毁会计档案时，应当由同级审计部门派员参加监销"。会计档案销毁属于单位的内部管理事务，国家机关销毁会计档案要由财政部门、审计部门派员监销，既增加了行政管理成本，也难以真正发挥监督作用。为此，新《会计档案管理办法》删除了财政部门、审计部门派员监销的规定，同时进一步明确了单位内部组织监销的有关要求，即"单位档案管理机构负责组织会计档案销毁工作，并与会计管理机构共同派员监销。监销人在会计档案销毁前，应当按照会计档案销毁清册所列内容进行清点核对；在会计档案销毁后，应当在会计档案销毁清册上签名或盖章。"

新《会计档案管理办法》还规定，"电子会计档案的销毁还应当符合国家有关电子档案的规定，并由单位档案管理机构、会计管理机构和信息系统管理机构共同派员监销。"

## 七、其他修改内容

一是完善会计档案利用的有关要求。原《会计档案管理办法》规定，"各单位保存的会计档案不得借出"。实际工作中，在业务主管部门的检查、国家审计部门的审计中或者司法工作中，会计档案会被借出。因此新《会计档案管理办法》规定，"单位保存的会计档案一般不得对外借出。确因工作需要且根据国家有关规定必须借出的，应当严格按照规定办理相关手续。"

二是对不具备设立档案机构或配备档案工作人员条件的单位做出了特别规定。针对小微企业等不具备设立档案机构或配备档案工作人员条件的单位以及依法应当建账的个体工商户，新《会计档案管理办法》规定"其会计档案的收集、整理、保管、利用和鉴定销毁等参照本办法执行"。此外，随着我国会计服务外包发展迅速，很多小微企业委托中介机构代理记账，因此，新《会计档案管理办法》明确了代理记账中涉及的会计档案管理问题，规定"单位委托中介机构代理记账的，应当在签订的书面委托合同中，明确会计档案的管理要求及相应责任。"

三是对委托代理记账机构的档案管理责任明确了要求。新《会计档案管理办法》第二十六条规定，委托人委托代理记账机构代理记账，应当在相互协商的基础上，订立书面委托合同。委托合同除应具备法律规定的基本条款外，还应当明确下列内容：（1）双方对会计资料真实性、完整性各自应当承担的责任；（2）会计资料传递程序和签收手续；（3）编制和提供财务会计报告的要求；（4）会计档案的保管要求及相应责任；（5）终止委托合同应当办理的会计业务交接事宜。代理记账机构接受委托对单位的会计档案进行管理的，应当遵照《会计档案管理办法》的有关规定执行。代理记账机构如满足新《会计档案管理办法》第八条、第九条规定条件的，可以利用信息化手段管理委托人的电子会计档案。

## 第三节　新《会计档案管理办法》给会计档案带来的变化

新《会计档案管理办法》的出台，在多方面对会计档案管理工作进行了创新，这些创新主要有以下方面。

# 一、电子会计资料可实行电子化单轨制归档保存

一直以来，电子会计资料需输出纸质文件归档形成会计档案。这一做法在新的形势下已完全不合时宜，不利于互联网条件下会计工作及会计档案管理工作的需要。新的《会计档案管理办法》最大的变化就是规定电子会计资料可实行电子化单轨制归档保存。这意味着，实施了会计信息化或会计电算化的单位，电子会计资料归档时可以仅归档电子的，而不须输出纸质载体归档，更不必电子和纸质会计资料同时归档。这项修改，得到了各单位的一致好评，大幅度降低了会计档案管理成本，有利于优化会计核算流程，促进财务共享中心的建设，符合绿色发展的要求。

# 二、保管期限的变化

一是将定期保管期限由原《会计档案管理办法》规定的五类合并为两类。新《会计档案管理办法》第十四条规定，"会计档案的保管期限分为永久、定期两类。定期保管期限一般分为 10 年和 30 年"。即将会计档案的定期保管期限由原来的 3 年、5 年、10 年、15 年、25 年五类调整为 10 年、30 年两类。会计档案的保管期限是从"会计年度终了后的第一天算起"的。例如，2014 年形成的凭证类会计资料,其归档后的会计凭证档案的保管期限是从 2015 会计年度开始起算的。

二是将凭证和账簿两类会计档案保管期限作了适当延长。将所有单位的银行存款余额调节表、银行对账单、纳税申报表，财政总预算、行政单位、事业单位和税收部门的国家金库编送的各种报表及缴库退库凭证、各收入机关编送的报表、国家金库年报（决算），基本建设拨款、贷款年报（决算），行政单位和事业单位的会计月报表、季度报表和税收会计报表的保管期限统一为 10 年。将企业的原始凭证、记账凭证等凭证类档案由原先的 15 年延长为 30 年。将总账、明细账、日记账、其他辅助性账等账簿类会计档案由原先的 25 年延长为 30 年。会计档案移交清册保管期限为 30 年。将行政单位和事业单位的各种会计凭证，财政总预算拨款凭证和其他会计凭证由原先的 15 年延长为 30 年。将财政总预算、行政单位、事业单位和税收部门的日记账、总账、税收日记账、

明细分类、分户账或登记簿由原先的 25 年延长为 30 年。这些要求主要体现在新《会计档案管理办法》的附表 1 和附表 2。

　　三是在保管期限表的设置上坚持原则性与灵活性相结合。新《会计档案管理办法》第十五条第一款规定"各类会计档案的保管期限原则上应当按照本办法附表执行，本办法规定的会计档案保管期限为最低保管期限。"这意味着，各单位在划定会计档案保管期限表时可以根据需要自行设置相应的保管期限，但自行设置的保管期限不得低于新《会计档案管理办法》规定的最低期限。如某单位认为部分会计凭证比较重要，可能在未来一段较长的时期里需要查询利用，将该批会计凭证划定为 50 年。这种做法是符合新《会计档案管理办法》有关精神和要求的。反之则不行，即不得将凭证类会计档案划定为低于 30 年。这种原则性与灵活相结合的做法，为各单位结合实际划定会计档案保管期限预留了空间，有利于会计档案的管理。

## 三、增加销毁前的鉴定

　　原《会计档案管理办法》规定，保管期限一到，会计档案即可进行销毁。新《会计档案管理办法》在这方面做了调整，增加了销毁前的鉴定环节，要求会计档案保管期限到期后，应进行鉴定，将需要延长保管期限的会计档案鉴别出来继续保存，以方便工作。

## 四、销毁工作的变化

　　原《会计档案管理办法》规定，销毁时需要进行外部监督。如机关单位的会计档案销毁需要财政部门监销,财政部门的会计档案销毁需要审计部门监督。随着简政放权政策的实施，这种外部监督明显不合时宜，加上此要求多年来一直未能很好贯彻，新《会计档案管理办法》将此要求删除，改为内部监销。

## 五、会计档案在会计机构保管时间的变化

　　原《会计档案管理办法》要求会计年度终了后，会计档案可暂由会计机构

保管一年，一年后应当移交本单位档案机构统一保管。在实际工作中，很多单位的会计机构需要应对会计师事务所的审计以及业务主管部门、审计部门、税务部门的检查，通常近三年的会计凭证、账簿、报表需要随时查阅。为此，新《会计档案管理办法》规定，"当年形成的会计档案，在会计年度终了后，可由会计机构临时保管一年后再移交单位档案管理机构保管。因工作需要确需推迟移交的，应当经单位档案管理机构同意。会计机构临时保管会计档案最多不超过三年。"

# 第三章　会计资料

会计资料是会计档案工作的起点，会计档案是从会计资料转化而来的。研究会计档案必须从研究会计资料开始。会计资料包括会计凭证、会计账簿、会计报告及其他会计资料。

# 第一节　会计凭证

会计凭证是记录经济业务的发生与完成情况，明确经济责任，并作为记账依据的有效证明。按其填制的程序和用途，可以分为原始凭证和记账凭证两类。

## 一、原始凭证

原始凭证是在经济业务发生或完成时取得或填制的，是进行会计核算的原始资料和重要依据。原始凭证按其来源的不同，可以分为自制原始凭证和外来原始凭证。自制原始凭证是由本单位内部经办业务的部门或个人，在执行或完成某项经济业务时自行填制的、仅供本单位内部使用的原始凭证，例如单位人力资源管理部门编制的员工工资发放表、单位资产采购审批文件、企业利润分配方案等。自制原始凭证可以嵌入单位信息系统，由员工直接在线填写电子表格或文档，形成电子形式的自制原始凭证。外来原始凭证是经济业务事项发生或完成时，从其他单位或个人直接取得的原始凭证，如购买材料时取得的增值税发票、银行转来的各种结算凭证、对外单位支付款项时取得的凭据、职工出差取得的飞机票、车船票等。外来原始凭证也包括通过本单位信息系统与外部单位信息系统互联的方式获取的、电子形式的外来原始凭证。

## 二、记账凭证

记账凭证是根据审核无误的原始凭证，按照经济业务的内容加以归类，并据以确定会计分录后所填制的会计凭证，它是登记账簿的直接依据。这里需要说明两点：一是有些记账凭证形成时无须会计人员审核原始凭证。随着 ERP 系统在企业中的应用，业务财务一体化模式得以推进，更多的原始数据由业务前端录入到业务系统，并完成系统自动或人工审核程序，再经电子传输至财务系统转化为会计信息，传输过程安全可靠，会计人员无须审核原始凭证即可由会计核算软件自动生成记账凭证。二是在会计信息化环境下，对于信息系统自动生成、且具有明晰审核规则的会计凭证，可以将审核规则嵌入会计软件，由计算机自动审核；未经自动审核的会计凭证，应当先经人工审核再进行后续处理。

# 第二节　会计账簿

会计账簿是指由一定格式账页组成的，以经过审核的会计凭证为依据，全面、系统、连续地记录各项经济业务事项的簿籍。账簿按其用途不同，可分为总账、明细账、日记账、固定资产卡片及其他辅助性账簿。

## 一、总账

按照总分类科目分类登记经济业务事项以提供总括会计信息的账簿，简称总账（总分类账）。总分类账最常用的格式为三栏式，设置借方、贷方和余额三个基本栏目。为了总括地、全面地反映经济活动情况，并为编制会计报表提供依据，所有单位都要设置总分类账。总分类账一般按照会计科目编码顺序，并为各个账户预留账页。总分类账可以直接依据记账凭证逐笔登记，也可以通过一定的汇总方式，先把各种记账凭证汇总编制成科目汇总表或汇总记账凭证，再据以登记，月终在全部经济业务登记入账后，结出各账户的本期发生额和期末余额。

## 二、明细账

按照明细分类科目分类登记经济业务事项的是明细分类账，简称明细账。明细分类账是对总账的补充和具体化，并受总账的控制和统驭。不同类型类经济业务的明细分类账可根据管理需要，依据记账凭证、原始凭证或汇总原始凭证逐日逐笔或定期汇总登记。

## 三、日记账

日记账是按照经济业务的发生或完成时间的先后顺序逐日逐笔登记的账簿。设置日记账的目的是为了将经济业务按时间顺序清晰详细地反映在账簿记录中。如现金日记账、银行存款日记账。

## 四、固定资产卡片

固定资产卡片是指登记固定资产各种资料的卡片，是固定资产进行明细分类核算的一种账簿形式。固定资产卡片是每一项固定资产的全部档案记录，即固定资产从进入单位开始到退出单位的整个生命周期所发生的全部情况，都要在固定资产卡片上予以记载。

## 五、其他辅助性账簿

其他辅助性账簿也称备查簿，是对某些明细账和日记账等主要账簿中不予登记或登记不够详细的经济业务事项进行补充登记时使用的账簿。它可以作为某些经济业务内容的必要参考资料。辅助性账簿的设置可由各单位根据自身实际管理的需要而定，没有固定格式。

需要指出的是，随着会计信息化的快速发展，会计核算自动化程度和效率大大提高，记账、结账等核算工作更加方便、高效，甚至能够做到实时结算，使得一些明细账可以完全取代日记账原有的功能，如果重复登记日记账，将造成不必要的浪费。考虑到上述实际情况，单位某一类会计账簿如果可以由其他类型会计账簿完全代替，则无须重复设置。其中，完全代替是指可以直观反映、无须再做任何加工处理，且内容完整、准确。

# 第三节　会计报告及其他会计资料

## 一、会计报告

会计报告又称会计报表，是单位对外提供的反映单位某一特定日期的财务状况和某一会计期间的经营成果、现金流量等会计信息的文件。会计报告包括财务报表和其他应当在会计报告中披露的相关信息和资料。依照《企业会计准则第 30 号-财务报表列报》（财会〔2014〕7 号）的有关规定，企业会计报表是对企业财务状况、经营成果和现金流量的结构性表述。一套完整的企业会计报表至少应当包括资产负债表、利润表、现金流量表、所有者权益（或股东权益）变动表以及附注，上述组成部分具有同等的重要程度。上市企业还应根据证券监督管理机构的有关规定真实、准确、完整、及时地披露相关信息。

需要指出的是，党的十八届三中全会做出了全面深化财税体制改革、编制政府综合财务报告的重要决定。随着会计改革的逐步深入，行政事业单位的财务会计报告也将越来越健全、丰富、完整，但无论何种性质的行政事业单位，其财务会计报告至少应当包括资产负债表、收入费用表、现金流量表、附注以及决算报告等。

## 二、其他会计资料

### （一）银行存款余额调节表

银行存款余额调节表是由单位内部编制，用于核对单位账目与银行账目差异，检查两者之间是否存在差错的常用表格。

## （二）银行对账单

银行对账单是银行客观记录单位资金流转情况的记录单，是银行和单位之间对资金流转情况进行核对和确认的凭单，也是证实单位业务往来的记录，可以作为单位资金流动的依据，认定单位某一时段的资金规模。

## （三）纳税申报表

纳税申报表是纳税人依照税务部门指定的格式填写，用以按照税法规定的期限和内容完成纳税申报程序的相关表格，是单位进行税款申报和会计核算的重要原始凭据，属于具有保存价值的会计资料。原《会计档案管理办法》没有单独列明其属于会计档案，在实务操作中，各单位是否将其作为会计档案管理，做法不统一。新《会计档案管理办法》明确将纳税申报表列入会计档案范围。

## （四）会计档案移交、保管、销毁清册

这里所讲的清册是记录会计档案移交、保管、销毁的具体情况的重要资料，纳入会计档案归档范围，并要求永久保存。

## （五）会计档案鉴定意见书

会计档案鉴定意见书是单位开展会计档案鉴定过程中应当形成，且具有永久保存价值的重要资料，应纳入归档范围。

会计档案鉴定意见书无固定格式，但至少应包含以下内容：

（1）被鉴定会计档案所属年度及保管期限、列入销毁档案的数量和主要内容、鉴定的概况；

（2）档案销毁或延长保管期限的主要理由；

（3）需要销毁的档案清册。

除上述列举的会计资料以外，其他具有保存价值的会计资料，是符合新《会计档案管理办法》第三条关于会计档案定义的会计资料，如现金盘点表、支票盘点表、固定资产盘点表、财务印章保管登记表等。

# 第二篇　传统会计档案的管理

# 第四章　传统会计资料归档整理

## 第一节　概述

### 一、整理原则

整理会计档案必须按照会计档案的自然形成规律和档案本身固有的特点，保持会计资料之间的有机联系，区别不同的保管价值和会计类型，注意利用已有的整理基础，便于保管和利用。会计档案的整理，原则上应保持原卷册的封装，个别需要拆封重新整理的，档案部门应当会同会计部门和经办人员共同拆封整理，以分清责任。

#### （一）保持会计资料之间的有机联系

会计档案的整理必须保持会计文件、会计记录在产生和处理过程中的相互联系，不能破坏会计文件或会计记录之间固有的有机联系，转而采用一种人为的整理体系对已形成的会计材料进行重新加工组织。会计文件和会计记录之间的有机联系主要表现在会计文件、会计记录的来源、时间、内容以及文种等四个方面。整理会计档案应当注意保持会计文件、会计记录在内容方面的有机联系，即将同一会计业务、会计科目的会计档案，适当集中在一起，以保持会计档案在内容方面的密切联系。但应当注意，会计档案在内容方面的联系虽然重要，但并不是首要的，不能以破坏会计档案在来源方面的联系为代价，将不同来源或全宗的会计档案放在一起，而按内容方面的关联性加以整理。会计文件和会计记录往往具有十分突出的文种方面的联系，而且会计档案的文种一般同会计档案的内容之间也常常能够保持高度的一致性。为此，保持会计文件、会计记录在文种方面的联系，也可以有效地保持它们在内容方面的有机联系。

## （二）利用原有的整理基础

整理会计档案必须重视利用已有的整理基础，不能破坏业已存在的会计档案的整理成果。一般情况下，会计档案部门或档案人员按归档制度接收来的会计档案都是会计部门或会计人员整理过的会计档案，档案人员只需要根据实际需要适当地进行系统化排列和编目就可以。即使有局部的会计档案整理不符合有关要求，也只需要进行局部调整的整理工作。只有在极个别的情况下，会计档案人员才会接收到一些未经过系统化加工整理的零散的会计文件和会计记录，此时，会计档案人员也应注意发现会计文件或会计记录之间的细微关联性，把握蛛丝马迹，以便有效提高会计档案的整理工作效率，保证整理工作质量。对整理过的会计档案，没有必要每过一段时间就给它们换一套新卷套，只需根据新的需要增加必要的检索或标识即可。

## （三）便于保管和利用

会计档案的整理成果必须为会计档案的保管和利用奠定物质基础。会计档案的整理成果同其他档案的整理成果一样，都是一种"线性"排列成果：每一份会计文件、会计记录在整理之后，在整理体系中都只能获得一个物理存放位置，即一个"点"。利用者若想找到特定的会计档案，除了可以利用已有会计档案整理体系所提供的分类路径外，还可以通过其他类型的检索工具或数据库所提供的检索标识或路径，实现利用会计档案的目标。因此，不能苛求一个时期的会计档案整理体系能满足各种不同角度的检索需要，而必须在深化检索工具的编制上以及数据库的建设上多下功夫。

# 二、整理流程

根据新修订的《会计档案管理办法》，会计档案工作分为会计部门工作和档案部门工作，会计档案整理属于会计部门负责的工作，其主要工作内容如下。

## （一）组卷

所谓组卷，就是将一组有联系的，具有相同保存价值的同一形式的会计材料组合成会计档案保管单位的过程，主要工作内容是将会计资料按一定的规则分成装订单位、装订成册并填写封面等。

## （二）分类

会计档案的分类，是指根据会计核算业务的情况以及会计材料的属性和特点，确定分类标准，并按照一定的分类规则，将实际的会计档案进行分类的过程。

## （三）排列

会计档案的排列，是在分类的基础上，将会计档案按照分类顺序进行排列的过程。

## （四）编号

会计档案的编号是按照会计档案的分类方案进行的。编号的主要目的是为了将固定的会计档案分类顺序排列，对具体案卷进行标识，为会计档案的统计、保管和查找利用创造条件。因此，在案卷的排列编号上要尽量符合本单位会计档案的特点。

## （五）编目

会计档案编目，即将经过分类、装订、排列、编号后，位置固定的会计案卷进行登记录入案卷目录的过程。主要是编制会计案卷目录，其主要目的是形成会计档案台账和用于检索的工具。

# 第二节　组卷

# 一、会计凭证的组卷

会计凭证是各单位经费收支的原始记录，是会计记账的依据。这种类型的会计记录具有严格的时序性，它们是按照时间顺序逐日产生，并按月结算的。会计部门在记账后，先按照记账凭证固有的顺序号排列保存，到月底的时候，应将多种记账凭证按照编号顺序进行整理，再装订成册。一般以每月为一个编号单位，即每月从 1 日起，编至月末，编号位置在右上角，然后连同其所附的原始凭证定期装订成册。装订凭证时，根据凭证数量的多少装订为一册或几册，每册会计凭证的厚度最好不超过 2 厘米，太厚不便于装订，要剔除金属物（如大头针、曲别针等）。将各种大小不等的原始凭证，按记账凭证的大小折叠整齐，一律加上凭证封面、封底，在左侧用线装订好，然后填写凭证封面。会计凭证封面格式如图 4-1 所示。

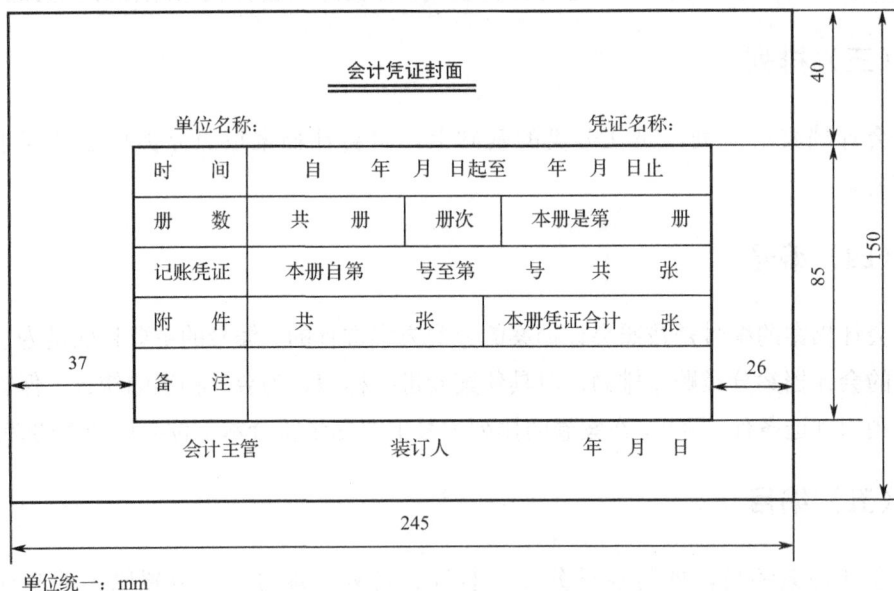

单位统一：mm

图 4-1　会计凭证封面图

在实践中，根据会计凭证数量的多少，采取每月装订为一本或数本的做法加以整理，具体方法如下。

（1）检查凭证编号和记账凭证上有关人员（如会计主管、审核、出纳等）签字盖章是否齐全。将多种记账凭证按照编号顺序进行排列，一般以每月为一个编号单位，即每月从 1 日起，编至月末，编号位置在右上角。

（2）确定装订册数。按照当月形成会计凭证数量的多少，将凭证按照编号顺序分成一册或数册。

（3）剔除金属物，如大头针、曲别针等。

（4）将各种大小不等的原始凭证，按记账凭证的大小折叠整齐。在凭证的最后加上一张与记账凭证大小一致的空白纸。

（5）装订前要考虑凭证的整齐均匀，装订线的位置如果太薄时，可以将薄纸板裁成宽度为 2cm 左右的纸条，均匀地垫在装订线的位置，以保证它的厚度与凭证中间的厚度一致。装订打孔时要注意避开书写的文字。

（6）将会计凭证封皮平放在要装订的凭证上面，按照记账凭证的大小将凭证封底从左向右折叠，在装订线的位置打孔、装订，装订牢固以后，在装订位置将凭证封底从右向左折叠，包住凭证左侧脊背，在凭证封底涂抹固体胶，用手按压，使其牢固地粘贴在空白纸上。

（7）填写凭证封面

会计凭证封面的项目有：单位名称、凭证名称、起止时间、册数、册次、记账凭证起止号、记账凭证数、附件数、会计主管、装订人、装订时间、备注等。

单位名称：填写会计档案的单位名称，要用全称或通用简称，如邮储银行 XX 省分行。

凭证名称：填写能够反映会计用途或内容的名称，如付款会计凭证等。

起止时间：填写本册会计凭证的起止时间（年月日）。

册数：填写本月的会计凭证册数。

册次：填写本册会计凭证的序号。

记账凭证起止号：填写本册会计凭证的起号和止号。

记账凭证数：填写本册会计凭证的张数。

附件数：填写本册所有会计凭证的合计张数。

会计主管：填写单位内部具体负责会计工作的中层领导人姓名。

装订人：填写负责本册会计凭证装订人姓名。

装订时间：填写本册会计凭证装订结束的时间。

备注：填写本册会计凭证需要说明的事项。

整理会计凭证时会遇到一些特殊情况，应做如下处理。

（1）如果形成的凭证数量过多，可以把不同类型的会计凭证（如收款凭证、付款凭证、转账凭证等）进行分类，分别装订。

（2）对一些不便随同记账凭证一同装订或保管价值明显不同的原始凭证，如涉外凭证、工资名册等，应抽出单独装订。但是，应在原来的记账单上注明所抽出的凭证名目、数量和去向，并由立卷人签名。

（3）其他种类的会计凭证，如送款单、付款委托书、缴款书、医疗报销单等，应根据会计制度的有关要求，按照时间顺序编写页号，并装订成册。

最后，装订人员和会计主管人员应在整理好的会计凭证上签字盖章。

## 二、会计账簿的组卷

会计账簿包括总账、明细账、日记账以及其他辅助性账簿。会计账簿要区分年度，按照其形成特点，将不同种类的账簿分别组卷。组卷前，要检查核对账簿页数是否齐全，序号排列是否连续等。

会计账簿按照外形特征分类，可分为订本式账簿、活页式账簿和卡片式账簿。

（1）订本式账簿的组卷。订本式账簿简称订本账，是在启用前将编有顺序页码的一定数量账页装订成册的账簿。整理组卷时应保持账簿本身的完整，不要拆除空白页，账内要有连续页码。

（2）活页式账簿的组卷。活页式账簿简称活页账，是将一定数量的账页置于活页夹内，可根据记账内容的变化而随时增加或减少部分账页的账簿。活页账一般适用于明细分类账。在会计年度结束后，要将空白页撤除，编制页码。页号编写方法是，在账页的右上角编写页号，背面有字的在背面左上角编号；再装订成册。账页较少的，可将科目内容相近的账页按类别排列编号，合并装订成册。

（3）卡片式账簿的组卷。卡片式账簿简称卡片账，是将一定数量的卡片式账页存放于专设的卡片箱中，账页可以根据需要随时增添的账簿。卡片账一般适用于低值易耗品、固定资产的明细核算。卡片账的组卷方法与活页账一致。

各类账簿的扉页，要反映账簿的应用、交接的使用状况，归档前应按要求将账簿启用及接交表项目逐项填写清楚。扉页填写项目包括单位名称、账簿名称及编号、账簿页数、启用日期、经管人员、接交记录、备注、印鉴等，如图 4-2 所示。

填写方法如下：

单位名称：填写形成会计档案的单位名称，并加盖公章，填写要求与记账凭证封面上的"单位名称"相同。

账簿名称及编号：填写该账簿所属的类别及其排列顺序号。

## 账簿启用及接交表

| 单位名称 | | | | | | 印　鉴 | | |
|---|---|---|---|---|---|---|---|---|
| 账簿名称 | | | | | | | | |
| 账簿编号 | | | | | | | | |
| 账簿页数 | 本账簿共计　　页 | | | | | | | |
| 启用日期 | | 年　　月　　日 | | | | | | |

| 经管人员 | 负责人 | | 财务主管 | | 复核 | | | 记账 | |
|---|---|---|---|---|---|---|---|---|---|
| | 姓名 | 盖章 | 姓名 | 盖章 | 姓名 | | 盖章 | 姓名 | 盖章 |
| | | | | | | | | | |

| 接交记录 | 负责人 | | 接管签名 | | | | 交出签名 | | | | 监交人签名 |
|---|---|---|---|---|---|---|---|---|---|---|---|
| | 姓名 | 职务 | 姓名 | 年 | 月 | 日 | 姓名 | 年 | 月 | 日 | |
| | | | | | | | | | | | |
| | | | | | | | | | | | |
| | | | | | | | | | | | |
| | | | | | | | | | | | |
| | | | | | | | | | | | |

| 备注 | |
|---|---|
| | |

图 4-2　账簿启用及接交表

账簿页数：填写该账簿中有内容记载的账簿页数（空白账页除外）。

启用日期：填写该账簿启用的年月日。

经管人员：填写单位管理财务的负责人姓名、主管姓名、复核姓名、记账人员姓名。

接交记录：该账簿在使用过程中人员发生变化时，由接管和交出双方分别签名，并填写接交日期，经管人员要填写职别并签名。

备注：填写该账簿中需要特别说明的情况。

账簿启用及接交表背面项目包括科目名称、页次，如图 4-3 所示。

图 4-3 为账簿启用及接交表背面格式。

科目名称：根据该账簿设置的科目名称依次填写。

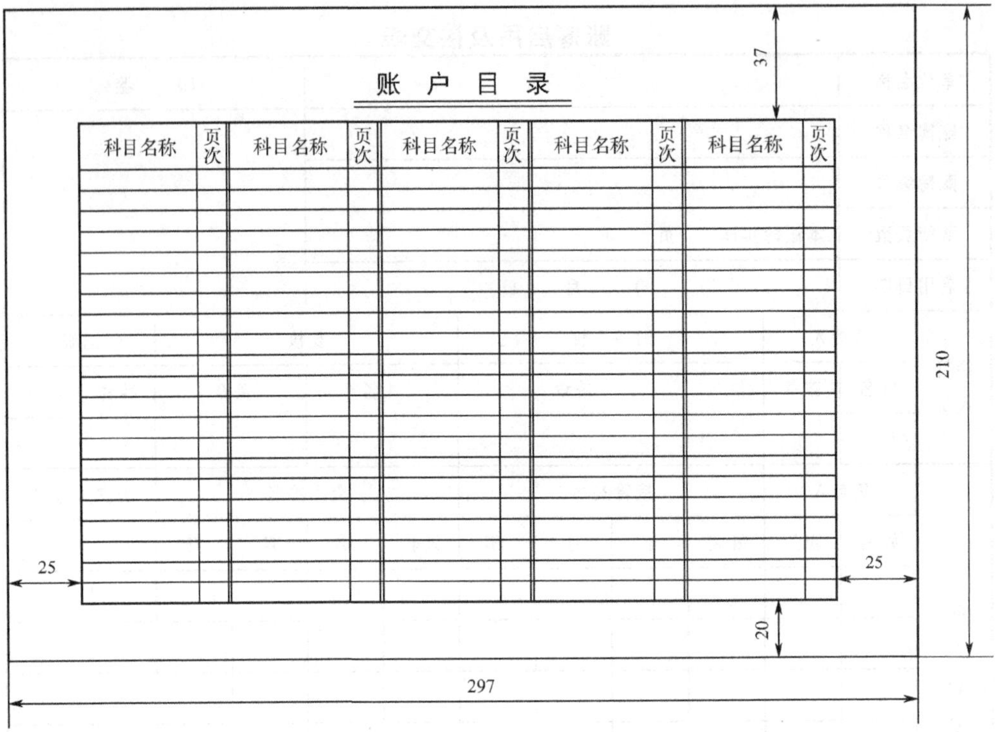

账 户 目 录

| 科目名称 | 页次 | 科目名称 | 页次 | 科目名称 | 页次 | 科目名称 | 页次 | 科目名称 | 页次 |
|---|---|---|---|---|---|---|---|---|---|
|  |  |  |  |  |  |  |  |  |  |
|  |  |  |  |  |  |  |  |  |  |
|  |  |  |  |  |  |  |  |  |  |
|  |  |  |  |  |  |  |  |  |  |
|  |  |  |  |  |  |  |  |  |  |
|  |  |  |  |  |  |  |  |  |  |
|  |  |  |  |  |  |  |  |  |  |
|  |  |  |  |  |  |  |  |  |  |
|  |  |  |  |  |  |  |  |  |  |
|  |  |  |  |  |  |  |  |  |  |
|  |  |  |  |  |  |  |  |  |  |
|  |  |  |  |  |  |  |  |  |  |

单位统一：mm

图 4-3　账簿启用及接交表背面

页次：在填写该账簿页码总流水顺序号的基础上，分别填写各个科目在该账簿中的页码位置。

《会计档案案卷格式》（DA/T39—2008）对账簿封面格式没有提出具体要求。为了便于会计账簿的管理，有些单位在会计账簿封皮上加贴不干胶标签，较为直观地反映了案卷的具体情况。在实际工作中，各单位可以根据具体情况选择性使用这种方法。标签的主要内容有：单位名称、案卷题名、保管期限、全宗号、目录号、案卷号。

# 三、财务报告的组卷

财务报告主要包括月度、季度、年度财务会计报告及其审计报告，其主体部分是各种会计报表、会计报表附注和财务情况说明书。其组卷方法如下：

（1）同一会计年度、同一保管期限下，一般可以按照月报、季报、年报的种类分别组卷，决算审核意见书、审计报告等应分别附在该期财务报告后一起组卷。各级财政机关的报表，可以按照报表的名称、报表所反映的地区、行业等，进行组卷。

（2）编制页码：按照财务报告排列的先后顺序依次给每一页材料编制顺序号。卷内文件凡正、反面载有信息的均应一页编一个页号。

（3）填写卷内目录以及备考表。《会计档案案卷格式》对财务报告封面格式没有提出具体要求。为了便于财务报告的管理，有些单位在财务报告前面加上案卷封面。在实际工作中，各单位可以根据具体情况选择性使用这种方法。

（4）填写案卷封面。财务报告案卷封面应写明全宗名称、案卷题名、所属年度、卷内张数、保管期限、档号，并由单位负责人和会计主管负责人、会计主管人签名或盖章，设置总会计师的单位，还须由总会计师签名并盖章。

全宗名称：全宗名称即立档单位的名称，要与会计凭证盒正面上的单位名称一致。

案卷题名：案卷题名应准确概括本盒会计档案的形成单位、时间、内容、类别，如："××省××局 2009 年度部门决算报表"。

所属年度：填写形成本卷会计档案的年度。

卷内张数：填写本卷会计档案的张数。

保管期限：按照《会计档案保管期限表》填写该盒会计档案的保管期限。

档号：档号包括全宗号、目录号、案卷号。全宗号是填写档案馆给立档单位编制的代号；目录号是填写全宗内案卷所属目录的编号；案卷号是全宗目录内案卷的顺序号。在全宗号、目录号和案卷号之间用"—"隔开。

（5）案卷的排列与装订：组合好的案卷按照案卷封面、卷内文件目录、会计报告（含附注及说明部分）、备考表的顺序进行排列、装订。

在整理财务报告时应注意的问题如下：

财务报告中的财务情况说明书、上级主管部门审核批复意见书等，都要与财务报告有密切关系，是财务报告的重要组成部分，不能与财务报告分开组卷，以保持其内容之间的联系与完整。财务报告在年度决算之后进行整理组卷。会计主管部门应把本单位和下属单位的财务报告分开，可根据不同种类、不同保管期限及时间特征分别组卷。财务报告主要包括月度财务报告、季度财务报告、年度财务报告，其主体部分主要是各种会计报表。在组卷时，一般可以按照月报、季报、年报的种类分别组卷，也可以按照报表的性质分别组卷（如，一般分析、小结、总结等）。

在对会计报表进行整理时，应去掉金属物，并在报表的右上角编号。月报、季报可不编页码，以册为单位编号。如因会计报表的数量少，保存价值相似的月报或季报与年报放在一起组卷时，应当编页码，并用线在报表的左侧装订。

## 四、其他会计材料的组卷

其他会计材料主要包括：年度内部控制评价报告和内部控制审计报告，银行存款余额调节表、银行对账单、会计档案移交清册、会计档案保管清册、会计档案销毁清册等。会计档案移交清册保管期限为 30 年，会计档案保管清册、会计档案销毁清册要永久保管，应分别装订成卷。银行存款余额调节表、银行对账单保管期限短，只有 10 年，可以装订在一起；数量较多时，也可以分别装订。

除了订本账和会计凭证外，其他会计档案的案卷均应填写卷内备考表。备考表包括本卷情况说明、组卷人、检查人、组卷时间、检查时间等。会计凭证、会计账簿以及其他会计资料，在会计资料形成时，不能使用易褪色的书写材料（红色墨水、纯蓝墨水、圆珠笔、复写纸、铅笔等）书写，也不得使用涂改液修改会计资料。

# 第三节　鉴定

会计档案的鉴定是指会计人员在对会计档案进行整理时，按照会计档案保管期限表划定会计档案保管期限的过程。

## 一、鉴定依据及方法

会计资料整理成册后，在分类前需划定其保管期限，因为保管期限是会计资料成册后分类和排序、编号的依据。会计档案的鉴定就是鉴别会计资料的保存或利用价值，其工作就是剔除无保存价值的会计资料和对有保存价值的资料判定其保管期限。

### （一）会计档案保管期限表

《会计档案保管期限表》是剔除无保存价值会计资料和划定会计资料保管期限的主要依据。该表包括"企业和其他组织会计档案保管期限表""财政总预算、行政单位、事业单位和税收会计档案保管期限表"，前者适应用于企业及非事业单位、非行政单位组织，后者适用于行政和事业单位，其中行政单位的保管期表包括财政总预算单位适用部分、一般行政单位适用部分和税收部门适用部分。一般行政单位适用部分也是事业单位适用部分，共用一个保管期限表。做如此设计的原因是，企业和事业及行政单位的会计资料内容有所不同，而事业及行政单位的会计资料也因其职能不同而有不同的保管期限。《会计档案保管期限表》具体内容参见附录《会计档案管理办法》。

### （二）剔除无保存价值的会计资料

判断会计资料是否有归档保存价值，主要依据是《会计档案保管期限表》，保管期限表中列明了需要归档保存的会计资料的门类。凡没在表中列明的会计资料均属不需归档或不需归入会计档等范围的资料。

根据各单位的实践，单位与财会工作有关的政策、制度、预算、计划、工作总结和报告、统计资料及往来文书等材料一般归档为文书档案，不归入会计档案，在整理会计资料时应将其剔除。还有一些资料不应归档，如购买来的会计业务材料、打印或复印会计核算材料的废料。

### （三）确定会计资料的保管期限

确定会计资料的保管期限是鉴定工作的主要内容，在完成上述两项工作后，就可以对照保管期限表划定会计资料的保管期限。如会计凭证的保管期限划定为 30 年，会计账本的保管期限划定为 30 年，年报的保管期限划定为永久。

## 二、鉴定时需注意的问题

### （一）会计资料名称不统一的鉴定

在鉴定时，有些单位因会计资料名称不标准、不符合要求，在会计档案保管期限表中找不到对应项。根据《会计档案管理办法》第十五条规定,"单位会计档案的具体名称如有同本办法附表所列档案名称不相符的,应当比照类似档案的保管期限表办理"。

### （二）特殊会计资料的鉴定

在档案的鉴定工作中,档案管理人员有一定的自由裁量空间,如文书档案,有时一份文件究竟是划分为永久或定期,档案人员可根据单位常规做法来确定。但对会计档案的鉴定,会计档案管理人员就更该有自由裁量的空间,所有的会计资料基本上可以根据会计档案保管期限表来判定保管期限,只可选定高于保管期限表规定的保管期限。这一点在《会计档案管理办法》第十五条规定,"各类会计档案的保管期限原则上应当按照本办法执行,本办法规定的会计档案保管期限为最低保管期限"。

对以下会计材料,为了便于日后查阅,可选择高于 30 年的保管期限。

（1）土地征用及重大固定资产的买卖单据;

（2）工资名册;

（3）债权债务凭证;

（4）交通肇事、工伤事故的处理单据;

（5）涉外（含港、澳、台地区）的会计材料;

（6）各种经济合同、保证金收据、契约;

（7）有必要延长保管期限的其他会计材料。

# 第四节　分类排列

会计档案分类是会计档案整理工作的一项核心内容。这项工作的质量如何,将直接关系到会计档案前端控制和收集工作的成果能否得到有效巩固,关系到会计档案组卷、排列和编号的质量能否得到保证,关系到会计档案其他工作能否顺利进行。因此,在会计档案管理工作中,必须做好这项工作。

常用的会计档案分类排列方法主要包括:"会计文件形式（财务报告、会计账簿、会计凭证、其他会计资料）—会计年度—保管期限分类排列法;"会计年度—

会计文件形式—保管期限"分类排列法;"会计年度—组织机构—会计形式—保管期限"分类排列法;"会计年度—会计类型—会计形式—保管期限"分类排列法。目前,较为常用的分类排列方法是第一种,即"会计文件形式—会计年度—保管期限"分类排列法。可结合本单位实际情况选择其中一种分类排列法。

## (一)会计文件形式—会计年度—保管期限

这种分类排列方法,先将会计资料按照会计文件形式(财务报告、会计账簿、会计凭证、其他会计资料)分开,在同一个类别下再按年度分类,将一个年度内同一类别的会计资料按保管期限从高到低降序这种排列。分类排列方法的优点是:一个类别的档案集中排列,保持了类别的连贯性,便于按类别查找会计档案;按类别集中排列档案,档案的外形基本一致,排列美观、整齐;保持了会计档案类别的连续性,类目体系清楚,管理方便,便于按类别查找和利用,保存一定年限后,对应销毁的会计档案按类销毁,不会影响其他类别案卷的排列顺序,且分类目录可作为销毁清册,无须重新编制。不足之处是:同一年度会计档案分散排列在各个类别中,不便于按年度查找;由于每类会计档案的案卷是每年顺延编号,实际排列编号到999时必须重新从1开始,而且须预留较多的空位。财务报告、账簿、凭证,应以本或册为单位,一本或一册编一个卷号,即为会计档案的案卷号。

这种方法适用于多数中小型单位,即会计档案年形成量不大的单位,也是目前多数单位所采用的方法。具体样例如下:

1.财务报告

2009年

(1)年度财务报告(决算)(永久)

(2)月、季度、半年财务报告(10年)

2010年

(1)年度财务报告(决算)(永久)

(2)月、季度、半年财务报告(10年)

2.会计账簿

2009年

(1)银行存款账(30年)

(2)现金出纳账(30年)

（3）总　　账（30年）

（4）明细分类账（30年）

（5）固定资产卡片（30年）

（6）辅助账簿（30年）

2010年

（1）银行存款账（30年）

（2）现金出纳账（30年）

（3）总　　账（30年）

（4）明细分类账（30年）

（5）固定资产卡片（30年）

（6）辅助账簿（30年）

3．会计凭证

2009年

（1）收款凭证（30年）

（2）付款凭证（30年）

（3）转账凭证（30年）

2010年

（1）收款凭证（30年）

（2）付款凭证（30年）

（3）转账凭证（30年）

……

4．其他会计资料

2009年

（1）年度内部控制评价报告（永久）

（2）年度内部控制审计报告（永久）

（3）会计档案保管清册（永久）

（4）会计档案销毁清册（永久）

（5）会计档案移交清册（永久）

（6）银行余额调节表（10年）

（7）银行对账单（10年）

2010年

……

## （二）会计年度—会计文件形式—保管期限

这种分类排列方法，先将会计资料按会计年度分开，再把一个会计年度的会计资料按财务报告、会计账簿、会计凭证、其他会计资料四种形式分类排列。

将资料分为四大类后，在四大类中按永久、30年、10年的保管期限降序排列，一年度编一个案卷流水号。这种分类方法简便、容易掌握，分类与保管方式一致，便于按年度查找会计档案，可以充分地利用档案库房和装具。这种分类方法适合单位预算。

它的不足之处是：由于每年度的档案有四类，而档案的外形又不尽一致，所以案卷的排列不美观，上架后会出现高低错落、大小不一。具体分类排列样例如下：

2009 年

1．财务报告

（1）年度财务报告（决算）（永久）

（2）月、季度、半年财务报告（10 年）

2．会计账簿

（1）银行存款账（30 年）

（2）现金出纳账（30 年）

（3）总　　账（30 年）

（4）明细分类账（30 年）

（5）固定资产卡片（30 年）

（6）辅助账簿（30 年）

3．会计凭证

（1）收款凭证（30 年）

（2）付款凭证（30 年）

（3）转账凭证（30 年）

4．其他会计资料

（1）年度内部控制评价报告　永久

（2）年度内部控制审计报告（永久）

（3）会计档案保管清册（永久）

（4）会计档案销毁清册（永久）

（5）会计档案移交清册（永久）

（6）银行余额调节表（10 年）

（7）银行对账单（10 年）

2010 年

1．财务报告

（1）年度财务报告（决算）（永久）

（2）月、季度、半年财务报告（10 年）

2．会计账簿

（1）银行存款账（30 年）

（2）现金出纳账（30 年）

（3）总　　账（30 年）

（4）明细分类账（30 年）

（5）固定资产卡片（30 年）

（6）辅助账簿（30 年）

3．会计凭证

（1）收款凭证（30 年）

（2）付款凭证（30 年）

（3）转账凭证（30 年）

4．其他会计资料

（1）年度内部控制评价报告（永久）

（2）年度内部控制审计报告（永久）

（3）会计档案保管清册（永久）

（4）会计档案销毁清册（永久）

（5）会计档案移交清册（30 年）

（6）银行余额调节表（10 年）

（7）银行对账单（10 年）

## （三）会计年度—组织机构—会计文件形式—保管期限

这种分类排列方法，首将会计资料按会计年度分开，再把一个年度的会计资料按单位内的组织机构分开，将每个机构内形成的会计资料按类别分开，然后按不同保管期限分开，一年度编一个案卷流水号。这种方法适合多个部门产生会计档案的单位以及各级总预算会计单位。具体分类排列样例如下：

2009 年

1．国库处财务报告

（1）年财务报告（决算）（永久）

（2）月、季度、半年财务报告（10 年）

（3）银行存款账（30 年）

（4）现金出纳账（30 年）

（5）总　　账（30 年）

（6）明细分类账（30 年）

（7）固定资产卡片（30 年）

（8）辅助账簿（30 年）

（9）会计凭证　（30 年）

（10）其他会计资料会计档案保管清册（永久）

（11）会计档案销毁清册（永久）

（12）会计档案移交清册（30 年）

（13）银行余额调节表（10 年）

（14）银行对账单（10 年）

2．预算处财务报告

……

3．会计处财务报告

2010 年……

……

## （四）会计年度—会计类型—会计文件形式—保管期限

这种分类排列方法，先将会计资料按会计年度分开，再把一个年度的会计资料按会计类型（税务部门的税收计划、税收会计、经费会计）分类，然后按同一属类内的报表、账簿、凭证顺序结合保管期限进行排列。这种分类排列方法适合专业性强的税务机关的会计档案。具体分类排列样例如下：

2009 年度

1．税收会计

（1）财务报告（永久）

（2）会计账簿（30年）

（3）会计凭证（10年）

（4）其他会计资料（永久、30年、10年）

2. 经费会计

（1）财务报告（永久、10年）

（2）会计账簿（30年）

（3）会计凭证（30年）

（4）其他会计资料（永久、30年、10年）

……2010年度

另外，有些会计单位，也将会计档案的分类同会计档案的移交工作结合起来考虑，并且提出了如下两种会计档案的分类方法：

（1）"保管期限—会计年度—会计文件形式"分类法。即首先根据鉴定工作的结果将同一种保管期限的会计档案作为一个大类，其次根据会计年度划分每个大类中的二级类目，最后把各个年度类别中的会计档案按照形式划分三级类目。这种分类的结果，可以较为便利地将具有相同或相似保存价值的会计档案集中起来加以排列。在对一部分保管已到一定期限的会计档案移交档案馆或剔除销毁时，不需进行费时费力的倒架，便可以将新的会计档案放置在已经腾空的档案装具中。

（2）"保管期限—会计文件形式—会计年度"分类法。这种分类方法与第一种分类方法的区别是：二级类目的划分标准和三级类目的划分标准不同。

以上会计档案的分类、排列、编号方法各有利弊，各单位可根据具体情况，酌情选用。

# 第五节　编号

## 一、编制会计档案号的基本规则

### （一）会计档案号的编制应具有唯一性

会计档案号中的每一部分标识代号都被赋予了特定的含义，因此务必指代单一，不可重复。一般而言，一个档案馆中的全宗号不能重复，一个全宗范围内的会计档案分类号或目录号不能重复，一个类别或一本案卷目录范围内的案卷号不能重复。这种编号的唯一性要求，是确保会计档案的每一个基本保管单位都拥有一个唯一的管理或查找标识。否则，会使会计档案的管理和利用陷入困境。

### （二）会计档案号的编制应具有合理性

一般情况下，会计档案号的编制必须体现单位会计档案分类的实际情况，并与会计档案实体分类体系保持相互对应的关系。从一定意义上讲，会计档案号的编制是对会计档案整理分类成果的一种固定和反映。如果没有这项工作，那么会计档案的整理工作，特别是分类工作的成果就很难得到巩固。

### （三）会计档案号的编制必须完整成套

会计档案号的具体存在形式虽然较多，但是不论编制哪种类型的会计档案号，都必须做到结构完整，成套使用。否则，便无法有效地管理会计档案，更谈不上对会计档案信息资源的开发利用。

### （四）会计档案号的编制必须具有扩充性

会计档案是会不断形成的，所以会计档案的编号就不能死板僵硬，而必须留有适当的扩充余地，以便根据会计档案的实际形成情况和特点，扩充会计档案号。只有如此，才能保证每一种会计档案都能在会计档案的标号体系中，找到"一席之地"。

### （五）会计档案号的编制必须具有长期的相对稳定性

会计档案作为单位经济活动的一种历史记载物，其编号的模式结构应保持相对稳定。因为会计档案号是一种人工馆藏检索途径，有时也会造成"牵一发而动全身"的后果。

### （六）会计档案号的编制要简明具体

会计档案号的编制结构应当简单明了，便于识别、记忆、寻找。简明的会计档案号能够减轻编号人员的工作量，方便利用者查找所需的会计档案信息。

因此，不能随意地变更和增加档案号的层次。

# 二、编制会计档案号的方法

## （一）"会计文件形式—会计年度"分类法编号

"会计文件形式—会计年度"分类法编号，即在会计文件形式（财务报告、会计账簿、会计凭证和其他会计资料）下按年度分类编号的方法，例如下面两例。

### 1. 2009 年明细账的编号为：KJ－2.2009-4-15

"KJ"表示会计档案种类代码；

"2"表示会计账簿类别；

"2009"表示 2009 年的会计账簿；

"4"表示明细分类账属类；

"15"表示案卷顺序号。

### 2. 2009 年付款凭证的编号为：KJ-3.2009-2-29

"KJ"表示会计档案种类代码；

"3"表示会计凭证分类号；

"2009"表示 2009 年的会计凭证；

"2"表示付款凭证分类号；

"29"表示案卷顺序号。

在实际工作中，为了减少会计档案号的编号位数，也可以将上述三段式的会计档案号缩写为两段式，如：KJ-3.2009-2-29 可以缩写为 KJ3.2009.2-29。

## （二）"会计年度—会计文件形式"分类法编号

"会计年度—会计文件形式"分类法编号，即在同一会计年度下按财务报告、会计账簿、会计凭证和其他会计资料四大类排列。因为受保管期限不一、载体大小不一的制约，所以要加设属类给予区别，分别从 1 号逐年流水会计档案编号。号的一般格式如下：

会计档案号：会计档案代字（代号或代码）+大类号和属类号+案卷号。

三部分之间用"—"连接，用以确定会计档案案卷的物理顺序和空间位置。为了便于理解，在此给出下列例子，供实际工作中参考。

### 1. 2009年财务报告类年终决算报表案卷的编号：KJ2009-1.1-1

"KJ2009"表示2009年会计档案的代码；

"1.1"表示财务报告类中的年终决算报表；

"1"表示案卷的顺序号（简称案卷号）。

### 2. 2009年总账的编号：KJ2009-2.3-25

"KJ2009"表示2009年会计档案种类代码；

"2"表示会计账簿类分类号；

"3"表示总账属类号；

"25"表示案卷顺序号。

# 第六节 编目

## 一、会计档案案卷目录

会计档案案卷目录也称会计档案保管清册，是基本检索工具。其编制方法主要有三种，可根据单位的会计档案分类排列方法来选择其中的一种。一是统编法，即将一个单位形成的所有会计档案一年或数年统一编制一本会计档案案卷目录。二是分类编制法，即将一个单位形成的会计档案按会计档案的不同形式、不同机构或不同类型分别编制会计档案案卷目录。三是保管期限编制法，即将一个单位形成的所有会计档案按不同保管期限分别编制案卷目录。

会计档案案卷目录项目包括案卷号、类别、题名、起止时间、保管期限、卷内张数、备注。

案卷号：即案卷的排列号。填写本盒内会计档案的案卷号或案卷起止号，在案卷起号和止号之间用"—"隔开。

类别：填写该卷会计档案所属的类别，如：会计凭证类、会计账簿类、财务报告类等。

题名：题名即案卷题名，要求与会计档案盒上的"案卷题名"相同。应准确概括本盒会计档案的形成单位、时间、内容、类别，如：审计署驻××办事处 2004 年财务决算报告。

起止时间：填写该卷档案启用和终止的年月。年月用 6 位阿拉伯数字分两行填写，月日不足 2 位的在前面补 0，例如：

201206

201209

保管期限：根据整理会计档案时确定的会计凭证盒或会计档案盒上的保管期限填写。

卷内张数：指会计凭证总数、账页总数或财务报告的总张数，根据该卷会计档案的具体张数填写。

备注：填写记账凭证起止号或其他需要说明的事项。

## 二、会计档案卷内文件目录

除了订本账和会计凭证外，其他会计档案均应填写卷内文件目录（如图 4-4 所示）。卷内文件目录包括顺序号、责任者、文号、题名、日期、页号、备注。

顺序号：以卷内文件材料排列先后顺序填写序号，即件号。

责任者：填写对档案内容负责的团体和个人名，即文件材料的署名者。

文号：填写文件制发机关的发文字号。

题名：即文件材料标题，一般应照实抄录，没有标题或标题不规范的，可自拟标题，外加括号"（）"。

日期：填写文件材料的形成时间，以 8 位阿拉伯数字标注年月日，如 20070619。

页号：填写卷内文件材料所在页的编号。

备注：在需要说明情况的文件材料栏内加"*"号，并将需说明的情况填写在备考表中。

财务报告中会计报表的封面要有单位负责人和会计部门负责人、会计主管人的签名或盖章。设置总会计师的单位，还须有总会计师签名并盖章，同时案卷装订的密封处要加盖财务专用章。

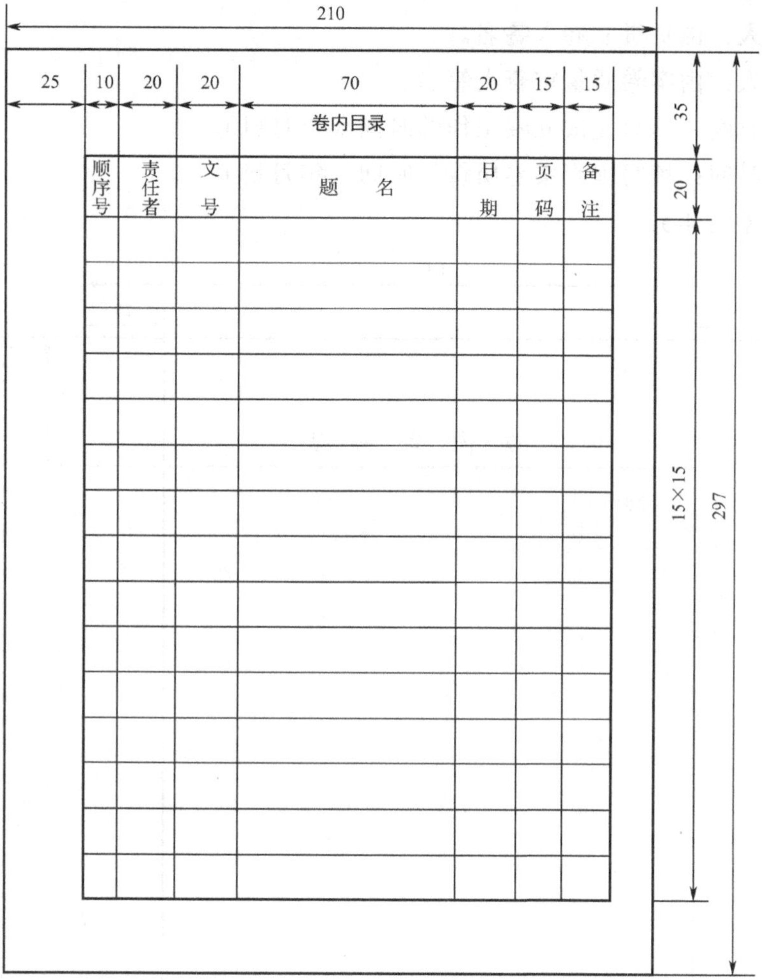

单位统一：mm

图 4-4　会计档案卷内文件目录

# 三、卷内备考表

除了装订账本和会计凭证外，其他会计档案的案卷均应填写卷内备考表，备考表的填写项目包括本卷情况说明、立卷人、检查人、立卷时间、检查时间等。

本卷情况说明：填写卷内文件材料（如：财务报告类、其他类）缺损、修改补充、移出、销毁等情况。案卷立好后发生或发现的问题由有关管理人员填写并签名，标注时间。

立卷人：由负责立卷人签名。

检查人：由案卷质量审查人签名。

立卷时间：填写完成立卷工作的时间（年月日）。

检查时间：填写审查案卷质量的时间（年月日）。

具体见图 4-5。

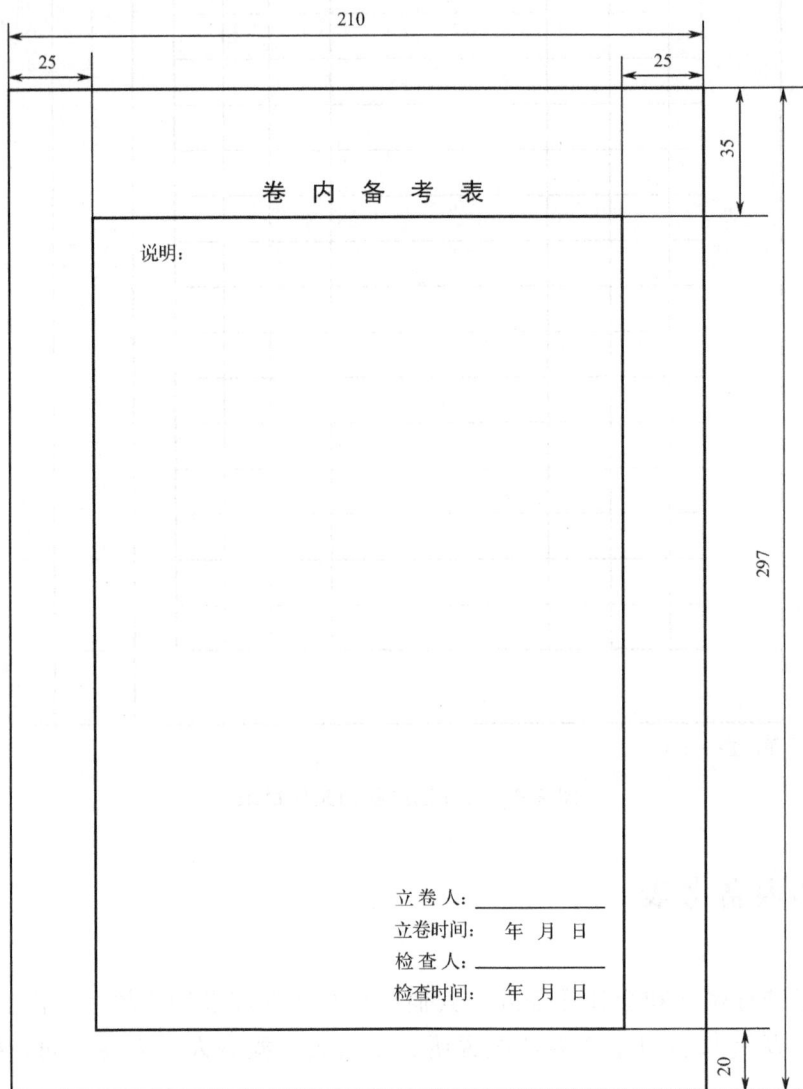

单位统一：mm

图 4-5　卷内备考格式

# 第五章  传统会计档案管理

## 第一节  移交

### 一、会计档案的移交要求

会计档案移交，是指单位的会计管理机构将临时保管的会计档案移交至单位档案机构（如未设立专门档案机构，也可以是负责单位档案工作的部门，下同）或档案管理人员的过程。具体要求体现在《会计档案管理办法》第十二条，即单位会计管理机构在办理会计档案移交时，应当编制会计档案移交清册，并按照国家档案管理的有关规定办理移交手续，纸质会计档案移交时应当保持原卷的封装。电子会计档案移交时应当将电子会计档案及其元数据一并移交，且文件格式应当符合国家档案管理的有关规定。特殊格式的电子会计档案应当与其读取平台一并移交，单位档案管理机构接收电子会计档案时，应当对电子会计档案的准确性、完整性、可用性、安全性进行检测，符合要求的才能接收。

会计档案的移交是为了有效地保存档案，更好地提供利用。一般情况下，应将有关类型的会计档案移交工作，纳入会计人员的岗位职责范围，把工作落实到人，并保证会计档案的质量。

### 二、会计档案的移交方法

会计机构按期将"会计档案移交清册"随同待移交的会计档案向档案机构移交；档案机构接收时应认真核对，并检查档案质量，按照会计档案移交清册所列内容逐项交接，经双方确认无误后在会计档案移交清册上签字盖章；"会计档案移交清册"由会计机构和档案机构各保留一份。移交过程中，具备电子会计档案管理条件的单位，可通过电子档案管理信息系统完成线上移交流程。移交的会计档案必须是完整的、可利用的、可保管的。"会计档案移交清册"的编制可参考表 5-1。

表 5-1　会计档案移交清册（参考格式）

| 年　　度 | 会 计 凭 证 | 会 计 账 簿 | 财 务 报 告 | 其　　他 | 光　　盘 | 备　　注 |
|---|---|---|---|---|---|---|
|  |  |  |  |  |  |  |
|  |  |  |  |  |  |  |
|  |  |  |  |  |  |  |
|  |  |  |  |  |  |  |
|  |  |  |  |  |  |  |

移交部门：　　　接收部门：　　　监交人：

移交人：　　　接收人：　　　移交时间：

【填表说明】会计档案移交清册至少一式两份，移交时应在纸质移交清册上履行签字手续，移交方和接收方各留存一份。

年度：填写移交的会计档案所属会计年度。

会计凭证、会计账簿、财务报告、其他：按照移交会计档案的类别分别对应填写本次移交档案的盒或卷的数量。

光盘：填写移交光盘的数量。

备注：填写需要特别说明的情况。实行会计档案电子化归档的单位，需在此标示电子会计档案和纸质会计档案。

移交部门：填写交出会计档案的单位或部门名称。

移交人：移交部门的经办人员签名或盖章。

接收部门：填写接受会计档案的单位或部门名称。

接收人：接收部门的经办人员签名或盖章。

监交人：监督人签名或盖章。

移交时间：填写移交会计档案的日期。

# 第二节　保管

## 一、会计档案的保管要求

会计档案保管是各单位档案工作的一项必要职责。科学合理的会计档案保管工作，一方面可以使档案收集、整理、鉴定等各项工作的成果得到维护，并使会计档案始终处于一种有序的便于管理的状态之中；另一方面也可以为会计档案的编目和检索、数据挖掘和组织、会计信息的分析加工等工作提供必要的条件。

## （一）会计档案的入库登记

为了保证入库会计档案的安全保管，会计档案管理部门应当建立会计档案保管登记制度。会计档案的保管登记一般可采用"会计档案登记簿"的形式来完成。登记簿是档案保管部门依据会计档案接收入库的时间顺序，直接由会计档案管理人员负责填写的。通过这种管理工具，可以有效地了解和控制会计档案入库的数量。

## （二）会计档案存放地点索引

会计档案存放地点索引，又称会计档案存放位置索引，是为了库房管理人员能够及时了解库藏会计档案的放置情况和迅速取放档案，而编制的一种指明会计档案存放物理空间位置的管理工具。一般是以会计档案为主线编制的。其基本著录项目包括：全宗名称、库房位置、存放档案的类名及档号、库房放置地点及备注。

## （三）会计档案库房的防光、防霉、防虫、防火、防有害气体

会计档案库房防光的重点是防紫外线。因为档案载体材料的光老化和字迹褪色都与紫外线辐射引起的一系列化学反应有着密切联系。会计档案库房的防光措施有：控制库房的光照度，一般以不超过 50 勒克司为宜；注意库房窗户的朝向，在库房的西面和东面墙上不宜设窗；适当减小窗户的面积，采用能够减少通光量的玻璃，如茶色玻璃、吸热玻璃、毛玻璃、花纹玻璃等；设置遮幕措施；控制照明灯具的数量；在窗户玻璃和荧光灯管壁上涂上紫外吸收剂；尽量选用含紫外线少的白炽灯，减少会计档案利用中受光辐射的时间；对会计档案实行避光保存。

会计档案的库房必须注意防火。首先，库房的选址要考虑到防火的要求，尽量避开有火灾隐患的地区；其次，库房自身的结构要达到防火的要求，库房

内应设有防火墙、防火门，装修材料应当采用非燃烧材料；再次，库房的电源及电器设备应符合防火要求，灯具距档案的距离不应少于 0.5 米；最后，会计档案的库房中必须配备充足的防火和灭火设备，如二氧化碳灭火剂、干粉灭火剂、泡沫灭火剂、卤代烷灭火剂等。另外，有条件的单位可以在会计档案库房中装备自动报警的灭火装置。

会计档案的保管必须注意防有害气体，其中包括二氧化硫、硫化氢、二氧化氮、氯气以及其他各种酸性和氧化性气体。对这些有害气体的防护措施主要包括：选择良好的库房位置，如通风顺畅的上风地带；合理组织通风，掌握通风时机，避免在空气污染物浓度出现高峰的时间段通风；通风时应采用空气过滤器，对有害气体的过滤可以采用活性炭等；加强库房的密闭措施；对会计档案进行脱酸处理；在库房周围植树种草等。

# 二、会计档案的装具——包装材料

会计档案的装具主要是会计档案盒。根据国家有关规定，会计凭证盒采用 340 克以上箱板纸制作；会计账簿、财务报告等档案盒宜采用 700 克以上无酸纸制作。档案部门用于保管会计档案的档案盒应符合以下几点要求：

第一，档案盒的制作材料必须坚固耐用，要采取防虫、防霉措施；

第二，档案盒要按照一定的尺寸制作，不应对会计档案的取放造成困难；

第三，档案盒应尽量制作光滑，减少机械磨损，便于除尘。

### 1. 会计档案凭证盒

会计凭证档案盒的外形尺寸采用 275mm×155mm（长×宽）或 310mm×220mm（长×宽），盒脊厚度可根据需要设置 30mm、40mm、60mm 等。

会计档案凭证盒的尺寸规格应当根据会计凭证所组成案卷的尺寸规格来确定，但一般应大于会计凭证的尺寸规格。会计档案凭证盒正面项目包括单位名称、凭证名称、册数、册次、记账凭证起止号、附件数、会计凭证总数、起止时间、归档时间、立卷人、保管期限、全宗号、目录号、案卷号。各项具体位置、尺寸如图 5-1、图 5-2 所示。

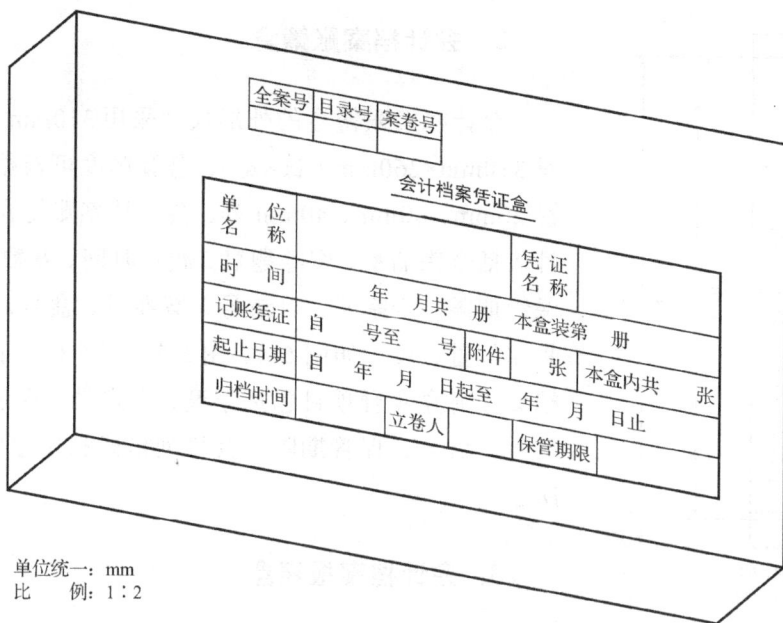

| 全案号 | 目录号 | 案卷号 |
|---|---|---|
| | | |

**会计档案凭证盒**

| 单 位<br>名 称 | | | | 凭 证<br>名 称 | |
|---|---|---|---|---|---|
| 时 间 | 年 月共 册 | | | 本盒装第 册 | |
| 记账凭证 | 自 号至 号 | 附件 | 张 | 本盒内共 张 | |
| 起止日期 | 自 年 月 日起至 年 月 日止 | | | | |
| 归档时间 | | 立卷人 | | 保管期限 | |

单位统一: mm
比　例: 1:2

**图 5-1　会计档案凭证盒立体图**

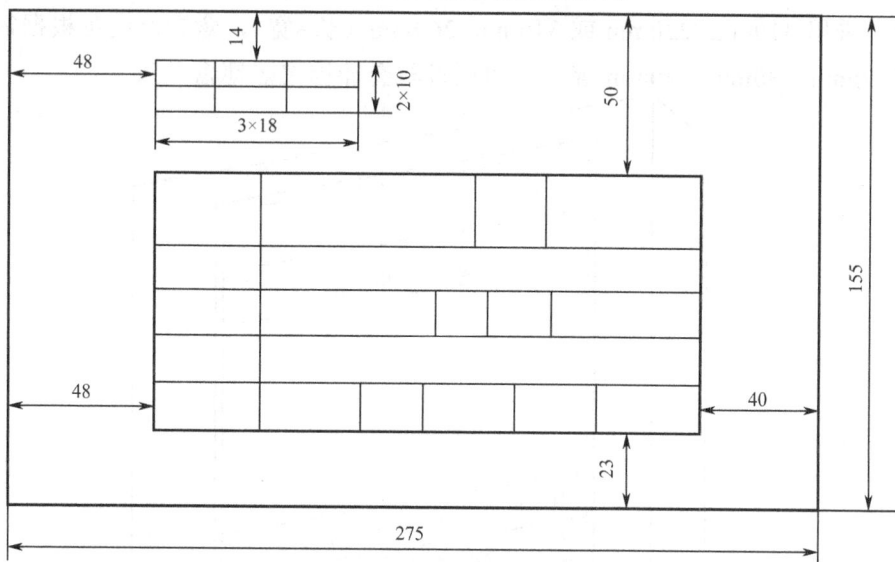

**图 5-2　会计档案凭证盒正面**

会计档案凭证盒盒脊项目包括全宗号、目录号、案卷号、年度、月份、册数、册次、保管期限,其排列格式和尺寸如图5-3所示。

为了减少购买会计档案凭证盒的开支,有的单位采取了插卡式的脊背标签和案卷封面,以备将来可以重复使用这些卷盒。这种节约资源的做法值得提倡。

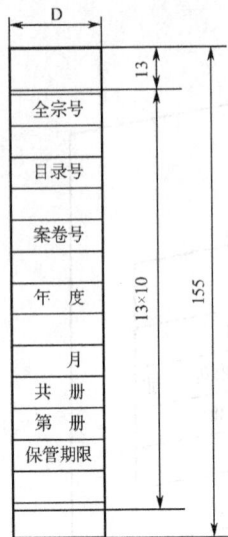

D=30、40、60
单位统一：mm

图 5-3　会计凭证盒脊背

## 2．会计档案账簿盒

会计档案账簿盒的外形尺寸采用 310mm×220mm 或 310mm×260mm（长×宽），盒脊厚度可根据需要设置 20mm、30mm、40mm 等。会计档案账簿盒正面项目包括全宗名称、案卷题名、起止时间、卷数、页数、保管期限、全宗号、目录号、案卷号、盒号。各项目具体位置、尺寸如图 5-4、图 5-5、图 5-6 所示。会计档案账簿盒盒脊项目包括年度、全宗号、目录号、案卷号、盒号、保管期限。其排列格式和尺寸如图 5-7 所示。

## 3．会计档案报表盒

会计档案报表盒的外形尺寸与会计档案账簿盒一致，采用 310mm×220mm 或 310mm×260mm（长×宽），盒脊厚度可根据需要设置 20mm、30mm、40mm 等。正面项目与会计档案账簿盒一致。

单位统一：mm
比例：1∶2

图 5-4　会计档案账簿盒立体图

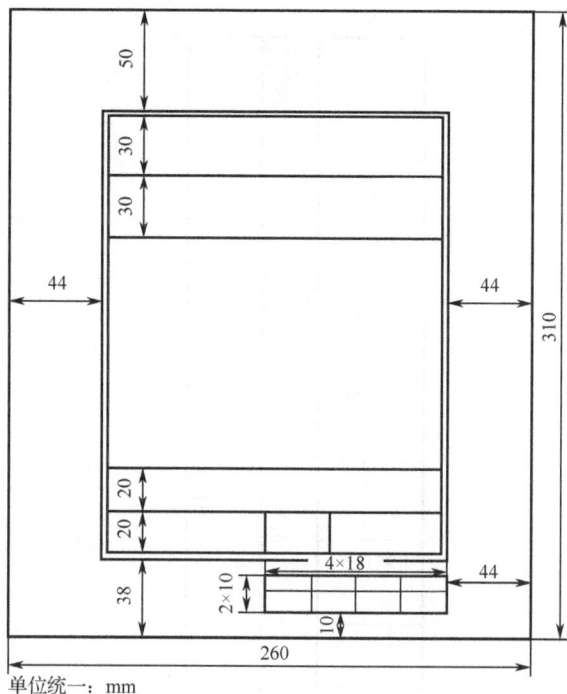

单位统一：mm

图 5-5　会计档案账簿盒正面格式一

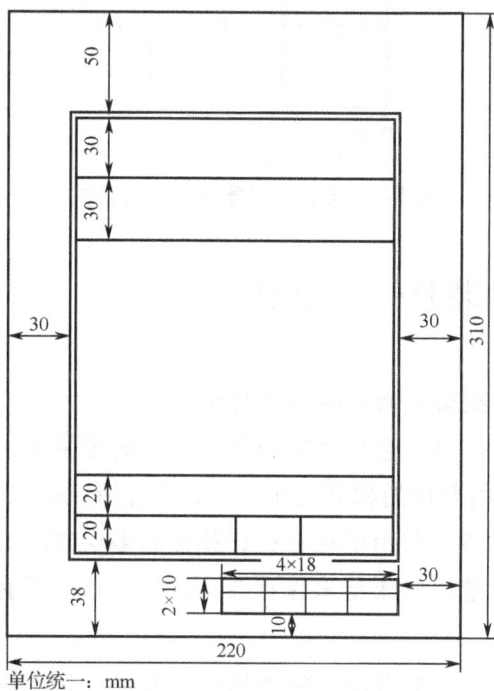

单位统一：mm

图 5-6　会计档案账簿盒正面格式二

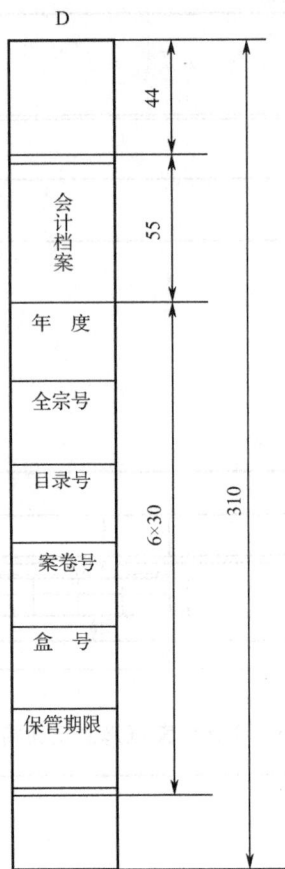

D=20、30、40
单位统一：mm

图 5-7　会计档案账簿盒盒脊格式

# 三、会计档案的装具——柜架

会计档案的库房柜架主要包括以下几种。

（1）会计档案架。由于会计档案中会计凭证的数量庞大，而且规格尺寸又较小，所以，如果采用普通的档案架来存放，就会造成有限的保存空间的浪费。为此，应当订做或购买专门用于保存会计凭证的多层式档案架。如果库房的承载能力允许，也可以选用密集架来保存会计凭证，这样更有利于会计档案存放空间的合理使用。

（2）会计档案柜。一般选用牢固耐用的档案柜，如多层档案柜、多节铁皮柜等。

（3）会计档案箱。一般而言，档案箱可以用来保存流动性大的单位的会计档案。对于那些待销毁的、已经失去保存价值的档案，也可以暂时存放在档案箱里。

总之，会计档案库房装具的选择必须有利于会计档案的安全保存，同时也必须有利于库房空间的充分利用和会计档案的平时取放。良好的会计档案库房装具应当具备能够充分利用库房空间，为会计档案的保存提供一个相对密闭的小环境，以及方便会计档案的取放等方面的优点，同时不能含有危害档案安全保存和库房管理人员身体健康的有害物质。

# 第三节　到期鉴定和销毁

## 一、到期鉴定

任何档案到了其原定保管期后，须对其进行再次鉴定，以决定其去留。单位应定期对保管期满的会计档案进行鉴定，并根据鉴定结果，对保管期满的会计档案进行相应处置。会计档案的鉴定周期、频率可视单位的实际情况而定。如果每年到期档案数量不大且库房空间充足，可几年鉴定一次，如果每年到期的会计档案数量比较大，且库房空间有限，可每年开展一次鉴定工作。

根据《会计档案管理办法》第十六条，"单位应当定期对已到保管期限的会计档案进行鉴定，并形成会计档案鉴定意见书。经鉴定，仍需继续保存的会计档案，应当重新划定保管期限；对保管期满，确无保存价值的会计档案，可以销毁。"《会计档案管理办法》第十七条规定，"会计档案鉴定工作应当由单位档案管理机构牵头，组织单位会计、审计、纪检监察等机构或人员共同进行。"

对保管期满的会计档案进行鉴定，应由单位档案机构牵头组织，参加人员至少应包括会计机构、审计机构等单位内设机构的人员，内部设置纪检监察部门的，应邀请纪检监察部门的人员参加，必要时还应邀请单位法务部门的人员参加。具体鉴定时，可先由档案部门会同会计部门通过逐卷、逐份档案阅读的方法，提出初步的鉴定结论。鉴定结论可以是销毁或继续保存。初步鉴定结论提出后，形成初步鉴定意见。单位应成立由主管领导、相关职能部门、专业技术人员和档案人员组成的档案鉴定委员会（或小组），对初步鉴定意见进行讨论审定，形成正式鉴定意见书。单位档案鉴定委员会（或小组）的组成也可参照《企业档案工作规范》（DA/T42）的 7.7.1 或《机关档案管理规定》有关内容执行。

对于具有继续保存价值的会计档案，应重新划定其保管期限。重新划定保管期限包括两种情形：一种是需保存较长时间的，建议以鉴定时点为起点，仍按《会计档案管理办法》附表列示的保管期限进行划定；另一种是因债权债务未了，需要继续保存的，会计档案继续保存至债权债务事项结束即可。

# 二、销毁

对已满保管期限的会计档案做出继续保存或剔除销毁决定，一般情况下可以按照以下方法处置已满保管期限的会计档案。

## （一）继续加以保存

保管期满但未结清债务债权的原始凭证和涉及其他未了事项的原始凭证，不得销毁，应单独抽出立卷，并保存到未了事项完结为止。单独抽出立卷的会计档案，应当在会计档案销毁清册和会计档案保管清册中列明。

正在项目建设期间的档案，保管期满的会计档案不得销毁。

## （二）会计档案销毁的审批权限

需要销毁的会计档案应当按照一定的审批程序，再予以销毁，其审批程序如下：

（1）由本单位档案机构会同会计机构提出销毁意见，编制会计档案销毁清册，列明拟销毁的会计档案名称、卷号、册数、起止年度和档案编号、应保管期限、已保管期限、销毁时间等内容。

（2）单位负责人在会计档案销毁清册上签署意见。

## （三）会计档案的销毁清册

对经过鉴定，确认无保存价值、需销毁的会计档案，应逐份编入销毁清册。

### （四）会计档案的销毁方法

（1）销毁会计档案时，应当由档案机构会同会计机构共同派员监销。国家机关销毁会计档案时，应当由同级财政部门、审计部门派员参加监销。财政部门销毁会计档案时，应当由同级审计部门派员参加监销。

（2）监销人要在销毁会计档案之前，按照会计档案销毁清册所列内容清点核对所要销毁的会计档案；销毁后，应当在会计档案销毁清册上签名盖章，并将监销情况报告本单位负责人。

# 第四节　会计档案利用

## 一、利用要求及方式

会计档案是单位的重要档案之一，它以其丰富的原始数据，为企业编制计划、改善经营管理、预测经济前景、领导决策提供全面和可靠的信息。

会计档案的利用是指以查阅、借出、复制、证明、咨询、网络推送等方式使用会计档案的活动。《会计档案管理办法》第十三条规定，"单位应当严格按照相关制度利用会计档案，在进行会计档案查阅、复制、借出时履行登记手续，严禁篡改和损坏。""单位保存的会计档案一般不得对外借出。确因工作需要且根据国家有关规定必须借出的，应当严格按照规定办理相关手续。""会计档案借用单位应当妥善保管和利用借入的会计档案，确保借入会计档案的安全完整，并在规定时间内归还。"

为做好会计档案利用工作，要建立并完善会计档案的利用管理制度。会计档案是记录和反映单位经济业务发生情况的重要资料和证据，在有效利用的同时，还应确保档案的安全和保密。因此，需结合本单位保密制度，建立完善的会计档案利用管理制度。会计档案利用管理制度一般应包括利用范围、利用方式、利用有效时限、利用权限、审批程序、登记制度等内容。

在实际工作中，会计档案主要有以下两种利用方式。

（1）通过提供原件或复制件，满足利用者的会计信息利用需求。

（2）通过提供会计档案信息加工品，满足会计信息利用者的利用需求。

## 二、会计档案原件或复制件查阅、借阅

查阅、借阅是会计档案利用的主要方式。查阅是利用者到会计档案保管处现场查看会计档案信息。查阅利用是利用者不将会计档案带出保管地；借阅利用是利用者在办理手续后将会计档案带离保管地查看会计档案的方式。

会计档案原则上不得对外借出。遇到特殊情形，如配合国家安全、司法、审计、监管等相关单位工作，依法依规必须对外借出会计档案的，须按照档案管理制度履行审批程序后办理登记手续。电子会计档案因其在使用时更容易被复制，各单位应严格控制电子会计档案的借出次数。

不管查阅还是借阅都需要办理登记和审批手续，登记的内容一般应包括序号、日期、档号、题名、借阅部门、借阅人签字、归还日期、备注等内容，具体见表 5-2。

表 5-2　借阅档案登记表（参考格式）

| 序号 | 日期 | 档号 | 题名 | 借阅部门 | 借阅人签字 | 归还日期 | 备注 |
|------|------|------|------|----------|-----------|----------|------|
|      |      |      |      |          |           |          |      |
|      |      |      |      |          |           |          |      |
|      |      |      |      |          |           |          |      |

带走会计档案复制件的还应进行复制件登记。

档案查阅、借阅审批手续一般按照利用者职务职级分别设置。

## 三、会计档案的检索工具

会计档案的检索工具主要有会计档案案卷目录和专题目录。案卷目录的编制方法大致有以下几种：

（1）编制会计凭证、账簿、财务报告（报表）三者合一的会计档案案卷目录。

（2）分别编制会计凭证目录、会计账簿目录、财务报告（会计报表）目录。

（3）分保管期限编制不同的会计档案案卷目录。

一般情况下，以第三种方法为宜，其优点是与会计档案的排列、编号一致，既有利于保管，又便于移交和销毁档案。案卷目录式样，详见本章第三节会计档案分类部分。

专题目录，则是根据编制长远规划和国家经济建设的需要，将历年案卷目录中有关生产、基建、供销、经费、财务决策及其说明等按专题编制的目录。

# 四、会计档案编研工作

通过会计档案编研提供会计档案利用，是会计档案信息提供利用的方式，是一种行之有效的利用方式，主要的编研加工工作如下。

## （一）基础数字汇集

基础数字汇集是利用会计档案中各方面数据信息，将立档单位的经济管理活动中的数据，按若干项目汇集成册，以便领导与业务人员全面、系统地掌握情况。

## （二）重要数据汇集

重要数据汇集是一种简单又比较重要的编研材料，如表 5-3 所示。

表 5-3　重要数据比较表

| 年代\数量（万元）\项目 | 总产值 | 实现利润 | 上缴利税 | 工资总额 | 奖金总额 | 产品成本 | 企业留利 | 人均产值 |
|---|---|---|---|---|---|---|---|---|
|  |  |  |  |  |  |  |  |  |
|  |  |  |  |  |  |  |  |  |
|  |  |  |  |  |  |  |  |  |

## （三）阶段性资金分析表

阶段性资金分析表供单位领导从某一阶段的企业经营情况来研究企业的经济发展状况，或与某一阶段企业经济活动规律进行对比，以总结企业发展或经营的经验教训。

### （四）企业历年经济效益曲线图

企业历年经济效益曲线图是一个二维图，横坐标为年度，纵坐标为企业经济效益，每年的经济效益在平面上对应一个点，这些点用线连接起来，形成曲线图。它可以直观地从曲线上看出企业经济效益的变化规律，一目了然（见图5-8）。

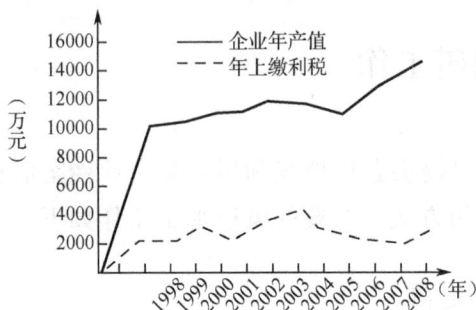

图 5-8　历年经济效益曲线图

## 五、会计档案提供利用需注意的问题

### （一）建立、健全会计档案的借阅制度

要对会计档案的利用范围、利用方式、批准手续以及归还案卷检查，做出具体规定并认真贯彻执行。

### （二）确保会计档案原件的完整和安全

无论何人查阅会计档案，均不得在会计档案上做任何标记，不得折叠、涂改和污损，更不能拆毁原卷册，抽换会计凭证和账页，不得造成遗失和泄密，违者应视情节轻重进行严肃处理。

### （三）对复制、摘抄会计档案材料严格审查

利用者需要复印、复制、摘抄会计档案时，需事先征得档案保管人员审查签字，并经会计机构主管负责人审查批准后才能交付利用者。工商、税务、司法等机关需要以会计档案作为凭证时，可以出具复印件，加盖会计档案管理机

构公章，不得拆卷。

　　会计档案提供利用时，档案管理机构与会计主管机构应注意收集会计档案提供利用的效果，并把利用效果反馈的具体情况，包括利用目的、利用卷次及人次、解决问题的程度、社会效益和经济效益以及尚待解决问题的难点等，逐一详细地登记在"利用效果登记簿"上，以便及时总结档案提供利用工作中的经验与教训，进一步改进会计档案管理工作。

# 第三篇　电子会计档案管理

在互联网时代，会计工作的一大特点就是用信息系统记账代替手工记账，信息系统部署在互联网上，可以跨地域处理会计业务。随之为会计档案工作也提出了新要求。其中最大的变化就是会计资料由纸质的变为电子的，包括内部形成的和外部接收的。过去，为应对这种变化，采用将电子会计资料输出纸质会计资料的方法来应对。但随着经济的发展，对会计档案管理效率及便利性提出了更高的要求，这种方法已不能满足经济发展和行政管理的需要。因此，要求直接对电子会计资料进行归档，直接形成电子会计档案。本篇主要阐述如何形成规范的电子会计资料，并将其直接归档形成电子会计档案。

# 第六章　电子会计档案管理设计

## 第一节　电子会计档案管理模式设计

电子会计档案管理是基于互联网技术的管理，有别于传统的手工管理。对于单位来说，由手工管理到基于互联网的管理，管理方式有较大变化，应对其管理模式进行详细设计。

### 一、管理流程的设计

电子会计档案的管理模式要整合核算、报账服务、银企直联、资金稽核等流程信息，自动收集、鉴定各类凭证、账簿、报表及银行回单等电子会计资料，对纸质资料和电子会计资料的产生、转化、质量、安全及运营的过程与效率进行全周期、系统化管理，并提供后续保管与利用（见图 6-1）。

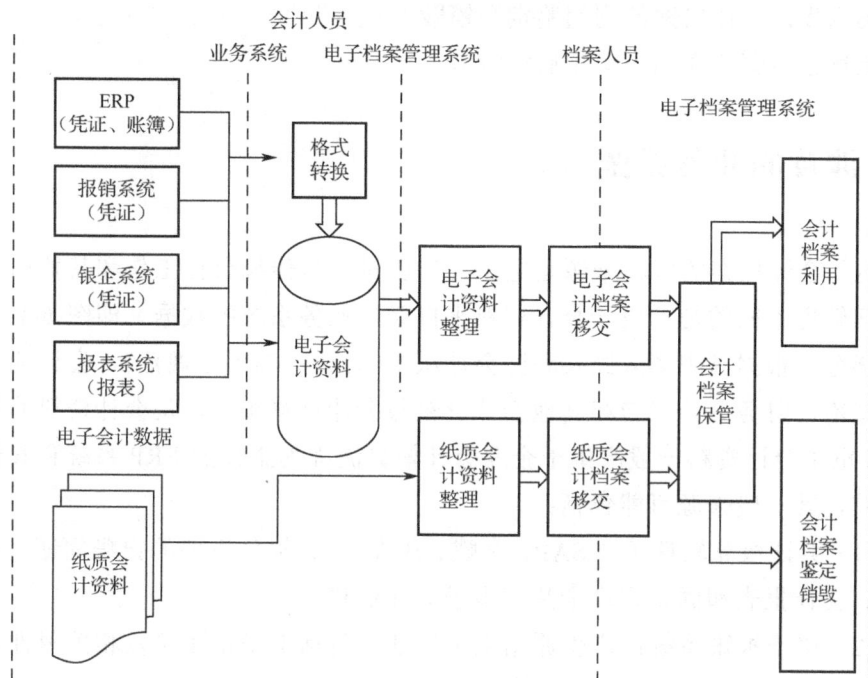

图 6-1　会计档案管理流程图

在图 6-1 中，分两条线归集会计资料，分别为电子会计资料和纸质会计资料（如火车票、行程单、合同等），其管理流程如下。

第一步：会计资料归集

电子会计资料由业务系统的会计数据组成，部分需要通过转换成版式文件后，进入电子档案管理系统，另一部分会计数据在业务系统中已经是版式文件了（如电子发票）就不需要再转版式文件，而是直接进入电子档案管理系统。与此同时,线下的纸质会计资料由会计人员定期移交给会计资料整理归档人员。需要注意的是，电子会计资料不须打印纸质的。

第二步：会计资料的整理组卷

将进入电子档案管理系统待整理库（或电子文件库、会计资料库）的电子会计资料按照整理规则组成卷。但是，由于这时会有两种载体，在整理时要将纸质会计资料与电子会计资料分开排列，尽管它们反映的是同一笔经济业务。

第三步：会计档案的在线移交与接收

第四步：会计档案的保管

第五步：会计档案的提供利用

第六步：会计档案的到期鉴定和销毁

上述各步骤的详细方案见后续章节。

## 二、涉及的业务系统

电子会计档案的资料来源是电子会计资料。与传统会计工作和其他门类电子档案管理不同的是，电子会计资料来自会计业务系统的数据，即图 6-1 中左上角部分。根据《中华人民共和国会计法》《会计基础工作规范》，会计凭证、会计账簿、财务会计报告和其他会计资料与会计核算相关，是会计资料的构成主体。电子会计资料一般产生于企业会计核算流程为主体的 ERP 系统和其他业务系统，其一般来源可能包括：

（1）会计核算软件（如 SAP、金蝶、用友等）：提供主要的记账凭证、会计账簿、会计报表和固定资产卡片等电子会计资料。

（2）电子报账系统：产生原始电子凭证，包括电子报账单及相关附件、电子审批及岗位信息、影像信息、制证指令信息等。

（3）各种业务管理系统：提供收入、资产、税务、物料、工资薪金等具体业务管理和审批过程信息，并作为原始电子凭证组成部分。

（4）合同管理系统：产生供电子合同管理和报账使用的信息。

（5）资金管控系统：提供资金支付、核对工作完成后的电子回单信息。

（6）报表系统：对电子报表数据、上报过程使用的专业系统的数据，产生电子会计报告。

（7）档案管理系统：完成电子会计资料的收集、整理、移交，对电子会计档案进行保管和提供利用等。

## 三、会计资料归档形式设计

在图 6-1 中，会计资料既有电子形式的，又有纸质形式。那么，所有要归档的会计资料中，哪些采用电子形式，哪些采用纸质形式，在实施电子会计档案管理前，必须解决这个问题。要解决这个问题，就必须对会计资料的归档形式进行设计。根据《会计档案管理办法》第八条、第九条的规定，只有满足相应条件的会计资料才能仅以电子形式的归档。根据其中第八条规定，内部形成的会计资料，只要会计业务系统是标准化的就可以，因此，只要实现了会计核算信息化的单位基本都可以将内部形成的会计资料电子化，即可仅以电子形式保存。而从外部接收到的，则只能是收到的是什么载体就归档什么载体。如果收到的是电子发票，则直接归档电子发票，如果收到的是纸质发票，那也只能归档纸质发票。根据这个原则，会计资料归档形式可以设计如表 6-1。

表 6-1　会计资料归档形式表

| 序　号 | 归档范围 | 保管期限 | 来源系统 | 归档形式 |
|---|---|---|---|---|
| 一 | 会计凭证类 | | | |
| 1 | 原始凭证 | 30 年 | | |
| 1.1 | 销售订单 | 30 年 | ERP | 电子 |
| 1.2 | 出库单 | 30 年 | ERP | 电子 |
| 1.3 | 销售发票（普票） | 30 年 | 金税系统 | 电子 |
| | 销售发票（专票） | 30 年 | 金税系统 | 纸质 |
| 1.4 | 采购订单 | 30 年 | ERP | 电子 |
| 1.5 | 入库单 | 30 年 | ERP | 电子 |
| 1.6 | 采购发票（普票） | 30 年 | | 电子 |
| | 采购发票（专票） | 30 年 | | 纸质 |
| 1.7 | 报销单 | 30 年 | 报销系统 | 电子 |
| 1.8 | 银行回单-银企互联 | 30 年 | ERP（银企互联） | 电子 |
| 1.9 | 银行回单-非银企互联 | 30 年 | ERP（银企互联） | 电子归档+纸质归档 |
| 1.10 | 合同 | 30 年 | 合同管理系统 | 电子归档+纸质归档 |
| 1.11 | 报告 | 30 年 | OA 系统 | 电子归档 |
| 1.12 | 其他原始单据 | 30 年 | 票据管理系统 | 电子扫描件+纸质归档 |
| 2 | 记账凭证 | 30 年 | ERP | 电子归档 |
| 二 | 会计账簿及其他会计资料 | | | |
| 1 | 总账、明细账、日记账、银行账等 | 30 年 | ERP | 电子 |
| 2 | 固定资料卡片 | 30 年 | ERP | 电子 |
| 三 | 报告 | | | |

| 序　　号 | 归档范围 | 保管期限 | 来源系统 | 归档形式 |
|---|---|---|---|---|
| 1 | 年报 | 永久 | 报表系统 | 电子 |
| 2 | 月、季、半年报 | 30 年 | 报表系统 | 电子 |
| 四 | 其他会计资料 | | | |
| 1 | 银行存款余额调节表-银企互联 | 10 年 | ERP（银企互联） | 电子 |
| 2 | 其他会计资料，如银行对账单、纳税申报表等 | 10 年或 30 年 | | 纸质 |
| 3 | 其他档案资料，如移交、保管、销毁、鉴定意见书等 | 永久 | 档案管理系统 | 电子或纸质 |

# 第二节　纸质会计资料处理

当前还不能彻底实现会计资料的电子化，仍有部分会计资料以纸质形式存在，尤其是如火车票、行程单等原始凭证。在传统会计档案管理模式中，这些原始凭证与记账凭证、报销凭证等一起装订。但在实现记账凭证、报销凭证电子化后，火车票、行程单等纸质原始凭证以什么形式归档是必须解决的问题。

## 一、纸质会计凭证的处理方式

纸质凭证作为会计处理的依据之一，会计人员在会计记账时必须进行审阅。在互联网时代，纸质凭证的持有人与会计记账人员有的在同一地点，有的不在同一地点。当两者处于同一地点时，可采取手工交接方式，将纸质会计凭证手工交给会计人员审阅。当两者不处在同一地点时，可采取先将纸质凭证扫描上传到报销系统的方式供会计记账人员审阅，然后分批将纸质凭证交给会计记账人员审阅。如不具备扫描条件，可先将纸质凭证信息录入报销系统，供会计记账人员作为记账依据，然后定期将纸质凭证移交给会计人员审阅。纸质凭证信息的录入人对信息的真实性负责。

## 二、纸质会计凭证装订

纸质凭证由于与电子的记账凭证、报销凭证分离，此时可将纸质凭证粘贴形成一份独立的凭证，并独立编号，不需与记账凭证、报销单一起编号，具体见图 6-2。图 6-3 中的条码及其下方的编号即是该纸质原始凭证单独装订时的编号。

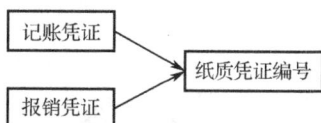

图 6-2　纸质凭证与电子的记账凭证、报销凭证关联方法

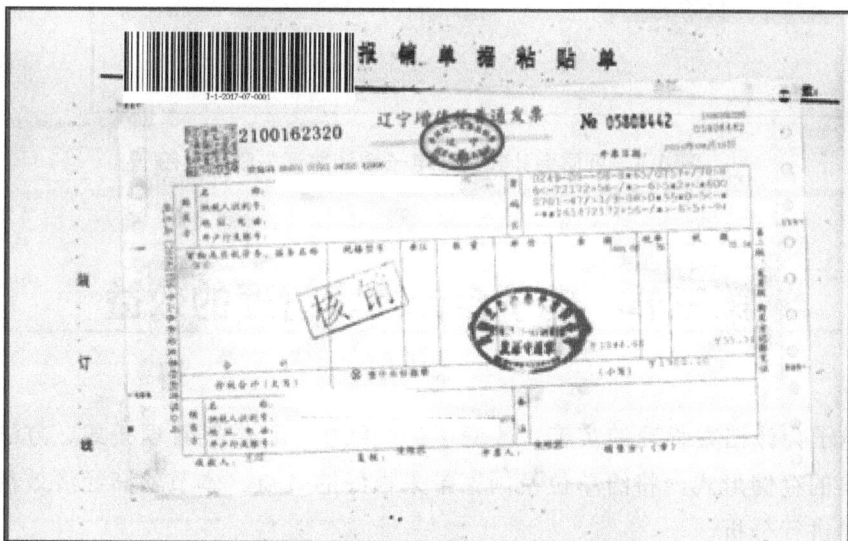

图 6-3　单独装订纸质原始凭证的编号方法

## 三、纸质会计凭证与电子会计凭证的关联

报销记账时，在电子报销凭证、电子记账凭证上均需记录该凭证依据的纸质票据编号，记录方式见图 6-4。纸质凭证编号既可以用原始编号，也可以重新编号。

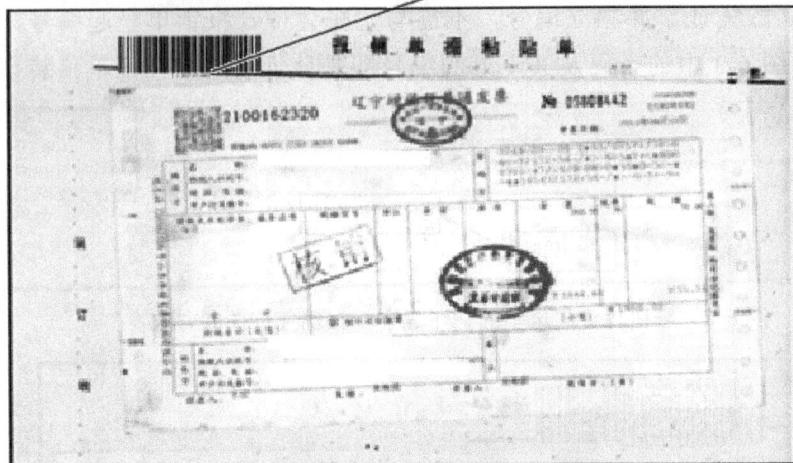

图 6-4　纸质会计凭证与电子会计凭证关联示意图

# 第三节　电子会计档案管理的效益

电子会计档案管理的实施，改变了传统纸质会计档案管理模式、方法和会计档案的存储形式，将给单位及国家带来很好的效益。本节就其经济效益和管理效益进行分析。

## 一、经济效益

### （一）提高工作效率

#### 1. 提高会计人员的工作效率

纸质原始单据从业务经办人传递到财务核算人员和复核人员，最后归档到档案部门，经历 4～5 个环节，耗时 2～5 天；系统处理后，普通费用报销在 2 小时内便可完成。

### 2．提高档案利用效率

根据测试，电子会计档案检索平均时间为 2 分钟，而纸质档案检索和调阅时间约为 2 小时，提高档案利用效率 60 倍。

### （二）降低管理成本

根据前期试点单位测算，电子会计档案管理能降低多项成本，见表 6-2。

表 6-2　成本费用节约表

| 对　比　项 | 电子会计档案<br>（元/张） | 纸质会计档案<br>（元/张） | 计　算　说　明 |
|---|---|---|---|
| 纸张费 | 无 | 0.05 元 | |
| 打印耗材费 | 无 | 0.01 元 | |
| 物流费 | 无 | 0.1 元 | |
| 保管费（30 年） | 低 | 0.9 元 | 按商业寄存计算：100 张/盒，每年保管费 3 元，按 30 年计算 |
| 整理人工费 | 无 | 0.5 元 | 按每人每天整理 10 卷，每卷 200 页，人工费每天 1000 元/天 |
| 合计 | 较少 | 1.56 元 | |

据前期试点单位测算，实行电子会计档案管理后，会计档案数量减少 60% 以上，其中凭证数量减少 50% 以上。按照一卷会计档案 150 页计算，每卷会计档案节省成本费用 324 元；某企业下属企业，实施电子会计档案管理后，减少纸质凭证 232 万张，减少纸质账簿 241 万张，减少纸质会计报表 5.2 万张，累计节约 600 多万元成本。

## 二、管理效益

### （一）促进会计信息化建设

### 1．实现分散在不同系统的会计数据集成

通过电子会计档案管理，将分散在核算系统、报销系统、资金管理系统、

ERP的物流、生产和销售等模块的数据按照会计记账原理和会计档案存储逻辑，集成存储在电子档案管理系统中，为会计档案信息共享利用提供了便利。之前查清一笔账，需要频繁登录5个信息系统，在实施电子会计档案管理后，只需登录电子档案管理系统就可完成。

### 2．实现不同版本系统数据的集成

随着技术的进步，信息系统升级换代成为常态。在信息系统升级换代中，旧系统数据的迁移往往成为难题，旧系统与新系统中的数据不能集成，造成新系统数据不完整，旧系统不能淘汰。通过归档，可以将新旧系统的数据归档到电子档案管理系统集成。

### 3．减轻 ERP、会计业务等系统的数据负担，保证信息安全

随着会计业务信息化范围的扩大和运行时间的延长，会计业务系统数据量呈几何级数上升，系统在线负荷增加，系统运行速度变慢，业务处理效率降低，数据管理成本居高不下。为解决这个问题，系统管理员往往对旧数据备份后移除。但查询利用备份后的数据极其困难，数据存储也不安全，往往造成数据丢失。数据负荷问题有时成为阻碍推进会计业务信息化的一个重要因素。通过电子会计资料归档，将利用率低的数据归档，然后从业务系统删除，利用时通过档案系统查询，这不仅解决了会计业务系统效率降低的问题，而且大幅度降低了数据管理成本，促进了会计业务信息化的发展。

### 4．优化会计业务流程，支持财务共享中心建设

电子会计档案管理的实施，取消大量纸质会计资料，没有纸质会计资料的打印、配送、整理等环节，优化了销售、收款、报销、会计核算等业务流程，大力支持了财务共享中心的建设。

## （二）促进档案工作提质增效

### 1．档案工作观念的改变

电子会计档案管理率先实现电子文件的电子化单轨制归档，给档案人员观

念带来了巨大的改变，使档案人员对电子文件电子化归档实现了从怀疑、观望，到接受，再到主动实施的观念转变。

### 2. 带动了档案信息化建设

电子会计档案管理推动了其他各类电子文件的电子化归档，大力推进了单位电子文件管理工作。

### 3. 提高档案服务经济建设的能力

电子会计档案管理的实施使会计档案信息的利用从纸质的转变为电子的，从一维的转变为多维的，提高了会计档案服务领导决策的能力，也提高了会计档案服务业务的能力，从而提高了会计档案服务经济建设的能力。

## （三）通过提升企业形象与用户体验促进业务发展

不少电子商务企业实施了电子会计档案管理，实现了电子发票的开具，优化了销售业务流程，加速了商品和信息流动，提升了客户体验和企业形象，使企业业务得到了快速发展，为企业带来了可观的经济效益。

# 第七章 电子会计资料的输出设计

会计业务系统形成的会计资料多以数据库的形式存储在系统中,在归档时,需将这些数据库形式的会计数据转换成什么样的电子文件存储,就涉及需从数据库中提取哪些数据字段、以什么样的形式呈现、转换频率是什么、转换成什么格式等问题。不同类别的会计资料上述四个方面的处理会有所不同,下面就会计资料的存储格式、数据项(字段)、呈现形式和转换频率进行讨论。

## 第一节 电子会计资料的存储格式

### 一、归档存储的格式要求

电子文件归档时其存储的格式应符合长期保存要求,不符合要求的须转换成长期保存格式。DA/T47 提出了版式文件选择存储格式的原则。

#### 1. 支持真实性

支持数字水印、数字签名、循环冗余校验或纠错码。

#### 2. 格式透明

有公开发表的格式标准或技术规范,有与产品无关的技术专家组和标准化组支持。

#### 3. 不绑定软硬件

支持多种操作系统和应用软件;支持多种存储技术,或与存储技术无关;当用户不能使用指定产品软件时,能使用已有的插件读取;能使用与设备无关的颜色规范实现准确打印和再现。

### 4．格式自包含

不应包含指定版本的格式之外的内嵌对象；不应包含外部对象的链接。

### 5．格式自描述

使用标准格式（通常是 XML）设置元数据、描述对象的属性特征，满足管理、保存、描述的需求。

### 6．固定显示

应维持固定的文件页面、章节、段落的逻辑组织结构，不应随软硬件平台和阅读器的更换或升级等变化而变化。应以自然阅读顺序提供文本，应采用基本文本编辑工具阅读文件。

### 7．持续可解释

不应包含加密协议，不应包含加密选项。

### 8．持续可用

应支持无损压缩，在压缩协议中不应采用分辨率的缩减取样。

### 9．可转换

支持其他格式转换为长期保存格式，支持过时的长期保存格式转换为新的长期保存格式。

### 10．易存储

格式紧凑，占用数据字节数少。支持在一个文件中容纳大量数据，应有聚合能力，能将几个相关的数字对象聚合到一个文件中。

### 11. 易利用

需要单独查看的多个文件，不应通过压缩包的方式进行合并。

## 二、可选的存储格式

（1）数据库电子文件、文字处理系统形成的电子文件一般选用的版式为归档存储格式；版式的存储格式按照 DA/T47 的原则确定；符合 DA/T47 要求的版式电子文件的存储格式标准较多，应优先选择具有国内自主知识产权的标准。在没有国内自主知识产权标准的情况下，可选择国外开放的标准格式。有些企业对电子档案具有统计分析要求，可采用版式、XML 两种格式同时存储的方式进行，也可将具有统计需求的字段值存储为扩展元数据。当前采用较多的版式文件存储格式有 PDF 和 OFD，有关要求可参考《文献管理长期保存的电子文档文件格式》第一部分：PDF1.4（PDF/A-1）的使用（GB/T23286.1—2009），也可参考《文献管理可移植文档格式》第 1 部分：PDF1.7（GB/T320106.1—2015）。OFD 文件格式参考《电子文件存储与交换格式版式文档》（GB/T33190—2016）。

（2）图像电子文件的归档存储格式可根据 DA/T47 的原则和 GB/T 18894 的规定，并参照 DA/T32 的要求来确定。

（3）图形类电子文件的归档存储格式可根据 DA/T47 的原则和 GB/T 18894 的规定，并参照 DA/T32 的要求来确定；其中，CAD（计算机辅助设计）系统形成的电子文件其原存储格式标准一般不公开，此类电子文件归档时可采用原格式和交换文件格式同时存储，以尽量减少长期可读的风险，交换文件格式可供选择的有 STEP、DXF 格式标准。

符合长期保存要求的电子文件的存储格式如表 7-1 所示。

表 7-1　符合长期保存要求的电子文件存储格式列表

| 文件类型 | 格式 | 格式特征 |
| --- | --- | --- |
| 纯文本文件 | TXT 格式 | 格式简单透明、不含结构信息和加密、不绑定软硬件、能用基本文本编辑工具阅读、数据占用字节数少等 |
| | XML 格式 | 遵循 XML 技术规范、格式开放、不绑定软硬件、格式自描述、不包含加密、易于转换等 |

| 文件类型 | 格　式 | 格式特征 |
|---|---|---|
| 格式化文本文件 | DOC/XLS/PPT 格式 | Office 2003 及以前版本使用的格式，虽然不是国际标准，但覆盖率是最高的。支持数字签名、加密等 |
| | DOCX/XLSX/PPTX 格式 | Office 2007 及以后版本使用的格式，比以前的格式占用空间小，主要内容保存为 XML 格式，然后保存为一个 ZIP 文件。支持数字签名、加密等 |
| | WPS/ ET / DPS | WPS Office 全面兼容微软 Office97-2010 格式，格式开放、可转换、易存储 |
| | RTF 格式 | 格式开放、不绑定软硬件、不包含加密、易转换等 |
| 版式文件 | PDF 格式 | 遵循 PDF/A 格式标准。支持数字签名、格式开放、不绑定软硬件、格式自包含、格式自描述、固定显示、不包含加密、可向其他文本格式转换等 |
| | XPS 格式 | 符合 OOXML 标准规范 |
| 图像文件 | TIFF 格式 | 支持无损压缩、不绑定软硬件、易转换、聚合能力强等 |
| | JPEG-2000 格式 | 遵循 ISO 15444-1：2004，格式透明、支持无损压缩、不绑定软硬件、易转换等 |
| | JPEG 格式 | 遵循相关标准规范，格式透明、不绑定软硬件、易转换等 |
| | GIF 格式 | 支持无损压缩、格式透明、不绑定软硬件、易转换等 |
| | PNG 格式 | 支持无损压缩、格式透明、易转换等 |
| | DjVu 格式 | 格式透明、格式紧凑、具有聚合能力、数据占用字节数少等 |
| 音频文件 | WAV 格式 | 支持数字水印技术、支持无损或其他公开的压缩算法、易转换等 |
| | MP3 格式 | 遵循 GB/T 17191—1997《信息技术具有 1.5Mbit/s 数据传输率的数字存储媒体运动图像及其伴音的编码》，压缩算法公开、格式紧凑、数据占用字节数少、易转换等 |
| | WMA 格式 | 内置版权保护技术、格式紧凑、数据占用字节数少、易转换等 |
| | OGG Vorbis 格式 | 格式透明、格式紧凑、数据占用字节数少、易转换等 |
| 视频文件 | AVI 格式 | 支持数字水印技术、支持无损或其他公开的压缩算法、易转换等 |
| | WMV 格式 | 内置版权保护技术、格式紧凑、数据占用字节数少、易转换等 |
| | MOV 格式 | 格式紧凑、易转换等 |
| | MPEG 格式 | 遵循 GB/T 17191—1997 或 GB/T 17975—2000 或 ISO/IEC 14496，压缩算法公开、不绑定软硬件、易转换等 |

# 三、会计资料的归档存储格式

根据电子文件归档存储格式的要求，结合电子会计资料形式的特点，电子会计资料的归档存储格式见表 7-2。

表 7-2　电子会计资料的归档存储格式表

| 序　　号 | 归 档 范 围 | 保管期限 | 来 源 系 统 | 归档存储格式 |
|---|---|---|---|---|
| 一 | 会计凭证类 | | | |
| 1 | 原始凭证 | 30 年 | | |
| 1.1 | 销售订单 | 30 年 | ERP | PDF |
| 1.2 | 出库单 | 30 年 | ERP | PDF |
| 1.3 | 销售发票（普票） | 30 年 | 金税系统 | PDF |
| | 销售发票（专票） | 30 年 | 金税系统 | 纸质 |
| 1.4 | 采购订单 | 30 年 | ERP | PDF |
| 1.5 | 入库单 | 30 年 | ERP | PDF |
| 1.6 | 采购发票（普票） | 30 年 | 发票管理系统 | PDF |
| | 采购发票（专票） | 30 年 | | 纸质 |
| 1.7 | 报销单 | 30 年 | 报销系统 | PDF |
| 1.8 | 银行回单-银企互联 | 30 年 | ERP（银企互联） | PDF |
| 1.9 | 银行回单-非银企互联 | 30 年 | ERP（银企互联） | PDF 或纸质 |
| 1.10 | 合同 | 30 年 | 合同管理系统 | PDF 或纸质 |
| 1.11 | 报告 | 30 年 | OA | PDF |
| 1.12 | 其他原始单据 | 30 年 | 其他业务系统 | PDF 或纸质 |
| 2 | 记账凭证 | 30 年 | ERP | PDF |
| 二 | 会计账簿及其他会计资料 | | | |
| 1 | 总账、明细账、日记账、银行账等 | 30 年 | ERP | PDF |
| 2 | 固定资料卡片 | 30 年 | ERP | PDF |
| 三 | 报告 | | | |
| 1 | 年报 | 永久 | 报表系统 | PDF 和纸质 |
| 2 | 月、季、半年报 | 30 年 | 报表系统 | PDF |
| 四 | 其他会计资料 | | | |

| 序　号 | 归档范围 | 保管期限 | 来源系统 | 归档存储格式 |
|---|---|---|---|---|
| 1 | 银行存款余额调节表-银企互联 | 10 年 | ERP（银企互联） | PDF |
| 2 | 其他会计资料，如银行对账单、纳税申报表等 | 10 年或 30 年 | | PDF 或纸质 |
| 3 | 其他档案资料，如移交、保管、销毁、鉴定意见书等 | 永久 | 档案管理系统 | PDF 或纸质 |

# 第二节　电子会计资料的数据设计

## 一、电子会计资料数据设计方法

对电子会计资料进行数据设计，要先分析数据，识别电子会计资料的内容及其相关信息，然后识别数据关联及依存关系，参考纸质会计资料格式及有关管理规定，确定电子会计资料的存储形式，如图 7-1 所示。

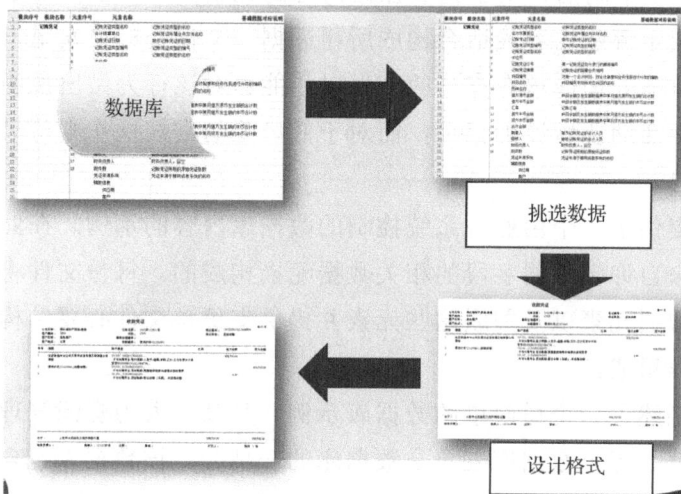

图 7-1　确定电子会计资料存储形式的流程图

本节主要将前两个步骤进行阐述，本章后面各节具体阐述会计凭证、账簿、会计报表三类电子会计资料的存储形式。

## 二、识别电子会计资料的内容及其相关信息

并非所有包含在会计业务系统中的信息均有必要作为电子会计资料输出归档。因此，针对每一类电子会计资料，需要识别构成该电子会计资料的内容或数据。

在管理单独的数字对象系统中，以字处理文档为例，其数据已经汇集为一个具有逻辑结构的文档。这种情况下，识别具体的、含有可作为某一特定业务活动或事务处理证据内容的文档或报告可能相对容易。

对于会计业务系统，就需要分析系统中的数据结构、数据模型和分类模型，识别出共同构成电子会计资料内容的具体数据元素，从而为业务活动或事务处理提供所必须的证据。

重要的是，要注意构成证据的内容或数据或许并不非存在于自身系统中，它也可能存在于其他系统中，存在于有关系统、程序和纸质文件等文档中。特别是在高度集成的环境中，部分所需证据会跨越多个系统保存，而一些系统或构件可能与其他机构共享。

可能有大量不同的、用于构成证据内容的元素，应在业务需求和风险评估的基础上，决定哪些内容最适合构成所需证据。文件资料要充足，即对开展的业务活动或事务处理应该有充分的证据以便能够对该行为做出说明。因此，对主要的初始性活动要做详细记录，而对于低风险的常规操作则可只记录最低限度的识别信息。

图 7-2 提供了一个由业务系统控制的数据库内容的示例。在此示例中，文件是由一组来自许多不同字段的相关数据元素构成的。每份文件将由数据库中已经识别的数据元素以及关联这些元素并提供支撑该文件必要结构和背景所需的相关元数据组成。

图 7-3 描述了一个最简单的数据库示例，是某一人力资源管理系统关系数据库的一部分。每个数据库表单是数据库的一部分。该数据库包含相互联系的信息。数据库表 A、B、C 分别提供了有关人员、工资和成本中心的数据。

每一个数据库表由许多列构成，代表包含数据元素的字段。每个数据库表中的行建立不同字段中数据元素之间的联系。图 7-2 中有许多潜在的电子文件。这些文件由大量相互关联的数据元素予以表达，这些数据元素可跨越一个或多

个数据库链接在一起，并由来自一个或多个字段的数据元素构成。

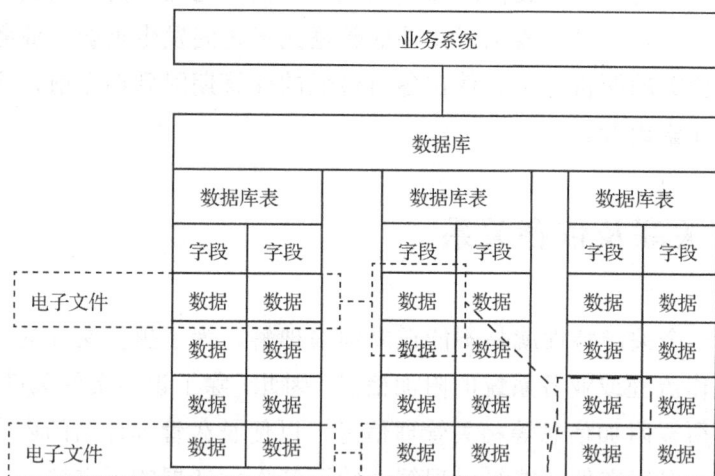

图 7-2 识别构成数据库中某一电子文件的信息构件/数据元素示例 1

| 数据库表A：人员 | | | |
|---|---|---|---|
| 员工编号 | 姓名 | 地址 | 城市 |
| SA001 | 李晓明 | 交通大学路1号 | 北京 |
| SA002 | 张晓明 | 交通大学路2号 | 北京 |
| SA003 | 王晓明 | 交通大学路3号 | 北京 |
| SC004 | 黄晓明 | 清华东路2号 | 北京 |
| SD005 | 郑晓明 | 交大东路51号 | 北京 |

| 数据库表B：工资 | | | |
|---|---|---|---|
| 支付代码 | 级别 | 年限 | 工资额 |
| A6547 | A | 1 | 5600 |
| A6548 | A | 2 | 6500 |
| A6549 | A | 3 | 8000 |
| C7475 | C | 8 | 12000 |
| B4563 | B | 5 | 10000 |
| C7478 | C | 9 | 13000 |
| B6968 | B | 6 | 11000 |

| 数据库表C：成本中心 | |
|---|---|
| 员工编号 | 支付代码 |
| SA001 | A6547 |
| SA002 | A6548 |
| SA003 | A6549 |
| SC004 | C7475 |
| SD005 | B4563 |

图 7-3 识别构成数据库中某一电子文件的信息构件/数据元素示例 2

　　从该系统中可识别员工的人事信息、工资和成本数据的数据元素。可以认为，包含在数据库表 B 中的信息并未构成一份文件，而仅仅是员工工资文件的一部分。这是由于数据库表 B 所包含的数据是补充性的，只有在其被置于数据库表 A 的一个员工的背景之中时，才可获得作为一份文件构件的值。数据库表 B 的信息本身很可能来自外部的文件，比如某工作单位的合同。

还应注意的是，在某些情况下，数据库所确认的文件中可能有所重叠。在关系数据库中，构成一份文件的部分数据元素也可能是由同一数据库生成的其他文件的一部分。一旦构成电子文件的数据元素之间发生重叠，业务系统必须有能力确保相关的两份电子文件在各自最低的保管期限到期之前，不会将重叠共享的数据元素销毁。

# 三、识别关联及依存关系

文件的一个关键特性就是不能孤立地去理解。为了提供文件的背景，可能需要有关工作流程或业务系统的附加信息。因此，除了识别文件关键数据要素，还需要识别所需附加信息等相关管理信息，以便长久管理证据的内容。

（1）为了保证文件能够得以理解，验证其作为证据的可靠性，或考虑到将来文件需要从一个系统移至另一个系统。需要的系统信息包括位置、系统问题/故障、规模、实施的业务规则、文件格式、安全、隐私管理、数据结构、数据分类模型、工作流的路由规则和审计追踪等。

（2）有关工作流程所需的信息可能包括相关的政策和程序文档，以证明做出的决策和运行的流程符合审定的标准，此外，在实践中，很多业务流程会延伸到业务系统之外。因此，在制定业务系统的文件管理策略之前，与其他系统或与纸质形式存在的相关资料的必要关联也必须考虑。

（3）相互依存的关键在于文件需要保存多久。文件必须保存一段时间，以符合授权立法机关和司法管辖区的要求以及业务需求。有关文件必须保存多久的决定，应在处置期限表中予以说明。需要满足相关司法管辖区域管理部门文件保管和处置的要求。

（4）需要保存更长时间的文件，通常需要进行更为严格的控制，以确保这些文件得到有效管理，可以在期限内持续访问，同时在已批准的处置期限表中予以规定。依据对此前生成的文件的访问需要，机构可决定不把所有的文件保存在现行系统中。要符合业经认可的维护标准，以便能够识别和检索。

（5）文件元数据是文件不可分割的组成部分，可用于控制文件维护时间的长短、设定访问权限，便于文件检索。生成、捕获和管理文件元数据，为文件的识别、理解和检索提供了可能，对保护其证据的真实性、可靠性和完整性至关重要。元数据应在符合已认定的文件元数据标准的前提下予以捕获，同时也要符合司法管辖区或机构规定的要求。

元数据并不需要与文件内容一起保存，只要以某种形式得以链接或关联即可。可考虑将元数据保存在业务系统以外的系统中，或者在文档或工具（如 XML 模型及数据）之中，或者在使文件易于理解并能长期有效保存的分类模型之中。

在数据库环境中，可能很难区分文件的内容及其元数据。例如，提供某个特定人员在某一特定日期或时间访问某份文件的证据的元数据，它本身就是一个文件。在业务系统内的元数据经常作为一个整体从属于该系统，即从整体上应用于系统中所有的文件，而非单个文件，它可驻留在系统文档中。

# 第三节　电子会计凭证的存储格式

## 一、记账凭证的存储格式

### （一）数据项

记账凭证的数据项见表 7-3。

表 7-3　记账凭证的数据项

| 元素标识符 | 元 素 名 称 | 级　　别 | 是否虚元素 | 是否必须 | 是否归档 |
|---|---|---|---|---|---|
| 030501 | 记账凭证日期 | 2 | 否 | 是 | 是 |
| 080101 | 会计期间号 | 2 | 否 | 是 | 是 |
| 080901 | 记账凭证类型编号 | 2 | 否 | 是 | 是 |
| 030502 | 记账凭证编号 | 2 | 否 | 是 | 是 |
| 030503 | 附件数 | 2 | 否 | 是 | 是 |
| 030504 | 制单人用户编码 | 2 | 否 | 是 | 否 |
| 030505 | 制单人用户名称 | 2 | 否 | 是 | 否 |
| 030506 | 审核人用户编码 | 2 | 否 | 否 | 否 |
| 030507 | 审核人用户名称 | 2 | 否 | 否 | 否 |
| 030508 | 记账人用户编码 | 2 | 否 | 否 | 否 |
| 030509 | 记账人用户名称 | 2 | 否 | 否 | 否 |
| 030510 | 创建人编码 | 2 | 否 | 是 | 是 |

| 元素标识符 | 元素名称 | 级别 | 是否虚元素 | 是否必须 | 是否归档 |
|---|---|---|---|---|---|
| 030511 | 创建人名称 | 2 | 否 | 是 | 是 |
| 030512 | 创建时间 | 2 | 否 | 是 | 是 |
| 030513 | 最后修改人编码 | 2 | 否 | 是 | 是 |
| 030514 | 最后修改人名称 | 2 | 否 | 是 | 是 |
| 030515 | 最后修改时间 | 2 | 否 | 是 | 是 |
| 030516 | 过账状态 | 2 | 否 | 是 | 否 |
| 030517 | 凭证来源 | 2 | 否 | 是 | 是 |
| 030518 | 来源单据号 | 2 | 否 | 是 | 是 |
| 030519 | 借方合计金额 | 2 | 否 | 是 | 是 |
| 030520 | 贷方合计金额 | 2 | 否 | 是 | 是 |
| 030521 | 记账凭证行 | 2 | 是 | — | — |
| 030522 | 记账凭证行号 | 3 | 否 | 是 | 是 |
| 030523 | 记账凭证摘要 | 3 | 否 | 否 | 是 |
| 030201 | 科目编号 | 3 | 否 | 是 | 是 |
| 030202 | 科目名称 | 3 | 否 | 是 | 是 |
| 030401 | 科目辅助核算信息 | 3 | 是 | — | — |
| 030101 | 科目辅助核算类编码 | 4 | 否 | 否 | 是 |
| 030402 | 辅助核算项编码 | 4 | 否 | 否 | 是 |
| 030403 | 辅助核算项名称 | 4 | 否 | 否 | 是 |
| 080701 | 币种编码 | 3 | 否 | 是 | 是 |
| 081001 | 汇率类型编号 | 3 | 否 | 否 | 否 |
| 030524 | 汇率 | 3 | 否 | 否 | 是 |
| 030414 | 计量单位 | 3 | 否 | 否 | 否 |
| 030525 | 单价 | 3 | 否 | 否 | 是 |
| 030416 | 借方数量 | 3 | 否 | 否 | 否 |
| 030417 | 贷方数量 | 3 | 否 | 否 | 否 |
| 030407 | 借方原币金额 | 3 | 否 | 是 | 是 |
| 030408 | 借方本币金额 | 3 | 否 | 是 | 是 |
| 030409 | 贷方原币金额 | 3 | 否 | 是 | 是 |
| 030410 | 贷方本币金额 | 3 | 否 | 是 | 是 |
| 030526 | 现金流量信息 | 3 | 是 | — | — |
| 030301 | 现金流量项目编码 | 4 | 否 | 是 | 否 |

续表

| 元素标识符 | 元 素 名 称 | 级　别 | 是否虚元素 | 是否必须 | 是否归档 |
|---|---|---|---|---|---|
| 030302 | 现金流量项目名称 | 4 | 否 | 是 | 否 |
| 030527 | 现金流量本币金额 | 4 | 否 | 是 | 否 |

## （二）呈现形式

记账凭证的呈现形式如图 7-4 所示。

记账凭证
2018-11-12

syj01-财务核算账簿　　　　　　　　　　　　　　　　　　　　　　来源系统：总账
第0001号凭证—0001/0001

| 摘要 | 会计科目 | 借方本币 | 贷方本币 |
|---|---|---|---|
| 收长期应收款 | 100101\库存现金\人民币 | 100,000.000 | |
| 收长期应收款 | 153199\长期应收款\其他长期应收款【客商：联想】 | | 100,000.000 |
| 用单据：0 | 合计：壹拾万元整 | 100,000.000 | 100,000.000 |

制单：qisa1　　　　审核：　　　　　　　出纳：　　　　　　　　记账：

图 7-4　记账凭证的呈现形式

## （三）输出频率

记账凭证按凭证号分别输出，即一个凭证号输出一个版式文件。

# 二、原始凭证的存储格式

## （一）报销单的存储格式

### 1. 数据项

报销单的数据项见表 7-4。

表 7-4　报销单的数据项

| 元素标识符 | 元 素 名 称 | 级　别 | 是否虚元素 | 是否必须 | 是否归档 |
|---|---|---|---|---|---|
| 020101 | 报销单号 | 2 | 否 | 是 | 是 |
| 020102 | 报销类型编码 | 2 | 否 | 是 | 是 |
| 020103 | 报销类型名称 | 2 | 否 | 是 | 是 |
| 020104 | 单据日期 | 2 | 否 | 是 | 是 |
| 800801 | 会计期间号 | 2 | 否 | 是 | 是 |

| 元素标识符 | 元素名称 | 级别 | 是否虚元素 | 是否必须 | 是否归档 |
|---|---|---|---|---|---|
| 030502 | 记账凭证编号 | 2 | 否 | 是 | 是 |
| 020105 | 创建人编码 | 2 | 否 | 是 | 是 |
| 020106 | 创建人名称 | 2 | 否 | 是 | 是 |
| 020107 | 创建时间 | 2 | 否 | 是 | 是 |
| 020108 | 最后修改人编码 | 2 | 否 | 否 | 否 |
| 020109 | 最后修改人名称 | 2 | 否 | 否 | 否 |
| 020110 | 最后修改时间 | 2 | 否 | 否 | 否 |
| 020111 | 事由 | 2 | 否 | 是 | 是 |
| 020112 | 报销单明细 | 2 | 是 | — | — |
| 080701 | 币种编码 | 3 | 否 | 是 | 是 |
| 030524 | 汇率 | 3 | 否 | 是 | 是 |
| 020113 | 原币金额 | 3 | 否 | 是 | 是 |
| 020114 | 本币金额 | 3 | 否 | 是 | 是 |
| 020115 | 冲借款金额 | 3 | 否 | 否 | 否 |
| 020116 | 冲借款本币金额 | 3 | 否 | 否 | 否 |
| 080502 | 客户编码 | 3 | 否 | 否 | 否 |
| 080503 | 客户名称 | 3 | 否 | 否 | 否 |
| 020117 | 客商银行账户 | 3 | 否 | 否 | 否 |
| 080301 | 报销人部门编码 | 3 | 否 | 是 | 是 |
| 080302 | 报销人部门名称 | 3 | 否 | 是 | 是 |
| 020118 | 报销人单位编码 | 3 | 否 | 是 | 是 |
| 020119 | 报销人单位名称 | 3 | 否 | 是 | 是 |
| 080602 | 供应商编码 | 3 | 否 | 否 | 否 |
| 080603 | 供应商名称 | 3 | 否 | 否 | 否 |
| 020120 | 还款金额 | 3 | 否 | 否 | 否 |
| 020121 | 还款本币金额 | 3 | 否 | 否 | 否 |
| 020122 | 报销人编码 | 3 | 否 | 是 | 是 |
| 020123 | 报销人名称 | 3 | 否 | 是 | 是 |
| 020124 | 收款人编码 | 3 | 否 | 是 | 是 |
| 020125 | 收款人名称 | 3 | 否 | 是 | 是 |
| 020126 | 个人银行账户 | 3 | 否 | 否 | 否 |
| 020127 | 收款对象 | 3 | 否 | 是 | 是 |

续表

| 元素标识符 | 元 素 名 称 | 级 别 | 是否虚元素 | 是否必须 | 是否归档 |
|---|---|---|---|---|---|
| 020128 | 支付金额 | 3 | 否 | 是 | 是 |
| 020129 | 支付本币金额 | 3 | 否 | 是 | 是 |
| 020130 | 费用分摊明细 | 2 | 是 | — | — |
| 020131 | 费用承担组织编码 | 3 | 否 | 是 | 是 |
| 020132 | 费用承担组织名称 | 3 | 否 | 是 | 是 |
| 080301 | 费用承担部门编码 | 3 | 否 | 是 | 是 |
| 080302 | 费用承担部门名称 | 3 | 否 | 是 | 是 |
| 080701 | 币种编码 | 3 | 否 | 是 | 是 |
| 030524 | 汇率 | 3 | 否 | 是 | 是 |
| 020133 | 费用承担原币金额 | 3 | 否 | 是 | 是 |
| 020134 | 费用承担本币金额 | 3 | 否 | 是 | 是 |

### 2. 呈现形式

报销单的呈现形式见图 7-5。

差旅费报销单

单据编号：264X201811090042　　单据日期：2018-11-09　　报销人：王佳

报销人部门：销售部　　费用承担部门：销售部　　事由：

收支项目：　　报销金额：111.000

| 出发日期 | 出发地点 | 到达日期 | 到达地点 | 交通工具 | 交通费 | 出差补贴 | 出差天数 | 出差补贴标准 | 金额 |
|---|---|---|---|---|---|---|---|---|---|
| | | | | | | | | | 111.000 |

录入人：王佳　　审批人：

图 7-5 报销单的呈现形式

### 3. 输出频率

报销单按报销单号分别输出，即一个报销单号输出一份版式文件。

## （二）借款单的存储格式

### 1. 数据项

借款单的数据项见表 7-5。

表7-5　借款单的数据项

| 元素标识符 | 元 素 名 称 | 级　别 | 是否虚元素 | 是否必须 | 是否归档 |
|---|---|---|---|---|---|
| 020201 | 借款单号 | 2 | 否 | 是 | 是 |
| 020202 | 借款类型编码 | 2 | 否 | 是 | 是 |
| 020203 | 借款类型名称 | 2 | 否 | 是 | 是 |
| 020204 | 单据日期 | 2 | 否 | 是 | 是 |
| 800801 | 会计期间号 | 2 | 否 | 是 | 是 |
| 030502 | 记账凭证编号 | 2 | 否 | 是 | 是 |
| 080502 | 客户编码 | 2 | 否 | 否 | 否 |
| 080503 | 客户名称 | 2 | 否 | 否 | 否 |
| 020205 | 客商银行账户 | 2 | 否 | 否 | 否 |
| 080301 | 借款人部门编码 | 2 | 否 | 是 | 是 |
| 080302 | 借款人部门名称 | 2 | 否 | 是 | 是 |
| 020206 | 借款人单位编码 | 2 | 否 | 是 | 是 |
| 020207 | 借款人单位名称 | 2 | 否 | 是 | 是 |
| 080602 | 供应商编码 | 2 | 否 | 否 | 否 |
| 080603 | 供应商名称 | 2 | 否 | 否 | 否 |
| 020208 | 借款人编码 | 2 | 否 | 否 | 否 |
| 020209 | 借款人名称 | 2 | 否 | 否 | 否 |
| 020210 | 收款对象 | 2 | 否 | 是 | 是 |
| 020211 | 收款人编码 | 2 | 否 | 是 | 是 |
| 020212 | 收款人名称 | 2 | 否 | 是 | 是 |
| 020213 | 个人银行账户 | 2 | 否 | 否 | 否 |
| 020214 | 支付金额 | 2 | 否 | 是 | 是 |
| 020215 | 支付本币金额 | 2 | 否 | 是 | 是 |
| 020216 | 事由 | 2 | 否 | 是 | 是 |
| 020217 | 创建人编码 | 2 | 否 | 是 | 是 |
| 020218 | 创建人名称 | 2 | 否 | 是 | 是 |
| 020219 | 创建时间 | 2 | 否 | 是 | 是 |
| 020220 | 最后修改人编码 | 2 | 否 | 否 | 否 |
| 020221 | 最后修改人名称 | 2 | 否 | 否 | 否 |
| 020222 | 最后修改时间 | 2 | 否 | 否 | 否 |
| 020223 | 借款单明细 | 2 | 是 | — | — |

续表

| 元素标识符 | 元 素 名 称 | 级　别 | 是否虚元素 | 是否必须 | 是否归档 |
|---|---|---|---|---|---|
| 080701 | 币种编码 | 3 | 否 | 是 | 是 |
| 030524 | 汇率 | 3 | 否 | 是 | 是 |
| 020224 | 原币金额 | 3 | 否 | 是 | 是 |
| 020225 | 本币金额 | 3 | 否 | 是 | 是 |
| 800801 | 会计期间号 | 2 | 否 | 是 | 是 |
| 030502 | 记账凭证编号 | 2 | 否 | 是 | 是 |
| 020226 | 原币金额 | 2 | 否 | 是 | 是 |
| 020227 | 本币金额 | 2 | 否 | 是 | 是 |
| 080502 | 客户编码 | 2 | 否 | 否 | 否 |
| 080503 | 客户名称 | 2 | 否 | 否 | 否 |
| 020229 | 客商银行账户 | 2 | 否 | 否 | 否 |
| 080301 | 报销人部门编码 | 2 | 否 | 是 | 是 |
| 080302 | 报销人部门名称 | 2 | 否 | 是 | 是 |
| 020230 | 报销人单位编码 | 2 | 否 | 是 | 是 |
| 020231 | 报销人单位名称 | 2 | 否 | 是 | 是 |
| 080602 | 供应商编码 | 2 | 否 | 否 | 否 |
| 080603 | 供应商名称 | 2 | 否 | 否 | 否 |
| 020232 | 报销人编码 | 2 | 否 | 是 | 是 |
| 020233 | 报销人名称 | 2 | 否 | 是 | 是 |
| 020234 | 收款对象 | 2 | 否 | 是 | 是 |
| 020235 | 收款人编码 | 2 | 否 | 是 | 是 |
| 020236 | 收款人名称 | 2 | 否 | 是 | 是 |
| 020237 | 个人银行账户 | 2 | 否 | 否 | 否 |
| 020238 | 支付金额 | 2 | 否 | 是 | 是 |
| 020239 | 支付本币金额 | 2 | 否 | 是 | 是 |
| 020240 | 事由 | 2 | 否 | 是 | 是 |

## 2. 呈现形式

借款单的呈现形式见图 7-6。

差旅费借款单

| 单据编号: | 263X2018110700000010 | 单据日期: | 2018-11-07 | 借款人: | 王佳 |

借款人部门: 销售部　　　　费用承担部门: 销售部　　　　事由: _____

收支项目: _____　　　　借款金额: _____ 122.000

| 预计出差时间 | 预计出差地点 | 预计出差天数 | 交通工具 | 借款金额 |
| --- | --- | --- | --- | --- |
| | | | | 122.000 |

录入人: 王佳　　　　　　　　　　　　　　　　审批人: _____

图 7-6　借款单的呈现形式

### 3. 输出频次

借款单按单号每个单号输出一份版式文件。

## 三、银行回单

银行回单由单位和银行协商确定，有的银行已设计有银行回单，可直接接收并采用，图 7-7 所示是中国工商银行的电子回单格式。

**中国工商银行** 网上银行电子回单

电子回单号码: 0006-0351

| 付款人 | 户名 | 有限公司 | | 收款人 | 户名 | _分公司 |
| --- | --- | --- | --- | --- | --- | --- |
| | 账号 | 2005' | | | 账号 | |
| | 开户银行 | 中国工商银行韶关市分行新丰县支行 | | | 开户银行 | 00000 |
| 金额 | | 人民币（大写）:　　　　　元整　¥　　00 元 | | | | |
| 摘要 | | 归集 | | 业务种类 | | |
| 用途 | | 归集 | | | | |
| 交易流水号 | | 00000000 | | 时间戳 | | 2013-01-01 17.30.15 |
| 电子回单专用章 | | 备注: 归集 | | | | |
| | | 验证码: /hVzMX+QJ... ...etFv31 | | | | |
| 记账网点 | 00721 | 记账柜员 | 00001 | 记账日期 | 20130101 | |

图 7-7　中国工商银行的电子回单

# 第四节  电子会计账簿的存储格式

## 一、电子会计账簿的存储格式

### （一）数据项

电子会计账簿的数据项见表 7-6。

表 7-6  电子会计账簿的数据项

| 序 号 | 名 称 | 字段类型 | 说 明 |
|---|---|---|---|
| 1 | 科目 | char | 记账账户，例如"211001.0.00.10020121100102.0.0.00.0.0" |
| 2 | 科目说明 | char | 账户组合描述，例如"系统集成公司本部.缺省.不可分摊专业.银行存款-人民币-集成公司-本部-工行66670.缺省.缺省.缺省.缺省" |
| 3 | 期间 | varchar2 | 记账期间 |
| 4 | 日期 | varchar2 | 记账日期 |
| 5 | 类别 | varchar2 | 凭证类别 |
| 6 | 凭证编号 | varchar2 | 凭证编号 |
| 7 | 摘要 | varchar3 | 凭证编号+凭证摘要 |
| 8 | 期初 | number | 账户月初余额 |
| 9 | 借方 | number | 借方发生额 |
| 10 | 贷方 | number | 贷方发生额 |
| 11 | 借/贷 | char | 余额方向 |
| 12 | 余额 | numebr | 余额金额 |
| 13 | 本月累计-借方 | number | 本月累计借方金额 |
| 14 | 本月累计-贷方 | number | 本月累计贷方金额 |
| 15 | 本月累计-借/贷 | char | 本月累计余额方向 |
| 16 | 本月累计-余额 | numebr | 本月累计余额金额 |
| 17 | 本年累计-借方 | number | 本年累计借方金额 |
| 18 | 本年累计-贷方 | number | 本年累计贷方金额 |
| 19 | 本年累计-借/贷 | char | 本年累计余额方向 |
| 20 | 本年累计-余额 | number | 本年累计余额金额 |

## （二）呈现形式

电子会计账簿可以设计为如图 7-8 所示的形式，也可以设计为如图 7-9 所示的形式。

科　　目：121001.1210010102.09.550101010101010.0.Z9010000000025.00.0.0
科目说明：运营公司本部.综合部.固移共同专业.营业费用-广告宣传费-品牌形象广告宣传费.缺省.信访维稳专项经费.缺省.缺省.缺省

| 日期 | 摘要 | 借方 | 贷方 | 借/贷 | 余额 |
|---|---|---|---|---|---|
| 2014-07 | 月初余额 | | | 平 | .00 |
| 本月合计 | | .00 | .00 | 平 | .00 |
| 本年累计 | | .00 | .00 | 平 | .00 |

科　　目：121001.1210010102.09.550101010101010.0.Z9010000000032.00.0.0
科目说明：运营公司本部.综合部.固移共同专业.营业费用-广告宣传费-品牌形象广告宣传费.缺省.新闻、公关宣传费.缺省.缺省.缺省

| 日期 | 摘要 | 借方 | 贷方 | 借/贷 | 余额 |
|---|---|---|---|---|---|
| "2014-07 | 月初余额 | | | 借 | 1,302,124.33" |
| "07/30 采购发 12100101014070000883 | [12100101014070000883]综合部—周雅琴报新闻公关宣传费 | 582,524.27 | | 借 | 1,884,648.60" |
| "07/30 采购发 12100101014070000889 | [12100101014070000889]综合部—刘红呈报新闻公关宣传费 | 50,000.00 | | 借 | 1,934,648.60" |
| "07/30 采购发 12100101014070000890 | [12100101014070000890]综合部—刘红呈报新闻公关宣传费 | 13,000.00 | | 借 | 1,947,648.60" |
| "07/31 人工 | 1210010GL1407000133 1~5 月进项税金额转出 | 14,563.11 | | 借 | 1,962,211.71" |
| "本月合计 | | 660,087.38 | .00 | 借 | 1,962,211.71" |
| "本年累计 | | 660,087.38 | .00 | 借 | 1,962,211.71" |

图 7-8　电子会计账簿的呈现形式

## 日记账

期间：2015.01-2015.01

1405/库存商品　　　　　　　　　　　　　　　　　　　　　　　　　　　　　本币名称：人民币

| 年 月 | 日 | 凭证号数 | 摘要 | 结算号 | 对方科目 | 借方 | 贷方 | 方向 | 余额 |
|---|---|---|---|---|---|---|---|---|---|
| | | | 期初 | | | | | 借 | 292,254.1100 |
| 01 | 19 | 记-0033 | 樱花卫厨（中国）股份有限公司采购入库 | — | 140190/材料采购/其它 | 42,863.2500 | | 借 | 335,117.3600 |
| 01 | 19 | 记-0062 | 客服部转库入库 | — | 140104/材料采购/在途工程物资140 190/材料采购/其它 | 1,115.3900 | | 借 | 336,232.7500 |
| 01 | 19 | 记-0063 | 客服部转库入库 | — | 140190/材料采购/其它 | 2,431.1100 | | 借 | 338,663.8600 |
| 01 | 19 | 记-0064 | 客服部转库入库 | — | 140190/材料采购/其它 | 12,930.2200 | | 借 | 351,594.0800 |
| 01 | 19 | 记-0065 | 客服部转库入库 | — | 140190/材料采购/其它 | 28,122.5800 | | 借 | 379,716.6600 |
| 01 | 19 | 记-0158 | 转库出库 | — | 140190/材料采购/其它 | | 2,025.9300 | 借 | 377,690.7300 |
| 01 | 19 | 记-0158 | 转库出库 | — | 140190/材料采购/其它 | | 456.4100 | 借 | 377,234.3200 |
| 01 | 19 | 记-0158 | 转库出库 | — | 140190/材料采购/其它 | | 6,927.3500 | 借 | 370,306.9700 |
| 01 | 19 | 记-0158 | 转库出库 | — | 140190/材料采购/其它 | | 605.1300 | 借 | 369,701.8400 |
| 01 | 19 | 记-0158 | 转库出库 | — | 140190/材料采购/其它 | | 684.6200 | 借 | 369,017.2200 |
| 01 | 19 | 记-0158 | 转库出库 | — | 140190/材料采购/其它 | | 1,115.3900 | 借 | 367,901.8300 |
| 01 | 19 | 记-0158 | 转库出库 | — | 140190/材料采购/其它 | | 1,115.3900 | 借 | 366,786.4400 |
| 01 | 19 | 记-0159 | 转库出库 | — | 140190/材料采购/其它 | | 2,431.1100 | 借 | 364,355.3300 |
| 01 | 19 | 记-0161 | 转库出库 | — | 140190/材料采购/其它 | | 619.6600 | 借 | 363,735.6700 |
| 01 | 19 | 记-0161 | 转库出库 | — | 140190/材料采购/其它 | | 495.7300 | 借 | 363,239.9400 |
| 01 | 19 | 记-0162 | 转库出库 | — | 140190/材料采购/其它 | | 2,700.8600 | 借 | 360,539.0800 |
| 01 | 19 | 记-0162 | 转库出库 | — | 140190/材料采购/其它 | | 2,431.1100 | 借 | 358,107.9700 |
| 01 | 19 | 记-0162 | 转库出库 | — | 140190/材料采购/其它 | | 892.3100 | 借 | 357,215.6600 |
| 01 | 19 | 记-0162 | 转库出库 | — | 140190/材料采购/其它 | | 12,469.2300 | 借 | 344,746.4300 |

核算单位：新世纪有限公司　　　　　　　　　　　　　　　　　　　　　　　制表：ncc67

图 7-9　电子会计账簿（日记账）的呈现形式

### （三）输出频次

账簿按类别选定一定的会计期间定期输出，如按周、月、季、半年或年。账目数量少的，可较长时间输出一次，但最长不得超过一年；账目数量多的，可按月输出。

## 二、固定资产卡片的存储格式

### （一）数据项

固定资产卡片的数据项见表 7-7。

表 7-7 固定资产卡片的数据项

| 编　　号 | 数　据　项 | 层　　级 | 是否虚元素 | 是否必须 | 是否归档 |
|---|---|---|---|---|---|
| 080101 | 会计期间号 | 2 | 否 | 是 | 是 |
| 031101 | 创建人编码 | 2 | 否 | 是 | 是 |
| 031102 | 创建人名称 | 2 | 否 | 是 | 是 |
| 031103 | 创建时间 | 2 | 否 | 是 | 是 |
| 031104 | 最后修改人编码 | 2 | 否 | 否 | 否 |
| 031105 | 最后修改人名称 | 2 | 否 | 否 | 否 |
| 031106 | 最后修改时间 | 2 | 否 | 否 | 否 |
| 030502 | 凭证号 | 2 | 否 | - | - |
| 031107 | 固定资产卡片明细 | 2 | 是 | - | - |
| 031108 | 固定资产卡片编号 | 3 | 否 | 是 | 是 |
| 031109 | 固定资产类别编码 | 3 | 否 | 是 | 是 |
| 031110 | 固定资产类别名称 | 3 | 否 | 是 | 是 |
| 031111 | 固定资产编码 | 3 | 否 | 是 | 是 |
| 031112 | 固定资产名称 | 3 | 否 | 是 | 是 |
| 031113 | 固定资产入账日期 | 3 | 否 | 是 | 是 |
| 031114 | 使用或者投产日期 | 3 | 否 | 是 | 是 |
| 031115 | 固定资产计量单位 | 3 | 否 | 是 | 是 |
| 031116 | 固定资产数量 | 3 | 否 | 是 | 是 |
| 031117 | 变动方式编码 | 3 | 否 | 是 | 是 |

| 编　号 | 数　据　项 | 层　级 | 是否虚元素 | 是否必须 | 是否归档 |
|---|---|---|---|---|---|
| 031118 | 变动方式名称 | 3 | 否 | 是 | 是 |
| 031119 | 折旧方法编码 | 3 | 否 | 是 | 是 |
| 031120 | 折旧方法名称 | 3 | 否 | 是 | 是 |
| 031121 | 使用状况编码 | 3 | 否 | 是 | 是 |
| 031122 | 使用状况名称 | 3 | 否 | 是 | 是 |
| 031123 | 预计使用月份 | 3 | 否 | 是 | 是 |
| 031124 | 已计提月份 | 3 | 否 | 是 | 是 |
| 031125 | 固定资产原值 | 3 | 否 | 是 | 是 |
| 031126 | 固定资产累计折旧 | 3 | 否 | 是 | 是 |
| 031127 | 固定资产净值 | 3 | 否 | 是 | 是 |
| 031128 | 固定资产累计减值准备 | 3 | 否 | 是 | 是 |
| 031129 | 固定资产净残值率 | 3 | 否 | 是 | 是 |
| 031130 | 固定资产净残值 | 3 | 否 | 是 | 是 |
| 031131 | 固定资产月折旧率 | 3 | 否 | 是 | 是 |
| 031132 | 固定资产月折旧额 | 3 | 否 | 是 | 是 |
| 031133 | 固定资产工作量单位 | 3 | 否 | 否 | 否 |
| 031134 | 固定资产工作总量 | 3 | 否 | 否 | 否 |
| 031135 | 累计工作总量 | 3 | 否 | 否 | 否 |
| 031136 | 固定资产对账科目信息 | 3 | 是 | - | - |
| 030201 | 科目编号 | 4 | 否 | 否 | 否 |
| 030202 | 科目名称 | 4 | 否 | 否 | 否 |
| 031137 | 累计折旧对账科目信息 | 3 | 是 | - | - |
| 030201 | 科目编号 | 4 | 否 | 否 | 否 |
| 030202 | 科目名称 | 4 | 否 | 否 | 否 |
| 031138 | 减值准备对账科目信息 | 3 | 是 | - | - |
| 030201 | 科目编号 | 4 | 否 | 否 | 否 |
| 030202 | 科目名称 | 4 | 否 | 否 | 否 |

## （二）固定资产卡片的呈现形式

固定资产卡片的呈现形式见图 7-10。

## 设备卡片

条形码：

### 基本信息

| | | | | | | | |
|---|---|---|---|---|---|---|---|
| 资产组织： | 天海电子集团 | 货主管理组织： | 天海电子集团 | 货主： | 天海电子集团 | 设备编码： | 201810100001 |
| 设备名称： | XX服务器 | 规格： | | 型号： | | 设备类别： | 服务器 |
| 设备状态： | 在用 | 关键程度： | 关键设备 | 资金来源： | | 位置： | |
| 父设备： | | 管理部门： | 财务科 | 管理人： | | 投用日期： | |
| 使用管理组织： | 天海电子集团 | 使用权： | | 使用部门： | | 责任人： | |
| 供应商： | | 制造商： | | 项目： | | 固定资产核算： | 否 |
| 期初： | 否 | | | | | | |

### 特种设备

| | | | | | |
|---|---|---|---|---|---|
| 特种设备： | 否 | 上次检验日期： | 下次检验日期： | 检验周期： | |

### 采购信息

| | | | | | | | |
|---|---|---|---|---|---|---|---|
| 库存组织： | | 物料编码： | | 物料名称： | | 物料序列号： | |
| 采购币种： | | 含税价格： | | 出厂编码： | | 联动固定资产： | 否 |
| 无税价格： | | 税金： | | | | | |

### 项目交付

| | | | | | |
|---|---|---|---|---|---|
| 来源项目： | | 项目币种： | | 入账价值： | |

### 财务信息

| | | | | | | | |
|---|---|---|---|---|---|---|---|
| 财务组织： | 天海电子集团 | 资产编码： | | 资产名称： | | 财务币种： | |
| 原值： | | 累计折旧： | | 净额： | | 净值： | |
| 开始使用日期： | | 使用月限： | | 已计提期数： | | 月折旧额： | |

### 技术参数

| | | | | | | | |
|---|---|---|---|---|---|---|---|
| 技术参数1： | 【CPU个数】:3 | 技术参数2： | 【硬盘容量】:2T | 技术参数3： | 【内存容量】:16g | 技术参数4： | 【操作系统】Windows |
| 技术参数5： | 【额定功率】:320 | 技术参数6： | | 技术参数7： | | 技术参数8： | |

| | | | |
|---|---|---|---|
| 制单人： | wxs01 | 制单时间： | 2018-10-10 11:40:46 |
| 打印人： | 刘晓明 | 打印日期： | 2018-11-14 |

图 7-10　固定资产卡片的呈现形式

## （三）输出频次

按照固定资产卡片编号，每个编号的资产卡片输出一份版式文件。

# 第五节　电子会计报表的存储格式

# 一、电子会计报表的数据项

电子会计报表的数据项见表 7-8。

表 7-8　电子会计报表的数据项

| 业务元素标识符 | 业务元素名称 | 级　别 | 是否虚元素 |
|---|---|---|---|
| 020601 | 报表编号 | 2 | |
| 020602 | 报表名称 | 2 | |
| 020603 | 报表报告日 | 2 | |
| 020604 | 报表报告期 | 2 | |
| 020605 | 编制单位 | 2 | |
| 020606 | 货币单位 | 2 | |
| 020601 | 报表编号 | 2 | |
| 020701 | 报表项编号 | 2 | |
| 020702 | 报表项名称 | 2 | |
| 020703 | 报表项数值 | 2 | |

## 二、电子会计报表的格式

电子会计报表有固定的格式，在此不再赘述。

## 三、电子会计报表的输出频次

按照报表反映的会计期间输出，月报每月输出一次，季报每季输出一次，半年报每半年输出一次，年报每年输出一次。

# 第八章 电子会计资料的收集归档

## 第一节 收集归档方案

在电子会计资料归档时，存储在会计业务系统中的会计数据需先经过格式转换，再传输至电子档案管理系统待整理的数据池中。电子会计资料形成后应确定完成了相应的审签环节，通过会计业务系统的版式转换功能先将会计数据转换成版式文件，然后通过会计业务系统的归档功能，将转换成版式文件的电子会计资料及有关元数据传输至电子档案管理系统的数据池。这个过程既可以人工操作在会计业务系统中完成，也可以由系统设定的功能自动完成。

## 一、收集归档流程

电子会计资料的收集归档由会计人员完成，具体流程见图8-1。

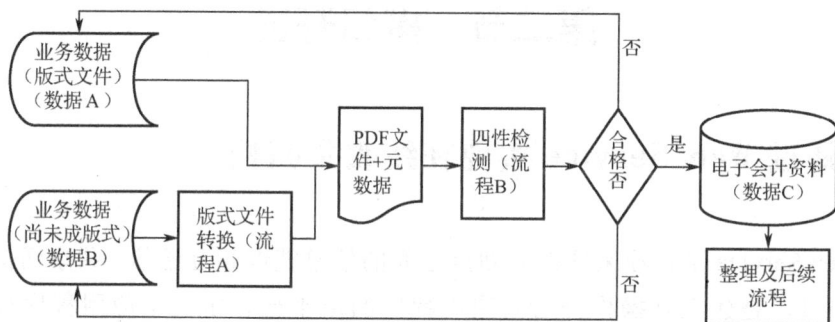

图 8-1 电子会计资料的收集归档流程图

如图 8-1 所示，业务数据（版式文件）形成 PDF 文件+元数据信息包，然后经过四性检测合格后，传输至电子会计资料数据库，其中元数据进入元数据库。检测不合格的退回，重新传输，直到合格为止。

在图 8-1 中，流程功能既可在会计业务系统中实现，也可在电子档案管理系统中实现。也即数据 A、数据 B 是会计业务系统数据，如果流程 A、流程 B 均在会计业务系统，那么数据 C 可以在会计业务系统，也可以在电子档案管理系统。如果流程 A、流程 B 不在会计业务系统，那么数据 C 就不在会计业务系统。

## 二、收集归档时间

不同的电子会计资料收集归档的时间不同，一般按如表 8-1 所列的时间节点进行收集归档。

表 8-1　电子会计资料收集归档时间节点

| 序　号 | 会计资料类别 | 归档时间 |
|---|---|---|
| 1 | 记账凭证 | 会计年度结束前 |
| 2 | 原始凭证 | 会计年度结束前 |
| 3 | 账簿 | 会计决算后 1 个月内 |
| 4 | 固定资产卡片 | 固定资产报废后一年内 |
| 5 | 报表 | 报表生成后 1 个月内 |

# 第二节　接口开发

## 一、通过 Web Service 实现在线收集归档

Web Service 是使原来各孤立站点之间的信息能够相互通信、共享而提出的一种接口，是建立互操作分布式应用程序的新平台，定义了应用程序如何在 Web 实现互操作。Web Service 所使用的是统一、开放的标准，如 HTTP、XML、SOAP、WSDL 等。所以，Web Service 可以在任何支持这些标准的环境（Windows、Linux、Unix）中使用。Web Service 具有平台无关性、普遍性、易使用等优点，可以沟通不同平台、编程语言和组件模型中的不同系统，实现异构系统之间的集成。

SOAP 协议（Simple Object Access Protocal，简单对象访问协议）是一个基于 XML 的通信协议，用于分散和分布式环境下的网络信息交换。在 SOAP 协议下，软件组件或应用程序能够通过标准的 HTTP 协议进行通信。它的设计目标就是简单性和扩展性，有助于大量异构程序和平台之间的互操作，从而使应用程序能够被众多用户访问。

采用 Web Service 方式进行在线收集归档具有以下优点：

（1）实时性好，在会计业务系统中调用 Web Service 方法，可以实时将数据转入档案系统中。

（2）通用性和扩展性好，双方系统的耦合度低，一方的需求和系统变动不会给另一方带来开发工作量的增加。

（3）安全性好，双方只需沟通传递的数据内容和格式，不需要了解对方的数据库地址和表结构，不会给对方数据造成潜在危险。

图 8-2 描述了采用 Web Service 方式进行在线收集归档的原理。

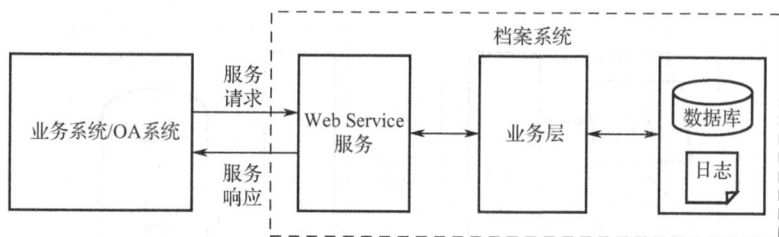

图 8-2　采用 Web Service 方式进行在线收集归档的原理示意图

在采用 Web Service 方式进行在线收集归档时，档案系统作为服务提供者，发布 Web Service 服务；会计业务系统作为服务请求者，请求服务。

（1）客户端（会计业务系统）的主要任务

① 取得服务端的服务描述文件 WSDL，解析该文件的内容，了解服务端的服务信息以及调用方式。

② 根据需要，生成恰当的 SOAP 请求消息（指定调用的方法，调用的参数），发往服务端。

③ 请求发送前，根据验证的 Schema 文件进行数据格式验证。

④ 等待服务端返回的 SOAP 消息，解析得到返回值。

（2）服务端（档案系统）的主要任务

① 编写服务函数代码，生成服务描述（WSDL）文件，以供客户端获取。

② 编写传递的 XML 基础数据集的格式规范，提供 XML 数据示例范本；编写针对该 XML 数据集进行验证的 Schema 文件，用于客户端发送前和服务器端接收后进行格式验证。

③ 接收客户端发来的 SOAP 请求消息，解析其中的方法调用和参数格式。

④ 根据 WSDL 和 WSML 的描述，调用相应的对象来完成数据的插入功能。

⑤ 把返回值（成功、失败）放入 SOAP 消息返回给客户端。

⑥ 将调用过程写入系统日志。

## 二、通过数据交换实现在线收集归档

考虑到业务系统和档案系统的开发成本，业务系统的电子文件归档也可采用中间数据交换方式进行归档。数据交换方式包括数据包交换和数据库交换。

采用数据交换方式进行在线收集归档的原理如图 8-3 所示。

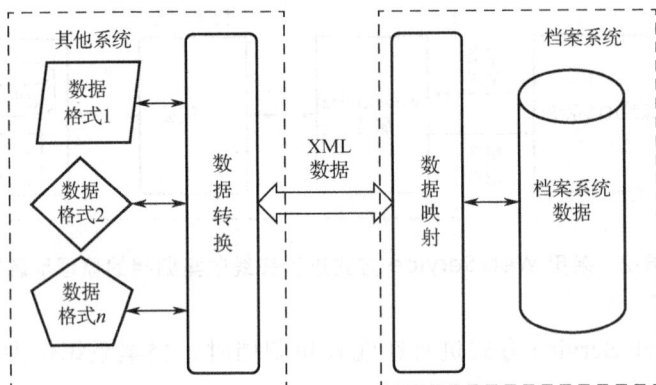

图 8-3　采用数据交换方式进行在线收集归档的原理示意图

采用数据交换方式进行在线收集归档时，涉及交换数据格式的选择以及数据转换和数据映射等功能模块。

（1）数据格式

数据表的元数据可以采用统一标准的 XML 格式，数据格式是不同系统间进行数据交换的接口契约，归档时需要将其他系统的数据转换生成 XML 标准描述的数据结构。

（2）数据转换

数据转换模块负责在不同格式之间翻译数据，以保证各个系统可以以自己理解的方式接收数据。其他系统的数据需要通过各自的数据转换模块将各类数据格式都转换成统一、规范的标准数据格式（XML），在此基础上再执行后续相关的数据处理操作。

（3）数据映射

数据映射模块解决数据交换过程中不同系统间数据结构不一致的问题。通过数据映射功能，将 XML 数据结构映射到档案系统的数据库字段中，完成数据归档。

在进行中间数据交换时，电子文件可仍旧保留原文件格式，元数据可以采用以下两种方式进行交换。

（1）将所有元数据以数据表的形式进行存储并交换。数据表元数据的交换格式可选用 XML 格式及其他对系统依赖度低的格式。

（2）将审签信息元数据固化为某种格式的电子文件（如 HTML），其余元数据以交换数据表的形式存储。

存储元数据的电子文件作为电子文件的一部分。存储成中间格式的电子文件及元数据，制作成硬拷贝，一式三份。

# 第九章　电子会计资料的整理

## 第一节　整理的原则

电子会计资料的整理是电子会计档案管理的重要环节，与纸质会计资料相比，电子会计资料的整理既有相同之处，也有其独特之处，整理电子会计资料应遵循以下原则。

### 一、保持会计资料的有机联系

会计资料的有机联系，包括编号联系和业务联系。因此，整理会计资料时，连续编号的会计资料应依次排列，相同类别、同一会计期间的会计资料也要保持在同一类别；同一业务不同载体的会计资料要通过登记编号进行关联，使之能互相参考，具体见第七章第五节相关内容。

### 二、方便管理

整理电子会计资料时，应考虑到管理的需要。如输出电子会计账本时，尽管不受页数的限制，但如果单个电子会计账簿文件太大，读取速度较慢，将给管理带来困难。

### 三、方便利用

方便利用，就是会计资料归档整理时应尽可能完整地著录元数据，以方便检索。

## 四、体现电子化的特点

如在凭证成册时，可不受页数的限制，将更长会计期间的凭证输出至同一版式文件中。

# 第二节　凭证的整理

## 一、组件

在传统非电子化状态下，一件会计凭证的组成有以下几种情况：

第一种：仅有记账凭证；

第二种：记账凭证、内部形成的原始凭证；

第三种：记账凭证、内部形成的报销凭证、外部原始凭证、其他凭证。

实现会计凭证电子化后，一件会计凭证的组成有以下几种情况：

第一种：仅有电子记账凭证；

第二种：电子记账凭证、内部形成的电子原始凭证（如报销单、领料单）；

第三种：内部形成的纸质原始凭证；

第四种：电子记账凭证、内部形成的电子报销凭证、从外部接收的其他电子凭证；

第五种：从外部接收的纸质原始凭证。

上述五种情况应单独成件。

成件后，应对件内文档进行排序，排序方法为：

第一种：自然排序；

第二种：先电子记账凭证，后内部形成的电子原始凭证；

第三种：按编号从小到大排序；

第四种：先电子记账凭证，然后内部形成的电子报销凭证，再就是外部接收的其他电子凭证；

第五种：按幅面大小，从小到大排序。

## 二、分类、排序及编号

与传统纸质状态下的凭证分类方法不同，在既有电子凭证又有纸质凭证状态下，会计凭证的分类需要考虑载体形式。以纸质会计凭证的"会计文件形式—会计年度—保管期限"为例，电子化管理后，考虑到还有部分纸质凭证，分类排列方法应为"会计文件形式—会计年度—保管期限—载体形式"，例如：

会计凭证

2018 年会计凭证

30 年会计凭证

（先排电子会计凭证）

第 1 册

第 2 册

第 3 册

第 4 册

第 $N$ 册

（再排纸质会计凭证）

第 $N$+1 册

第 $N$+2 册

第 $N$+3 册

第 $N$+4 册

第 $N$+$N$ 册

……

（编号方法与纸质凭证相同。）

2019 年会计凭证

30 年会计凭证

（先排电子会计凭证）

第 1 册

第 2 册

第 3 册

第 4 册

第 *N* 册

（再排纸质会计凭证）

第 *N*+1 册

第 *N*+2 册

第 *N*+3 册

第 *N*+4 册

第 *N*+*N* 册

……

（编号方法与纸质凭证相同。）

# 三、元数据捕获及编目

整理会计资料时，一项重要的工作内容是元数据捕获。在电子会计资料管理中，大部分元数据会从会计业务系统中捕获，但仍有部分元数据需要在电子档案管理系统中捕获，这些元数据主要如下。

## 1．电子档案实体元数据

这些元数据包括档案馆名称、档案馆代码、全宗名称、立档单位名称、全宗号、目录号、年度、保管期限、室编案卷号、馆编案卷号、室编件号、馆编件号、文档序号、页号、摘要、当前位置、脱机载体编号、脱机载体存址、缩微号。

## 2．可能要在归档时捕获的元数据

这些元数据包括主题词、关键词、人名、机构或问题、类别号、分类号，知识产权说明、授权对象、授权行为、控制标识。

## 3．可在业务系统捕获，但在电子档案管理系统也应捕获的元数据

这些元数据有：机构和人员元数据（包括机构人员类型、机构人员名称、组织机构代码、个人职位）、业务实体元数据（包括业务状态、业务行为、行为时间、行为依据、行为描述）、实体关系元数据（包括实体标识符、关系类型、关系、关系描述）。

# 第三节　账簿、报表的整理

## 一、账簿的整理

与凭证整理相比，账簿的整理相对比较简单。纸质账簿以本、册为单位进行整理，不存在组件。而电子账簿的整理也不需要组件，因为不存在不同载体的账簿，全部为电子载体。这里主要叙述账簿的分类、排列。其他工作环节与凭证工作基本相同。由于账簿保管期限已改为30年，分类排列方法不宜再采用"会计文件形式—会计年度—保管期限"，而是直接采用"会计文件形式—会计年度—账簿类型"，以此为例，整理方法如下：

会计账簿

2018年

1．银行存款账

2．现金出纳账

3．总　　账

4．明细分类账

5．固定资产卡片

6．辅助账簿

2019年

1．银行存款账

2．现金出纳账

3．总　　账

4．明细分类账

5．固定资产卡片

6．辅助账簿

账簿类型，可根据账簿数据量的多少来细分，如果某一类型账簿数据较多，则可按月、季、半年等会计期间进行细分，例如：

会计账簿

2018年

　　　　　1．银行存款账

　　　　　　　一季度银行存款账

　　　　　　　二季度银行存款账

　　　　　　　三季度银行存款账

　　　　　　　四季度银行存款账

　　　　　2．现金出纳账

　　　　　　　1 月份现金出纳账

　　　　　　　2 月份现金出纳账

　　　　　　　3 月份现金出纳账

　　　　　　　……

　　　　　　　12 月份现金出纳账

　　　　　3．总　　账

　　　　　4．明细分类账

　　　　　5．固定资产卡片

　　　　　6．辅助账簿

2019 年

　　　　　1．银行存款账

　　　　　2．现金出纳账

　　　　　3．总　　账

　　　　　4．明细分类账

　　　　　5．固定资产卡片

　　　　　6．辅助账簿

# 二、报表的整理

报表（报告）有纸质和电子载体两种，因此，整理方法与凭证相似。

## （一）组件

报表也需要组件，一般是一个会计期间、一类报表为一件，如某年资产负债表、某年预算报表各为一件。不同载体的同一年度同一类报表应分别组件。

## （二）分类排列

以比较通用的"会计文件形式—会计年度—保管期限"分类排列法举例如下：

财务报表

  2018 年

    永久

      年度财务报表（预算）

      年度财务报表（决算）

    10 年

      月财务报表

      季度财务报表

      半年财务报表

  2019 年

    永久

      年度财务报表（预算）

      年度财务报表（决算）

    10 年

      月财务报表

      季度财务报表

      半年财务报表

# 第十章　电子发票的管理

## 第一节　增值税电子发票系统技术方案

### 一、方案示意图

增值税电子发票系统实现方案的逻辑示意图如图 10-1 所示。

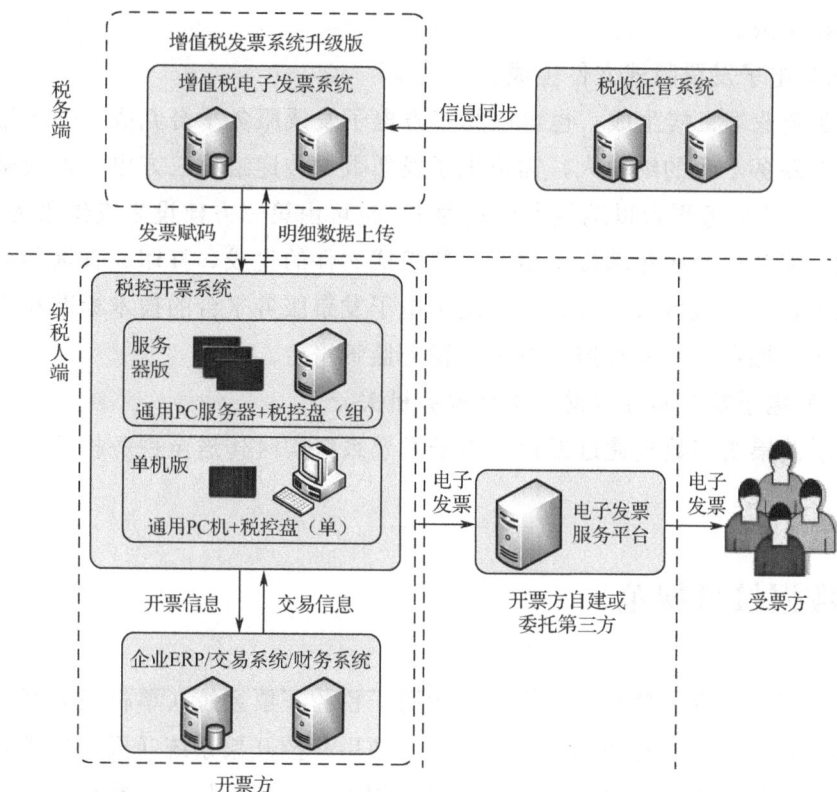

图 10-1　增值税电子发票系统实现方案逻辑示意图

## 二、方案描述

（一）信息同步。

选择使用增值税电子发票的纳税人，与现有的纳税人登记、票种核定等流程一致。现有的增值税电子发票试点纳税人，保持纳税人登记、票种核定等业务流程不变，税务后台征管系统将票种核定信息同步至增值税电子发票系统。

（二）发票赋码。

电子发票的号段，由税务后台征管系统通过接口方式同步至增值税电子发票系统，通过增值税电子发票系统最终赋予纳税人。

（三）电子发票数据生成。

电商等用票量大的企业可选用服务器版税控开票系统以满足企业大量集中的开票需求。用票量小的企业可使用单机版税控开票系统完成电子发票开具及电子数据生成。

（四）电子发票版式文件生成。

可在企业端直接生成，也可由第三方电子发票服务平台完成。使用第三方电子发票服务平台的纳税人，需将电子发票数据传递给第三方电子发票服务平台。电子发票服务平台以纳税人自建为主，也可由第三方建设来提供服务平台。电子发票服务平台应免费提供电子发票版式文件的生成、打印、查询和交付等基础服务。国家税务总局负责统一制定电子发票服务平台的技术标准和管理制度，建设对服务平台进行监督管理的税务监管平台。

（五）电子发票明细数据传送至税务机关。

电子发票明细数据通过增值税电子发票系统实时传送至税务机关，进入发票电子底账库。

## 三、数据接口规范

数据接口规范包含两种。第一种适用于税控开票系统（单机版）开具电子发票的纳税人。第二种适用于开票量大、使用税控开票系统（服务器版）的纳税人。国家税务总局将对数据接口规范及相关技术标准另行向社会公开发布。

## 四、电子发票样式

根据国家税务总局公告,电子发票样式见图10-2。

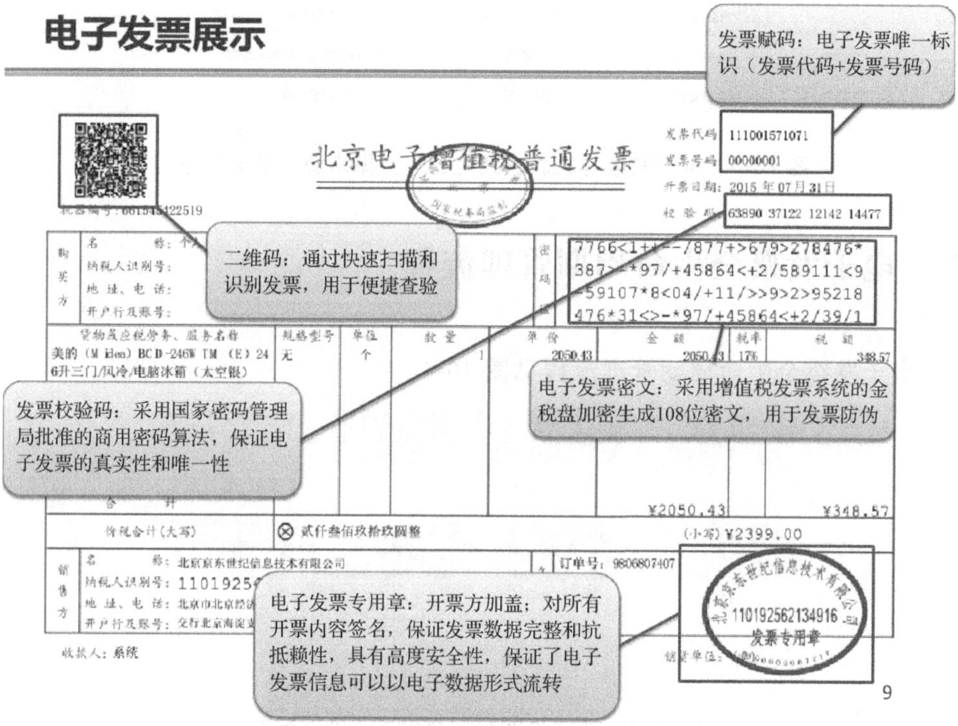

图 10-2　电子发票样式

## 五、电子发票优势

与纸质发票相比,电子发票具有很多优势,具体见图10-3。

| 对比项 | 纸质发票 | 电子发票 |
|--------|----------|----------|
| 发票成本 | 2毛/张 | 0成本 |
| 发票交付成本 | 5-20元/张（快递） | 0.1元 |
| 打印耗材 | 高 | 0成本 |
| 人力/管理成本 | 往返税局领用/保管/发货需与货物匹配/包装快递 | 0成本 |
| 开票效率 | 最多2000张/天/人 | 最高每分钟开具3000-10000张 |
| 消费者体验 | 纸质版/需小心保管 | 电子版/随时下载 |
| 发票可信度 | 存在作假风险 | 国税局指定网站可直接查验获取 |
| 能否货票同行 | 极难满足 | 完全实现 |

图 10-3　电子发票与纸质发票对比（数据来源：航天信息）

## 六、电子发票全生命周期管理流程

电子发票全生命周期管理流程见图 10-4。

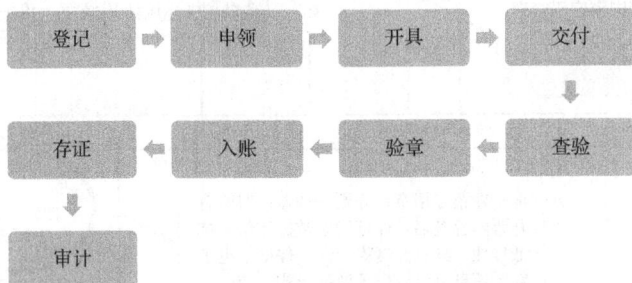

图 10-4　电子发票全生命周期管理流程图

电子发票全生命周期管理流程的详细介绍见本章第二节、第三节、第四节。

# 第二节　电子发票的开具

## 一、电子发票开具申请

第一步：票种核定

需填写发票票种核定申请，再将《购票员授权委托证明书》打印出来，在右上角盖上公章、授权单位盖公章、负责人处盖法人章后上传。如果是法人去办理就不需要这个证明书,只需上传加盖公章和发票专用章的法人身份证即可。

然后,上电子税务局网站,查询是否审批通过。3 天后如果网上查询看不到,则需去就近的国税分局现场查询。

第二步:购买税控设备

购买税控设备时一般有两个选择,一是航天金税、二是百旺金赋。开票软件的选用和税控设备的选择有直接关系。电子发票的开票商较多,在选择购买时需弄清楚开票商用的是哪一家的税控盘,并非只有航天金税和百旺金赋两家可选。

第三步:税控发行

购买税控盘后,就去相关税务窗口排队进行发行。

第四步:申领购票簿,并购买发票。

具体步骤见图 10-5。

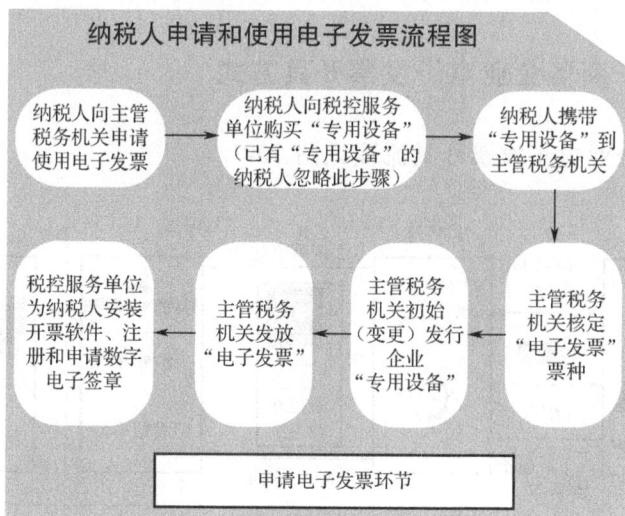

图 10-5 电子发票申请流程图

## 二、电子发票开具操作

商户开具电子发票可通过自建系统、电子发票服务平台等方式,具体如下。

## （一）通过 ERP 开具电子发票

通过 ERP 开具电子发票的流程见图 10-6。

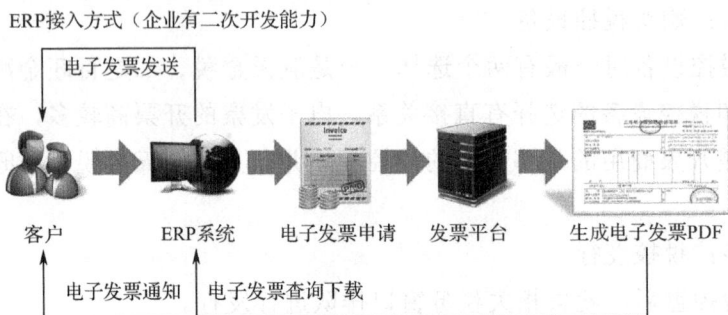

图 10-6　通过 ERP 开具电子发票的流程图

## （二）电子商务企业电子发票开具方式

电子商务企业电子发票开具流程见图 10-7。

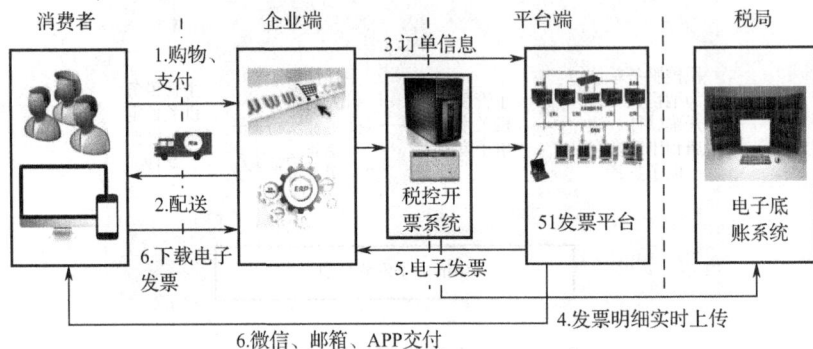

图 10-7　电子商务企业电子发票开具流程图

## （三）公共事业业务单位电子发票开具

公共事业业务单位电子发票开具流程见图 10-8。

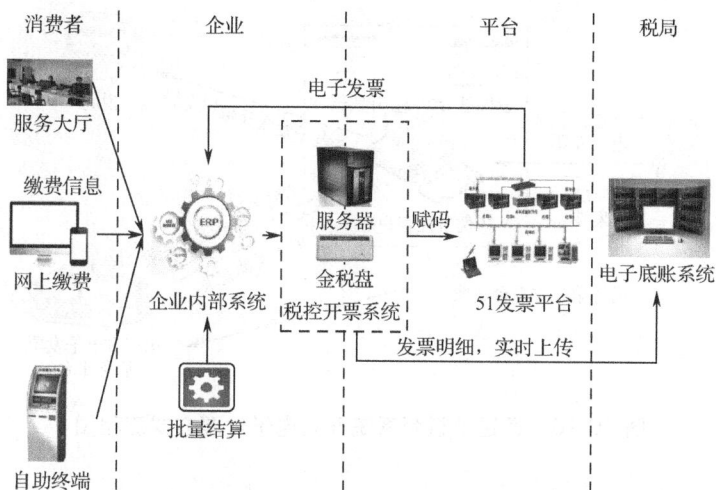

图 10-8　公共事业业务单位电子发票开具流程图

## （四）企业 ERP 通过第三方平台方式开具电子发票的方式

企业 ERP 通过第三方平台方式开具电子发票流程见图 10-9。

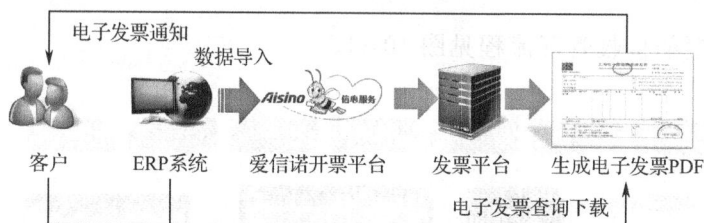

图 10-9　企业 ERP 通过第三方平台方式开具电子发票流程示图

## （五）通过单机版系统开具电子发票的方式

通过单机版系统开具电子发票方式见图 10-10。

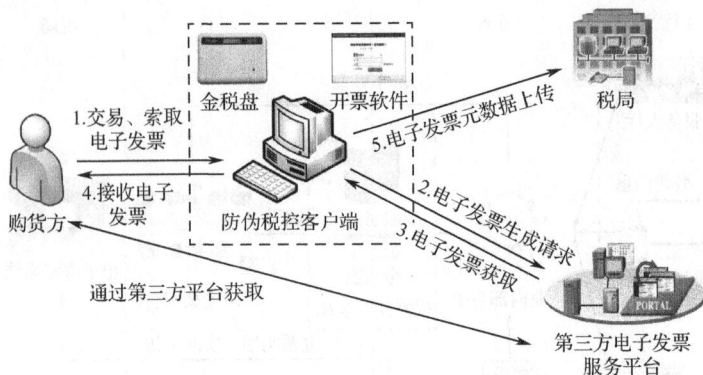

图 10-10 通过单机版系统开具电子发票方式流程图

# 第三节 电子发票的接收、报销、入账

## 一、电子发票的接收管理流程

电子发票的接收管理流程见图 10-11。

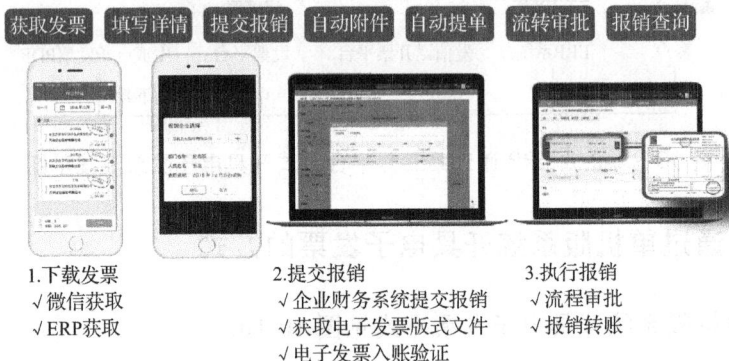

图 10-11 电子发票的接收管理流程图

## 二、电子发票的获取

电子发票的获取有以下几种方式。

### （一）通过邮件接收

许多商户的开票平台具备通过邮件接收电子发票功能，开票时将邮箱进行登记即可。如南方航空的代替电子行程单的电子发票就可通过邮箱接收。

### （二）通过微信接收

微信接收的电子发票在微信的"卡包—我的票券"中，进入微信我的"卡包—我的票券—票证"中，再点击进入"发票"便可看到微信接收到的电子发票；点击相应的开发方，进入该电子发票，点击"发票详情"可查看电子发票的版式文件。查看版式电子发票时，点击下方两个链接，可分别下载电子发票 PDF 文件或将电子发票发送到邮箱。

### （三）登录第三方服务平台下载接收

用票量较大的单位，可通过税务系统提供的接口，从电子发票服务平台批量下载电子发票。

获取电子发票的具体流程见图 10-12。

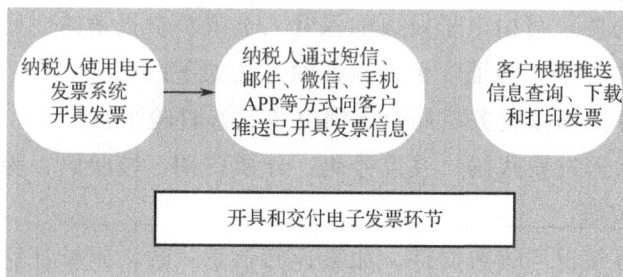

图 10-12　获取电子发票的具体流程图

## 三、电子发票的登记

接收到的发票应进入发票库或发票池进行登记。如电子发票管理系统或会计业务系统具有电子发票上传和接收功能，则可以在系统中进行登记。如果不具备上述条件，则可建立纸质电子发票登记簿，作为电子发票的台账。登记簿格式参见表 10-1。

表 10-1　电子发票登记簿

| 序号 | 发票号 | 名称 | 金额 | 开票方 | 开票时间 | 交票人 | 交票日期 | 报销日期 | 验证情况 |
|------|--------|------|------|--------|----------|--------|----------|----------|----------|
|      |        |      |      |        |          |        |          |          |          |
|      |        |      |      |        |          |        |          |          |          |
|      |        |      |      |        |          |        |          |          |          |

在这个台账中进行了登记的电子发票可作为报销的依据。登记后的电子发票，可将 PDF 文件集中存储在电子载体中，由专人保管。

## 四、电子发票的验证

发票验证分为系统自动验证和手工验证。如果受票方通过自建系统自动从发票平台下载电子发票，则不必重新验证。如果是员工个人接收的电子发票，一般会给予员工充分的信任，只要是消费事项已批准，员工提交的电子发票可以不再验证。受票单位可制定提交假发票的惩戒制度来确保员工提交发票的真实性。如确有必要，可由电子发票的保管人员或负责报销的会计人员登录电子发票服务平台进行手工验证，手工验证的方法如下：

第一步：打开国家税务总局全国增值税发票查验平台；

第二步：输入发票代码、发票号码、开票日期、校验码、验证码等信息，点击"验证"按钮；

第三步：系统返回该票文件。如果返回信息一致，则验证通过，否则为验证未通过。

## 五、电子发票的报销入账

### （一）报销平台报销电子发票的流程

第一步：填写报销事项；

第二步：上传或关联电子发票，将电子发票编号登记在报销凭证信息中；

第三步：会计人员审核；

第四步：形成记账凭证信息，报销结束。

### （二）无报销平台报销电子发票的流程

第一步：填写纸质报销单，并将电子发票号填写在报销单上；

第二步：报销单审批；

第三步：报销人将纸质报销单交会计人员，电子发票通过离线载体、邮件等方式同时交会计人员；

第四步：会计人员登记并验证电子发票，审核报销事项；

第五步：形成记账凭证信息，报销结束，电子发票由会计人员存储保管。

# 第四节　电子发票的归档

电子发票的归档是电子发票应用的重要一环。电子发票作为电子文件，目前通过电子档案管理系统归档电子发票已有较为成熟的解决方案。但是，根据我国现存数量众多且尚未应用电子档案管理系统的中小企业的实际情况，探索未应用电子档案管理系统的单位如何对电子发票进行归档也具有重要意义。因此，本节既探讨应用了电子档案管理系统单位的电子发票归档方案，也对未应用电子档案管理系统单位的电子发票归档方案进行探讨。

# 一、电子发票在归档中的作用及难点

## （一）归档在电子发票应用中的作用

电子发票归档作为电子发票应用的重要环节，其重要作用体现在以下方面：

一是电子发票归档是电子发票能否作为证据使用的关键环节。纸质发票由于其生成时即已固化，信息已固定，只要妥善保管，即可作为证据使用。但电子发票作为电子文件，如不形成版式文件固化，有可能造成日后信息丢失，造成人工不可识读。通过电子发票归档可以固化有关信息，确保证据使用功能，便于人工识读。

二是电子发票归档关系到电子发票使用的时间。电子发票作为电子文件，与其他电子文件一样存在长期保存问题。即随着时间的推移，生成电子发票的平台会过时，使得电子发票不可识读。通过归档和电子档案长期保存技术的使用，可尽可能地延长电子发票的使用寿命。

三是电子发票归档事关电子发票后续利用的便利性。由于单位信息化建设水平的差异，电子发票应用的信息化环境不平衡，一些单位由于缺少信息化环境，电子发票与纸质凭证混合存在，无法用传统方式维持其有机联系。而通过归档，可建立纸质凭证与电子发票、电子凭证与电子发票之间的关联关系，以增强电子发票使用的便利性。

## （二）电子发票归档管理的难点

一是电子发票作为电子文件，其归档在我国仍存在许多技术难题需要解决。由于电子文件是一种全新的载体，如电子文件归档中碰到的问题未解决，电子发票归档同样难以解决，包括真实性维护和长期性保障，以及元数据管理等。

二是电子发票的应用是在一个信息化发展不平衡的环境中，电子发票与纸质凭证混合存在，使归档存在较大的难度。

三是我国目前电子发票的验证等环节仍旧依赖互联网环境，许多电子档案管理系统所在的信息系统往往不处于互联网环境中，使电子发票的验证不太便利。在目前诚信体系建设有待加强的形势下，电子发票仍存在造假的风险。

### （三）电子发票归档的有关工作

为了推进电子发票的归档工作，从而促进电子发票的推广应用，国家档案局联合有关部门做了大量的工作。

2013 年年底，国家发改委、财政部、国家税务总局和国家档案局四部委联合下发《关于组织开展电子发票及电子会计档案综合试点工作的通知》，在北京、上海、青岛等 8 个城市和中国电信集团公司、中国联合网络通信集团有限公司、中国人民财产保险股份有限公司 3 家企业组织开展电子发票及电子会计档案综合试点，重点研究解决电子发票以电子化方式入账问题。试点企业基本实现了电子发票的接收归档管理，实现于会计核算系统对接，归档范围合理，存储格式合规，元数据齐全，管理过程规范，四性有保障，形成了电子发票管理的初步经验和模式，有力地促进了企业电子发票的推广应用，为企业节约了大量人力、物力，产生了可观的经济效益。

2016 年，国家档案局联合国家发改委开展企业电子文件归档和电子档案管理试点，推进企业业务系统电子文件归档，更好地发挥电子档案在企业优化业务流程、建立电子凭证、实施可信交易等方面的作用，是加快培育电子商务成为经济新动力，促进国家大数据行动计划、"互联网+"行动计划和"中国制造2025"计划实施的重要举措，对进一步健全电子商务发展支撑体系、促进国家经济发展具有重要意义，也是档案工作全面贯彻中央关于创新、协调、开放、绿色、共享发展理念的重要体现。选了多家企业开展供应链管理系统、会计核算系统、电子商务平台系统、电子招投标系统、电子合同系统、电子发票及其他电子票据系统等各类核心业务系统形成电子文件单轨制归档和电子档案管理试点。通过验收的 13 家试点企业基本实现了所试点系统的电子文件在线归档，归档范围合理，存储格式合规，元数据齐全，管理过程规范，四性有保障，形成了一批可推广、可复制的案例，有力地促进了企业电子文件归档和电子档案管理工作，促进了企业信息化发展，有力地支撑了电子商务的发展，产生了可观的经济效益，为培育国家经济发展新动能做出了贡献。

2018 年初，国家档案局又选定了 27 家企业继续开展电子文件和电子档案管理试点，其中电子票据的归档是试点的重点内容。

2018 年 5 月，国家档案局在北京召开了电子发票应用推广专题座谈会。国家档案局、财政部、国家税务总局有关人员出席会议。中石油、人保财险、中国电信、南方航空、京东、苏宁易购等电子发票应用企业，航天信息、北京东港瑞宏科技有限公司等电子发票开具平台企业，用友网络科技股份有限公司、金蝶国际软件集团公司等财务软件企业，阿里巴巴、蚂蚁金服、腾讯等电子发票服务企业，档案软件企业东软公司等，共 16 家企业的近 50 位代表参加会议。会上，各企业介绍了本企业在电子发票应用方面的现状、电子发票应用存在的问题以及提升电子发票应用的意见与建议。

2019 年，为推进电子发票的应用和推广实施工作，进一步完善数字经济发展所需的制度和标准规范，助力国家数字经济发展，国家档案局办公室、财政部办公厅、国家税务总局办公厅组织开展电子发票电子化报销、入账、归档试点工作。本次试点主要是配合国家减税降费工作，解决中小企业接收电子发票的难题，降低企业应用电子发票成本。

## 二、已应用管理系统单位电子发票的归档

已应用电子档案管理系统单位电子发票的归档方法，因是否应用会计业务系统而有所不同，下面分别叙述。

### （一）应用了会计业务系统单位的归档方法

单位既应用了会计业务系统，又应用了电子档案管理系统，电子发票的归档方法在前述章节已充分阐述，在此不再介绍。

### （二）未应用会计业务系统单位的归档方法

未应用会计业务系统单位与应用了会计业务系统单位相比，其不同之处在于前者除电子发票外，其他资料（如记账凭证、报销凭证等会计凭证）为纸质凭证，无法与电子发票存入一处，因此，必须分开组卷，归档方法如下：

第一步：按传统方法装订纸质记账凭证、报销凭证等会计凭证，其中电子发票不需打印，在电子档案管理系统中建立目录。

第二步：将电子发票上传至所在会计凭证的归档目录，即完成归档。

## 三、未应用管理系统单位电子发票的归档

### （一）应用了会计业务系统单位的归档方法

该类单位在报销时，一般将电子发票上传至会计业务系统，进行报销入账处理。单位如未应用电子档案管理系统，归档方法如下：

第一步：从会计业务系统下载电子会计凭证（包括电子发票，下同），建立电子文件登记表，登记表格式见图 10-13、图 10-14。

| | | | | | | |
|---|---|---|---|---|---|---|
| 文件特征 | 形成部门 | | | | | |
| | 完成日期 | | 载体类型 | | | |
| | 载体编号 | | | | | |
| | 通讯地址 | | | | | |
| | 电 话 | | 联系人 | | | |
| 设备环境特征 | 硬件环境（主机、网络服务器型号、制造厂商等） | | | | | |
| | 软件环境（型号、版本等） | 操作系统 | | | | |
| | | 数据库系统 | | | | |
| | | 相关软件（文字处理工具、浏览器、压缩或解密软件等） | | | | |
| 文件记录特征 | 记录结构（物理、逻辑） | | 记录类型 | □定长 | 记录总数 | |
| | | | | □可变长 | 总字节数 | |
| | | | | □其他 | | |
| | 记录字符、图形、音频、视频文件格式 | | | | | |
| | 文件载体 | 型号：<br>数量：<br>备份数： | | □一件一盘 □多件一盘<br>□一件多盘 □多件多盘 | | |
| 制表审核 | 填表人（签名） | | | | 年 月 日 | |
| | 审核人（签名） | | | | 年 月 日 | |

图 10-13 电子文件登记表（首页）

| 文件编号 | 题名 | 形成时间 | 文件稿本代码 | 文件类别代码 | 载体编号 | 保管期限 | 备注 |
|---|---|---|---|---|---|---|---|
|  |  |  |  |  |  |  |  |
|  |  |  |  |  |  |  |  |
|  |  |  |  |  |  |  |  |
|  |  |  |  |  |  |  |  |
|  |  |  |  |  |  |  |  |
|  |  |  |  |  |  |  |  |
|  |  |  |  |  |  |  |  |
|  |  |  |  |  |  |  |  |
|  |  |  |  |  |  |  |  |

图 10-14　电子文件登记表（续页）

第二步：对下载后的电子会计凭证进行鉴定，填写《归档电子文件移交、接收检验登记表》，格式见图 10-15。

| 检验项目 | 单位名称 | |
|---|---|---|
|  | 移交单位： | 接收单位： |
| 载体外观检验 |  |  |
| 病毒检验 |  |  |
| 真实性检验 |  |  |
| 完整性检验 |  |  |
| 有效性检验 |  |  |
| 技术方法与相关软件说明登记表、软件、说明资料检验 |  |  |
| 填表人（签名） | 年　　月　　日 | 年　　月　　日 |
| 审核人（签名） | 年　　月　　日 | 年　　月　　日 |
| 单位（印章） | 年　　月　　日 | 年　　月　　日 |

图 10-15　归档电子文件移交、接收检验登记表

第三步：定期对下载后以磁盘文件形式存储的电子会计凭证按规则组件，即将反映同一笔账的记账凭证、报销凭证、电子发票、其他原始凭证等拷贝至同一文件夹。

第四步：建立电子会计凭证元数据表，并建立记账凭证、报销凭证、电子发票、其他原始凭证之间的关联关系。可采用电子表格形式存储。

第五步：排列会计凭证。根据记账凭证号的顺序以件（文件夹）为单位依次排列。

第六步：建立会计凭证档案案卷目录，并输出一份纸质目录。

第七步：检查、审核。

第八步：刻成光盘，一式三套。光盘内的信息组织按照《电子档案移交与接收办法》中有关要求执行，填写《归档电子文件登记表》，格式见图 10-16、图 10-17。

| 文件特征 | 形成部门 | | | | | |
|---|---|---|---|---|---|---|
| | 完成日期 | | | 载体类型 | | |
| | 载体编号 | | | | | |
| | 通讯地址 | | | | | |
| | 电 话 | | | 联系人 | | |
| 设备环境特征 | 硬件环境（主机、网络服务器型号、制造厂商等） | | | | | |
| | 软件环境（型号、版本等） | 操作系统 | | | | |
| | | 数据库系统 | | | | |
| | | 相关软件（文字处理工具、文字浏览器、压缩或解密软件等） | | | | |
| 文件记录特征 | 记录结构（物理、逻辑） | | 记录类型 | □定长 □可变长 □其他 | 记录总数 | |
| | | | | | 总字节数 | |
| | 记录字符及图形、音频、视频文件格式 | | | | | |
| | 文件载体 | 型号：数量：备份数： | | □一件一盘 □多件一盘 □一件多盘 □多件多盘 | | |

图 10-16 归档电子文件登记表（首页）

续表

| 文件交接 | 运交部门 | | | | |
| | 通讯地址 | | | | |
| | 电　　话 | | 联系人 | | |
| | 送交人（签名） | | | 年　　月　　日 | |
| | 接收部门 | | | | |
| | 通讯地址 | | | | |
| | 电　　话 | | 联系人 | | |
| | 接收人（签名） | | | 年　　月　　日 | |

图 10-16　归档电子文件登记表（首页）（续）

第　页

| 文件编号 | 题名 | 形成时间 | 文件版本代码 | 文件类别代码 | 载体编号 | 保管期限 | 备注 |
|---|---|---|---|---|---|---|---|
| | | | | | | | |
| | | | | | | | |
| | | | | | | | |
| | | | | | | | |
| | | | | | | | |
| | | | | | | | |
| | | | | | | | |
| | | | | | | | |
| | | | | | | | |

图 10-17　归档电子文件登记表（续页）

## （二）未应用会计业务系统单位的归档方法

未应用会计业务系统的单位与应用了会计业务系统的单位相比，其不同之处在于前者除电子发票外，其他资料（如记账凭证、报销凭证等会计凭证）为纸质凭证，无法与电子发票存入一处，因此，必须分开组卷，归档方法如下：

第一步：按传统方法装订纸质记账凭证、报销凭证等会计凭证。

第二步：在电脑中建立卷（册）文件夹，将电子发票移到相应的文件夹。可以一个季度一个文件夹，一个月一个文件夹，一周一个文件夹，具体方案可根据离线载体存储的容量来确定。

第三步：以卷（册）文件夹为单位，形成案卷目录。其中案卷编号从纸质凭证最后一卷的编号开始顺序编制。

第四步：打印移交清册、案卷目录。将电子发票刻成光盘，一式三套。光盘内的信息组织按照《电子档案移交与接收办法》中有关要求执行。

第五步：电子发票档案与纸质案卷一同移交档案人员。将纸质目录、存储电子发票等电子凭证的载体一同移交档案人员，即完成归档。

在上述工作中，也需要参照前文内容填写相关登记表。

# 第四篇　电子会计档案若干技术

# 第十一章　电子会计档案元数据管理

在电子会计档案的管理中，元数据是一个重要的部分，为便于读者全面理解前面各章内容，本章重点讨论电子会计档案的元数据管理。

## 第一节　元数据的基本概念

元数据是解决电子文件管理问题不可或缺的工具。元数据记录了电子文件在设计、形成、传递、维护过程中的全部情况，因此只有在全面了解元数据的基础上，才能对电子文件进行有效而安全的控制，才能保证电子文件的完整性、真实性和证据效力。同时，元数据也是电子文件信息组织、维护和检索的重要依据。

### 一、元数据的定义

元数据（Metadata），是定义和描述其他数据的数据。

#### （一）元数据概念的由来

元数据的概念最初用于数据库管理领域，指构成数据词典的元素，是为理解数据库的内容信息而存储的"信息"。

图 11-1 描述了数据库中的元数据概念。

图 11-1 数据库中的元数据概念

美国电子文件元数据研究专家戴维·比尔曼（David Bearman）在 20 世纪 90 年代初发表的电子文件管理论文中，首先使用了"元数据"这一术语。

## 1. 元数据在档案界的通行定义

目前，元数据在档案界的通行定义主要包括以下三种。

（1）澳大利亚国家档案馆

元数据是有关文件背景信息的著录元素。

（2）英国国家档案局

元数据是指关于文件或文件集合的信息。

（3）美国戴维·比尔曼

元数据是有关文件结构和背景信息的数据。

在传统印刷领域，元数据包括如下形式。

（1）书目记录，通常包含题名、作者、出版商、主题和载体描述等。

（2）传统的图书馆目录卡片。

（3）案卷记录。

（4）纸质文件的文头和文尾、签名、日期、邮戳地址。

（5）出版图书的版权说明。

（6）磁盘的标签。

图 11-2 显示了传统的图书馆目录卡片。

在电子文件管理环境中，元数据就是描述电子文件背景、内容和结构及其管理过程的数据（ISO15489：1 第 3.12 条）。

图 11-2　传统的图书馆目录卡片

# 二、元数据的概念内涵

电子文件中的元数据，是动态描述电子文件诸特征的信息集合，是对电子文件特征信息准确的表达。总体而言，元数据对电子文件的描述包括如下四个方面。

（1）内容特征，如题名、主题等。

（2）结构特征，如文件类型、文件级别、格式等。

（3）背景特征，如责任者、索引目录，所依赖的软硬件情况等。

（4）其他特征，如所使用的语言，文件是否完全，对文件的引用情况等。

针对元数据的内涵，目前提出了几种不同的结构体系来划分元数据的方法，主要是戴维·比尔曼的六层结构体系方法，《都柏林核心研究项目》将元数据分为三部分的方法，以及《电子系统中文件永久性法律效力问题的国际研究项目》将元数据分为四部分的方法。

## 1. 戴维·比尔曼的六层结构体系

（1）处理层。描述对象是否为文件，文件的来源，文件的价值，查找文件所采用的叙词规范等。

（2）条件层。指文件检索、利用、处理时所应遵守的限制条件。

（3）结构层。使文件能够自始至终保持凭证价值的数据结构以及文件的迁移信息。

（4）背景信息层。指文件的形成背景，即文件是否可作为事务处理凭证及作为凭证的价值如何。

（5）内容层。即有关文件的主题，文件的主要内容等。

（6）利用历史层。指文件利用的详细记录（利用者、利用时间、利用效果等）。

### 2.《都柏林核心研究项目》的元数据划分

（1）文件内容。指文件的题名、主题、著录、类型、来源、关系、范围等。

（2）文件责任。指文件的形成者、出版者、投稿人、版权等。

（3）文件说明。指文件的时间、格式、识别符、语种等。

### 3.《电子系统中文件永久性法律效力问题的国际研究项目》的元数据划分

（1）电子文件的载体。指载体识别、载体特征、载体类型、载体的存储密度与容量等。

（2）电子文件类型的外部特征。指电子文件的所用语言、呈现方式、专用符号、印记、时间戳、数字签名等。

（3）电子文件类型的内部元素。指电子文件的责任者名称、形成时间、形成所在地、接收者名称、被抄送者名称、执笔者等。

（4）电子文件的附加说明。指电子文件的办文过程、事务处理过程、管理过程等说明。

根据上述三种主要的元数据划分方法，可以看出，无论元数据的系统结构如何定义，都是尽可能包含表达文件及其集合的特征信息。引入元数据概念以后，可将电子文件定义为用元数据封装的对象（Metadata Encapsulated Object）。如图11-3所示。

图 11-3 电子文件是用元数据封装的对象

# 三、元数据的分类

按照不同的分类方法，元数据可分成不同类型的元数据，当前流行的元数据分类模型有来源模型和信息模型。

由于当前尚没有针对电子档案元数据的分类模型，这里借用电子文件元数据分类模型来对电子档案元数据的分类进行阐述。根据文件运动过程，在电子文件归档后期，元数据也要与文件一同归档，因此根据电子文件管理的元数据信息模型，电子档案元数据可分为由两个层次和 6 个模块构成，如图 11-4 所示。

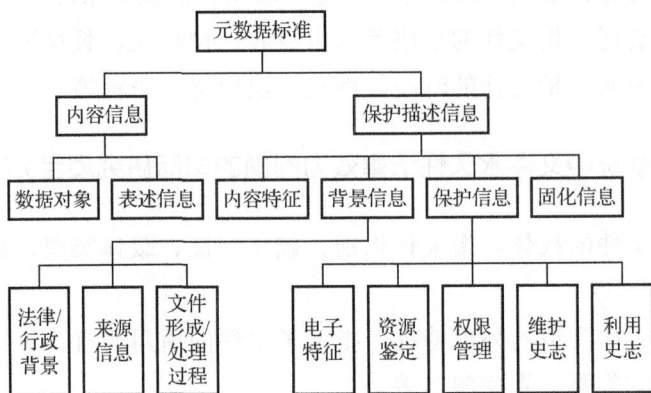

图 11-4　电子档案元数据分类模型

对元数据的管理就是元数据形成、捕获、存储、著录、维护、利用的过程，通过元数据的管理加强对电子文件的管理，从而保证电子文件的真实性、完整性，并为电子文件的保管和利用提供方便。

对电子文件管理而言，必须认识到纳入其管理体系的具体对象并非只是单一的电子文件本身，而是包含了保护描述信息元数据的电子文件。由于确保电子文件的真实性、凭证价值和长久有效性（可读性、可理解性）是电子文件管理的首要目标，因此元数据的保护描述信息实际上就是电子文件管理的核心，它主要由四个模块组成：内容特征、背景信息、保护信息和固化信息。

（1）内容特征

是与电子文件内容相关的内部和外部特征信息的综合，如题名、责任者、发文编号、发文时间等。它既提供了关于电子文件内容的描述信息，也提供了关于电子文件内容的、可供检索的款目（条目）以便组成相关的检索工具。

（2）背景信息

指在电子文件归档前形成文件的环境。主要包括：使文件得以形成的（文件形成者的）具体职能活动和文件的形成过程；法律和行政环境以及文件之间的历史联系。这些信息对文件的证据价值十分重要，因为同样一句话由不同的人在不同的环境情况下讲，其所具有的意义就不同。把上述信息著录在元数据中，有助于说明电子文件的价值，尤其是证据价值。背景信息可以划分为法律/行政背景、来源信息和文件形成/处理过程。

① 法律/行政背景。是归档前电子文件形成时所处的法律体系及组织体系，具体指的是有关的法律法规和制度，规范工作流程的规章制度，行政管理过程的规范及分工方案等，有助于了解文件归档前生成时的法律和行为环境。

② 来源信息。背景信息中，最重要的是归档前电子文件广义的来源信息，即归档前电子文件来源于什么职能活动，或者产生于哪一项具体的社会活动过程。具体可以通过文件之间的有机联系，包括狭义的来源联系、狭义的事由联系和狭义的时间联系等加以表达。由于社会活动过程自身可以从主体和客体两个角度进行划分，故来源信息也可以从两个角度反映，具体采用哪个角度可以根据电子文件管理的情况不同来定。

③文件形成/处理过程。就是归档前电子文件形成/处理过程的元数据，表达文件形成、登记、处理，即文书（包括技术文件）处理过程的元数据，有助于了解和证明电子文件在法律上生效的过程以及电子文件自身的真实性和证据价值。这种元数据在办公自动化系统和电子政务系统中是非常必要的；在数字档案馆就可以选择收藏，并非必需。

（3）保护信息

保护信息主要描述电子文件的电子特征、鉴定信息、权限信息、维护和利用史志等。

① 电子特征。指电子文件作为计算机文档应具有的基本特征，是保障电子文件可用性和长期可读性的基本要素。每个电子文件特征都包含一组用于描述电子文件属性的元数据信息，例如类型、格式、打开方式、计算机软硬件环境等。

② 鉴定信息。指电子文件的鉴定，既包括对电子文件内容价值的鉴定，也包括对电子文件真实性的鉴定和技术状况的鉴定，资源评价元数据记录了对电子文件的历次鉴定信息。

③ 维护史志。主要记录在整个电子文件生命周期中对电子文件所做的维护历史情况。

④ 利用史志。该元数据模块主要用于记录电子文件的利用历史情况，主要包括使用类型（如查看、复制、编辑、归档、编索引、分类、处理等）、使用时间、用户标识及使用影响等信息。随着电子政务、数字档案馆门户网站的兴起，不仅从根本上改变了电子文件信息服务的模式，而且打破了公众获取电子文件信息的时空限制，从而极大拓展了文件信息的利用类型。利用史志元数据模块除了记录传统利用和电子文件管理部门出于管理和编研需求对电子文件的利用历史之外，还必须记录电子文件的网络利用历史。

⑤ 权限信息。电子文件管理的目标，除了维护电子文件的真实性之外，最重要的是将适当的文件在恰当的时间传递给恰当的用户，而这必须依赖于权限管理元数据的设计。权限管理的元数据主要由文件权限和用户使用控制权限组成。其中用户使用控制权限包括身份认证、使用授权以及使用审计等功能，是分布式用户环境下信息资源系统管理的核心之一。

（4）固化信息

描述用以确认电子文件及其元数据信息完整性和可信性的信息，例如可以描述数字签名或计算机封包内容值。

例如，在国家档案局发布的《文书类电子文件元数据方案》（DA/T 46—2009）中，将文书类电子文件元数据从概念层次上区分为文件实体元数据、机构人员实体元数据、业务实体元数据、实体关系元数据四个域。

表11-1描述了文书类电子文件元数据中文件实体元数据包含的元数据元素及其结构。

表 11-1　文件实体元数据

| 编　　号 | 元　数　据 | 编　　号 | 元　数　据 |
|---|---|---|---|
| M1 | 聚合层次 | | |
| M2 | 来源 | M3 | 档案馆名称 |
| | | M4 | 档案馆代码 |
| | | M5 | 全宗名称 |
| | | M6 | 立档单位名称 |
| M7 | 电子文件号 | | |

续表

| 编　号 | 元　数　据 | 编　　号 | 元　数　据 |
|---|---|---|---|
| | | M9 | 全宗号 |
| | | M10 | 目录号 |
| | | M11 | 年度 |
| | | M12 | 保管期限 |
| | | M13 | 机构或问题 |
| M8 | 档号 | M14 | 类别号 |
| | | M15 | 室编案卷号 |
| | | M16 | 馆编案卷号 |
| | | M17 | 室编件号 |
| | | M18 | 馆编件号 |
| | | M19 | 文档序号 |
| | | M20 | 页号 |
| | | M41 | 文件组合类型 |
| | | M42 | 件数 |
| M40 | 形式特征 | M43 | 页数 |
| | | M44 | 语种 |
| | | M45 | 稿本 |
| | | M47 | 格式信息 |
| | | M48 | 计算机文件名 |
| M46 | 电子属性 | M49 | 计算机文件大小 |
| | | M50 | 文档创建程序 |
| | | M51 | 信息系统描述 |
| | | M53 | 数字化对象形态 |
| M52 | 数字化属性 | M54 | 扫描分辨率 |
| | | M55 | 扫描色彩模式 |
| | | M56 | 图像压缩方案 |
| | | M58 | 签名规则 |
| | | M59 | 签名时间 |
| M57 | 电子签名 | M60 | 签名人 |
| | | M61 | 签名结果 |
| | | M62 | 证书 |

| 编　号 | 元　数　据 | 编　号 | 元　数　据 |
| --- | --- | --- | --- |
| M57 | 电子签名 | M63 | 证书引证 |
|  |  | M64 | 签名算法标识 |
| M65 | 存储位置 | M66 | 当前位置 |
|  |  | M67 | 脱机载体编号 |
|  |  | M68 | 脱机载体存址 |
|  |  | M69 | 缩微号 |
| M70 | 权限管理 | M71 | 知识产权说明 |
|  |  | M72 | 授权对象 |
|  |  | M73 | 授权行为 |
|  |  | M74 | 控制标识 |
| M75 | 附注 |  |  |

　　表 11-2 描述了文书类电子文件元数据中机构人员实体元数据包含的元数据元素及其结构。

表 11-2　机构人员实体元数据

| 编　号 | 元　数　据 |
| --- | --- |
| M76 | 机构人员类型 |
| M77 | 机构人员名称 |
| M78 | 组织机构代码 |
| M79 | 个人职位 |

　　表 11-3 描述了文书类电子文件元数据中业务实体元数据包含的元数据元素及其结构。

表 11-3　业务实体元数据

| 编　号 | 元　数　据 |
| --- | --- |
| M80 | 业务状态 |
| M81 | 业务行为 |
| M82 | 行为时间 |
| M83 | 行为依据 |
| M84 | 行为描述 |

表 11-4 描述了文书类电子文件元数据中实体关系元数据包含的元数据元素及其结构。

表 11-4　实体关系元数据

| 编　号 | 元　数　据 |
| --- | --- |
| M85 | 实体标识符 |
| M86 | 关系类型 |
| M87 | 关系 |
| M88 | 关系描述 |

# 第二节　元数据在电子文件中的作用

## 一、电子文件管理需要元数据

电子文件元数据是描述电子文件背景、内容、结构及其整个管理过程，并可为计算机及其网络系统自动辨析、分解、提取和分析归纳的数据。它既可用于保障相关电子档案的真实性、完整性、一致性、关联性和长期有效性；又可帮助对分布式网络环境下的电子档案进行有效的集成管理和协助提供集成服务，更是构建数字档案馆信息组织体系必不可少的工具。

### 1. 电子文件元数据的管理是信息技术发展必然的结果

由于技术的快速发展，使电子文件长期保存面临着巨大的挑战，这种挑战主要来自以下方面。

（1）在政策层面，尚未针对完整的电子文件生命周期来建立相关的政策和协调机制。

（2）在技术层面，信息技术经常的格式转换（Paradigm Shifts in Information Technology），造成无法有效保障电子文件的真实性、完整性和持久的有效性。

具体体现有：①数字信息所依靠的软硬件易于过时作废，造成数字媒体寿命的短暂性；②数字信息必须依赖特定的软件，否则无法独立存在；③数字信息的呈现方式和查询接口各不相同；④数字信息压缩储存与传递过程中，资料容易流失。

（3）在数字信息利用过程中，自然衍生出的著作权、确定性与可信赖性等方面，有时难以界定。

（4）信息技术的多样性和多种软硬件技术平台的存在，形成了多种互不兼容的计算机信息系统和异构的电子文件，使信息孤岛现象普遍存在。

以上几方面的挑战归结起来就是既要确保电子文件的真实性、完整性和持久有效性，同时又要能够集成管理分布式储存状态下的异构电子文件，打破信息孤岛现象，实现信息共享。为此，必须设计有效保障电子文件的真实性、完整性、长期保存需求和有效实现电子文件集成管理与集成服务的元数据方案，使电子文件能够具有证据价值、持久有效性，并能通过集成管理提供集成服务。

### 2．电子文件本身的特性及其档案化，需要电子文件元数据的管理

元数据管理是电子文件管理中必不可少的一部分。电子文件管理在不同方面涉及元数据。最初，在文件捕获阶段，元数据对文件进行规定，目的是将文件置于相应的业务背景中并对其进行管理上的控制。

随着时间的推移，元数据不断积累。所有的元数据都是为了保证电子文件的真实性、可靠性、可用性和完整性，而不论是在捕获阶段形成的还是与后续过程相关的。元数据有助于对电子档案的管理和理解，但是，它本身也需要管理。

档案管理也涉及元数据的管理。然而，数字环境下的管理需求与传统环境下的管理需求表达方式不同；需要用不同的方法识别、捕获、创建和利用元数据，在数字环境下，除非附加了定义其关键特征的元数据，而且这些特征必须明确表达出来，否则文件将不复存在。而在纸质环境下，这些特征是不言而喻的。数字环境为我们定义、形成元数据进而完整、及时地捕获文件提供了可能，因此有必要保证在形成和管理文件的系统中自动实现对档案管理元数据的捕获。

### 3．统一的电子文件元数据管理有利于在全行业范围内统一电子文件的数据库结构，有利于行业电子文件的交换

例如，随着飞机数字化工程的实施，航空工业各企事业单位也形成了数量庞大的电子文件和电子档案。根据不完全统计，目前形成的电子档案数量十分巨大。但这些电子档案的元数据结构却五花八门，一个单位一个样。然而，我

国航空工业是一个具有大协作模式的航空工业，厂与所之间、厂与厂之间、所与所之间存在着大量的数据交换，但是由于元数据不统一，给电子文件交换造成很多困难，不少归档文件无法识别，存储格式更是多种多样，同时也给归档带来诸多困难。

### 4. 电子档案元数据管理是统一电子文件和档案管理平台的需要

随着信息技术广泛深入的应用，信息管理系统在各行各业得到广泛应用。以我国航空工业为例，中航工业各成员单位都实施了相应的管理系统，如 OA、PDM、CAPP、CRM 等，有些系统本质上就是一个文件管理系统，如 OA、PDM，这些文件的元数据大部分由这些管理系统产生，而产生什么样的元数据是由该系统在设计和实施时决定的。由于没有一个统一的元数据管理方案，各单位开发和实施的管理系统在元数据的形成和捕获方面不尽相同，同一个元数据在不同的单位也有不同的含义，这给电子文件归档和交换带来了困难。一个统一的元数据管理方案，并且规定哪些元数据在哪些过程中形成，使系统开发时就对元数据的项目和捕获节点进行规划，从而有利于形成统一的文件和档案管理平台，有利于行业内单位之间的协作。

因此，元数据管理是电子文件管理中必不可少的一部分，电子文件管理在不同方面都涉及元数据的管理。

## 二、元数据是电子文件管理的关键

文件管理由纸质载体转移到计算机系统，电子文件通过计算机系统进行管理，元数据能够保证电子文件客观有效、完整而不被修改（丢失），并具有长期可读性。元数据在探索解决由机读载体而带来的新课题上发挥出自身独有的优势，成为电子文件管理的关键所在。元数据被国外学者喻为电子文件管理系统中的"血液（blood）"，其重要程度可见一斑。

### 1. 元数据有效加强了电子文件的凭证作用

较之纸质文件，电子文件具有信息与载体易分离、信息易更改等特点，使电子文件中的信息存在着易被删改、复制或丢失的可能，而且不留任何痕迹。

因此，电子文件的原始性与凭证性往往受到质疑。

（1）纸质文件的逻辑结构（即文件信息内容的逻辑组织）与物理结构（即文件信息内容在载体上的实际安排）是一致的。纸质文件内容、结构和背景信息结合在一起固化在纸质载体上的。

（2）电子文件的内容、结构、背景三要素不一定存在于一个载体上的物理空间。在长期的保管过程中，电子文件必须从一种存储载体转至其他存储载体，因为在一种存储载体上存储时间最长一般不超过30年。

元数据是文件形成、利用、保管过程中，忠实于文件的真实反映，而不是档案工作人员根据个人意志随意赋予的信息。元数据由电子文件管理系统在电子文件形成过程中自动从文件中抽取，在电子文件利用的过程中动态产生，由电子文件管理系统按功能软件同步生成。

元数据一经形成，就被封装起来，使其只能被写入和读取，不能被改动和删除。形成的元数据系统与文件同时保存，作为活动和事务处理的凭证。因此，元数据反映了文件结构和背景，与文件内容同时保存，能够有效保障文件的凭证价值。同时，元数据对文件利用信息的采集，使得电子文件作为凭证的要求进一步得以保证。通过权限、密级、密码的控制，元数据能够控制利用文件的用户级别，杜绝非法用户介入，使得电子文件不能轻易被打开，减少改动电子文件机会，从而加强了电子文件的凭证作用。

### 2．元数据有力充电子文件的著录

对传统纸质文件的智力控制（Intellectural Control）也称为著录，是发生在文件的形成、使用、鉴定完毕之后。传统方法编制的档案目录、档案指南以及其他检索工具已不能系统解决电子文件的著录问题。

（1）传统的著录方式是静态的。在文件归档之后再对文件进行著录，也就是说这种著录形成于文件进入档案馆之后，因此，它不能揭示整个文件形成利用过程中各阶段的演化与发展。

（2）传统的著录方式是线型的、一维的，只能反映文件的等级结构，而不能准确表达电子文件内部以及电子文件之间各种各样的复杂联系。

（3）传统的著录方式只是处于档案管理中的一个整理环节中。既不介入文件的形成阶段，也不介入文件的利用阶段。

较之传统著录，元数据在著录系统上进行了加强和提高，是动态的、多维的，而且是过程性的著录方式。

（1）元数据主要是在文件形成、利用、保管时通过计算机技术从文件中自动抽取的。元数据系统可作用于文件的整个形成过程与利用过程，能动态地获取文件在变化发展过程中所需的情况。

（2）元数据系统可反映文件的多种联系。文件之间的联系是多种多样的，不仅可根据文件的整理级别构成等级结构，也可以根据责任者相同将文件联系在一起，还可因文件主题相同将文件联系起来。

### 3．元数据可以在一定程度上保证电子文件的长期可读性

电子文件由于其依赖于所形成的软硬件设备，根据计算机发展的"摩尔定律"，计算机平台更新换代的周期平均为 18 个月。所以，将来要想用计算机设备读出已过时软件中保存的信息，重新反映文件的原貌是不现实的。同时也不能指望仅凭软件的说明重新制作出之前已过时的软件。

要保证电子文件的长期可读性，除了把文件内容及时转录到新的存储载体中之外，另一种解决办法就是把电子文件及与其有关的系统说明、运行环境说明、软硬件设备说明等这些元数据一起保存，以便将来以计算机的仿真方式仿真出阅读文件所需的系统。

# 第三节　电子文件元数据管理

## 一、元数据的管理过程

之前，元数据的管理标准或规范主要在于元数据的框架和定义，专注于元数据的列举，而对于元数据的管理过程几乎没有涉及。一直以来，元数据是作为电子文件的一部分而进行管理的。

但是，作为电子文件管理中的关键，元数据本身也需要管理，也有管理过程。对于附着在电子文件上的元数据，其管理过程与电子文件相比，既有相同之处，也有区别之处。其区别之处在于元数据的维护，元数据在电子文件管理过程中不断增加，这个管理过程是元数据特有的。

如图 11-5 所示，可将元数据的管理过程分为元数据捕获、元数据存储、元数据维护和元数据利用四个阶段。

图 11-5　元数据的管理过程

### 1. 元数据捕获

元数据有两种捕获方式，一是与电子文件捕获归档时同时捕获，二是在电子文件管理过程中通过移交、管理系统自动记录或者著录的方式捕获。由于元数据与电子文件相随而生，为保证元数据的完整，在电子文件管理系统设计与开发时就应对元数据的捕获方式进行规划，设计出捕获的节点。元数据是在电子文件的整个生命周期内不断增加的，元数据的捕获也贯穿于电子文件的整个生命周期。

### 2. 元数据存储

元数据的存储涉及数据结构。但是，从物理方面看，元数据有两种存储方式。

（1）与电子文件一起存放。例如，版式文件元数据，电子文件本身的特征包含了元数据；

（2）在数据库中分别存放。

在实际操作时，可以采取两种方式中的一种方式或两种方式同时使用，具体采取哪一种方式可根据管理需求、经费需求和业务系统运行需求来决定。

### 3. 元数据维护

元数据的维护就是保持元数据要素之间的关系，以及元数据要素和其所描述的电子文件之间的稳定。在因迁移或其他保管方法而产生的各种电子文件变化过程中，元数据要素和电子文件之间的链接应得到正确持续的维护。

### 4. 元数据利用

元数据的利用主要包括元数据控制授权，并记录元数据的利用过程。

## 二、元数据的捕获节点

元数据的捕获节点是元数据管理的重要工作，应在系统实施时进行规划。

根据《文书类电子文件元数据方案》（DA/T46）所定义的元数据项，元数据来源主要有电子文件的形成系统（也称业务系统）和电子档案管理系统。本着最便利原则和前端控制原则，电子文件元数据的捕获节点规划可做如下规划。

### 1. 下列元数据应在形成系统或业务系统时生成或捕获

题名、并列题名、副题名、说明题名文字、文件编号、责任者、日期、文种、紧急程度、主送和抄送、密级、保密期限、件数、页数、语种；格式信息、计算机文件名、计算机文件大小、文档创建程序、信息系统描述、数字化对象形态、扫描分辨率、扫描色彩模式、图像压缩方案；电子签名数据（包括签名规则、签名时间、签名人、签名结果、证书、证书引证、签名算法标识）。

### 2. 下列元数据应在电子档案管理系统中生成或捕获

档案馆名称、档案馆代码、全宗名称、立档单位名称、全宗号、目录号、年度、保管期限、室编案卷号、馆编案卷号、室编件号、馆编件号、文档序号、页号、摘要、当前位置、脱机载体编号、脱机载体存址、缩微号。

### 3. 下列元数据在业务系统和电子档案管理系统任何一方形成和捕获均可

主题词、关键词、人名、机构或问题、类别号、分类号、知识产权说明、授权对象、授权行为、控制标识。

### 4. 下列元数据可能会是在业务系统和电子档案管理系统中均有形成

机构和人员元数据（包括机构人员类型、机构人员名称、组织机构代码、个人职位），业务实体元数据（包括业务状态、业务行为、行为时间、行为依据、行为描述），实体关系元数据（包括实体标识符、关系类型、关系、关系描述）。

其他类型电子文件和电子档案元数据的形成捕获节点可参照上述方法规划。

元数据也有必备项和选择项，元数据标准中规定的必备项，在管理过程中必须产生。

图 11-6 所示描述了各种类型的元数据在电子文件生命周期中的捕获来源。

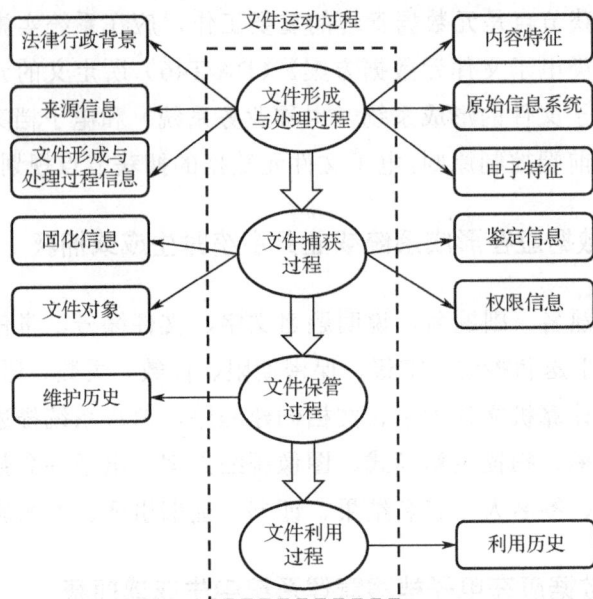

图 11-6 各种类型元数据在电子文件生命周期中的捕获来源

# 第四节 电子会计档案元数据

电子会计档案的主要存储格式为 PDF 版式文件，因此，其元数据主要可以参考 DA/T46—2009。当然，在文件实体元数据中，可根据需要增加体现电子会计档案特点的元数据。本节主要介绍在电子会计资料归档时，需从业务系统捕获过来的背景元数据和日志类元数据，这两类元数据易忽略。

## 一、部分背景元数据

表 11-5 中的元数据必须在归档时从业务系统捕获并传输到电子档案管理系统。

表 11-5  归档时应从业务系统捕获的元数据

| 业务元素标识符 | 业务元素名称 | 级 别 | 是否虚元素 |
|:---:|:---:|:---:|:---:|
| 070101 | 输出文件 | 2 | 是 |
| 070102 | 文件编号 | 3 | 否 |
| 070103 | 文件名 | 3 | 否 |
| 070104 | 格式版本 | 3 | 否 |
| 070105 | 文件格式 | 3 | 否 |
| 070106 | 会计软件 | 2 | 是 |
| 070107 | 会计软件名称 | 3 | 否 |
| 070108 | 会计软件版本 | 3 | 否 |
| 070109 | 会计软件开发商 | 3 | 否 |
| 070110 | 数据输出人信息 | 2 | 是 |
| 011101 | 用户编码 | 3 | 否 |
| 011102 | 用户名称 | 3 | 否 |

元素说明如下：

元素标识符　　：　070101

元素名称　　　：　输出文件

说明　　　　　：

数据类型　　　：

长度　　　　　：

注释　　　　　：

是否必须　　　：

是否归档　　　：

元素标识符　　：　070102

元素名称　　　：　文件编号

说明　　　　　：　输出的存档文件编号

数据类型　　　：　字符

长度　　　　　：　最多 60 位

注释　　　　　：　例如：GLCOA20151020

是否必须　　　：　是

是否归档　　　：　是

| 元素标识符 | ： | 070103 |
|---|---|---|
| 元素名称 | ： | 文件名 |
| 是否虚元素 | ： | 否 |
| 说明 | ： | 输出的存档文件名称 |
| 数据类型 | ： | 字符 |
| 长度 | ： | 最多 200 位 |
| 注释 | ： | |
| 是否必须 | ： | 是 |
| 是否归档 | ： | 是 |
| 元素标识符 | ： | 070104 |
| 元素名称 | ： | 格式版本 |
| 是否虚元素 | ： | 否 |
| 说明 | ： | 存档文件格式版本 |
| 数据类型 | ： | 字符 |
| 长度 | ： | 最多 20 位 |
| 注释 | ： | |
| 是否必须 | ： | 是 |
| 是否归档 | ： | 是 |
| 元素标识符 | ： | 070105 |
| 元素名称 | ： | 文件格式 |
| 是否虚元素 | ： | 否 |
| 说明 | ： | 输出存档文件的格式名称 |
| 数据类型 | ： | 字符 |
| 长度 | ： | 最多 200 位 |
| 注释 | ： | 例如：PDF、XML、TXT |
| 是否必须 | ： | 是 |
| 是否归档 | ： | 是 |
| 元素标识符 | ： | 070106 |
| 元素名称 | ： | 会计软件 |
| 说明 | ： | |
| 数据类型 | ： | |
| 长度 | ： | |

| | | |
|---|---|---|
| 注释 | : | |
| 是否必须 | : | |
| 是否归档 | : | |
| 元素标识符 | : | 070107 |
| 元素名称 | : | 会计软件名称 |
| 是否虚元素 | : | 否 |
| 说明 | : | 会计软件名称 |
| 数据类型 | : | 字符 |
| 长度 | : | 最多 20 位 |
| 注释 | : | |
| 是否必须 | : | 是 |
| 是否归档 | : | 是 |
| 元素标识符 | : | 070108 |
| 元素名称 | : | 会计软件版本 |
| 是否虚元素 | : | 否 |
| 说明 | : | 会计软件版本 |
| 数据类型 | : | 字符 |
| 长度 | : | 最多 20 位 |
| 注释 | : | |
| 是否必须 | : | 是 |
| 是否归档 | : | 是 |
| 元素标识符 | : | 070109 |
| 元素名称 | : | 会计软件开发商 |
| 是否虚元素 | : | 否 |
| 说明 | : | 会计软件开发商名称 |
| 数据类型 | : | 字符 |
| 长度 | : | 最多 200 位 |
| 注释 | : | |
| 是否必须 | : | 是 |
| 是否归档 | : | 是 |
| 元素标识符 | : | 070110 |
| 元素名称 | : | 数据输出人信息 |

是否虚元素 ： 是

说明 ：

数据类型 ：

长度 ：

注释 ：

是否必须 ：

是否归档 ：

# 二、日志类元数据

表 10-6 所示是业务系统需要生成的日志类元数据，是保证电子会计档案真实性的元数据，归档时需要从业务系统捕获并传输至电子档案管理系统。

表 10-6　日志类元数据表

| 业务元素标识符 | 业务元素名称 | 级　　别 | 是否虚元素 |
|---|---|---|---|
| 011101 | 用户编码 | 2 | 否 |
| 011102 | 用户名称 | 2 | 否 |
| 060101 | 业务对象名称 | 2 | 否 |
| 060102 | 操作时间 | 2 | 否 |
| 060103 | 操作类型 | 2 | 否 |
| 060104 | 操作信息 | 2 | 否 |

元素说明如下：

元素标识符 ： 060101

元素名称 ： 业务对象名称

是否虚元素 ： 否

说明 ： 操作的业务对象名称

数据类型 ： 字符

长度 ： 最多 30 位

注释 ： 至少包含以下业务对象：

1．会计科目

2．记账凭证

3．会计期间

| | | |
|---|---|---|
| 是否必须 | ： | 是 |
| 是否归档 | ： | 否 |
| 元素标识符 | ： | 060102 |
| 元素名称 | ： | 操作时间 |
| 是否虚元素 | ： | 否 |
| 说明 | ： | 操作结束的日期和时间 |
| 数据类型 | ： | 字符 |
| 长度 | ： | 最多 30 位 |
| 注释 | ： | 遵循 GB/T 7408-2005 表示为"CCYYMMDD HH：MM：SS" |

| | | |
|---|---|---|
| 是否必须 | ： | 是 |
| 是否归档 | ： | 否 |
| 元素标识符 | ： | 060103 |
| 元素名称 | ： | 操作类型 |
| 是否虚元素 | ： | 否 |
| 说明 | ： | 操作的类型 |
| 数据类型 | ： | 字符 |
| 长度 | ： | 最多 30 位 |
| 注释 | ： | 例如：增加、删除、修改；至少包含以下操作类型 |

1．会计科目：新增/修改/停用/启用

2．记账凭证：（记账后的）修改

3．会计期间：打开/关闭

| | | |
|---|---|---|
| 是否必须 | ： | 是 |
| 是否归档 | ： | 否 |
| 元素标识符 | ： | 060104 |
| 元素名称 | ： | 操作信息 |
| 是否虚元素 | ： | 否 |
| 说明 | ： | 操作的详细信息描述 |
| 数据类型 | ： | 字符 |
| 长度 | ： | 最多 10000 位 |
| 注释 | ： | 至少包含以下元素的变动信息 |

1. 会计科目：科目编号/科目名称/科目级次/科目类型/余额方向

2. 记账凭证：记账凭证日期/记账凭证类型编号/记账凭证编号/附件数/记账凭证摘要/科目编号/辅助核算项编码/借方原币金额/借方本币金额/贷方原币金额/贷方本币金额

3. 会计期间：会计年度/会计期间号/会计期间状态

是否必须　：　是

是否归档　：　否

# 第十二章 电子文件的法律凭证作用

## 第一节 电子文件与电子证据

### 一、电子文件凭证性问题的来由

人类使用文件和对文件归档已经有几千年的历史,但在电子文件产生之前,人类并没有对文件和档案长期的真实性产生过怀疑,即使有怀疑,也可以通过各种办法予以解决。但是,当电子文件出现后,人类发现有时确定其真实性存在很大难度。

主要原因在于电子文件本身的特点。

一是电子文件的非直读性使文件的真实内容和本质被隐藏,难以直观辨认,引起人们对电子文件的真实性产生怀疑。

二是电子文件容易被篡改,而且不留痕迹。

三是电子文件的存储对硬件和软件有相对的依赖性。

电子文件一般是由数字设备生成的,产生于一定的硬件和软件环境。以前由于受信息技术发展水平的制约,数字产品的硬件、软件更新换代后,相互之间的兼容性较差,造成电子文件对原生环境存在依赖性。

四是电子文件与特定载体之间的分离性、信息的易变性、存储的高密性、多媒体的集成性、信息与载体的不固定性以及信息的可操作性等技术特征给电子文件管理造成了前所未有的难度。

由于电子文件的管理难度,不但要求文件管理人员在管理技术手段上要更加先进,而且对管理理论、原理、方法要认真加以研究,从中探索出适用于电子文件管理的有效措施。

在这些问题中,电子文件的真实性和长期性管理是最为重要的问题。真实性关系到电子文件的价值,长期性关系到电子文件的后期利用。

## 二、电子文件的原始性与真实性

自电子文件产生起,其原始性就一直是学术界研究的热点,也是决定其作用的重要条件。在纸质状态下,文件的原始性是与文件的物理载体相联系的。一份文件通过复印机输出复印件,被复印的称为原件,具有原始性,复印的称为复印件,不具有原始性。但在电子状态下,一份电子文件经拷贝,形成拷贝件,而其内容并没有任何修改,是否还具有原始性呢?尽管该电子文件从一个载体复制到了另一个载体,载体已不是原始的,但电子文件的内容并没有变化,应该是具有原始性的。

正是由于电子文件复制后内容的不变性,因此不能套用纸质文件的原始性来定义和描述电子文件的原始性。随着研究的深入,人们认识到在信息时代决定电子文件证据力的不是其原始性,而是其真实性。

根据 ISO15489.1,档案的真实性有以下三层含义:

(1)档案与其用意相符;

(2)档案的形成和发送与其既定的形成者和发送者相吻合;

(3)档案的形成或发送与其既定时间一致。

国际档案理事会将真实性定义为"文件能够被证实与其所称的相符;确由生成者或发送者生成或发送;在其所称的生成或发送时间内生成或发送。"这个定义与 ISO15489.1 定义基本相同。

我国档案专业标准也较早对电子文件的真实性进行了定义,2002 年发布的《电子文件归档与管理规范》对真实性作了如下定义:

真实性指对电子文件的内容、结构和背景信息进行鉴定后,确认其与形成时的原始状况一致。

国家标准的这个定义尽管与国际标准定义基本相同,但其定义方式和含义与国际标准还有较大差别。

随着研究的深入,我国档案界也在对真实性的定义进行调整,使之更能够表达其本来的含义。2014 年发布的《电子档案管理基本术语》(DA/T58—2004)将真实性定义为"电子档案的内容、逻辑结构和背景与形成时的原始状况相一致的性质"。这个定义基本继续了 GB/T18894—2002 的定义,是典型的中国式定义。这几个标准都是国家标准或档案专业标准,具有权威性,是国家档案工作的重要依据。

文件管理的目的是使用，其中最重要的目的是电子文件在司法实践中的作用。因此，电子文件的真实性，应以《中华人民共和国电子签名法》（以下简称《签名法》）为准。《签名法》第五条规定：

"能够有效地表现所载内容并可供随时调取查用""能够可靠地保证自最终形成时起，内容保持完整、未被更改。但是，在数据电文上增加背书以及数据交换、储存和显示过程中发生的形式变化不影响数据电文的完整性"的电子文件，视为满足法律、法规规定的原件形式要求。

第六条进一步规定：

"数据电文的格式与其生成、发送或者接收时的格式相同，或者格式不相同但是能够准确表现原来生成、发送或者接收的内容""能够识别数据电文的发件人、收件人以及发送、接收的时间" 可视为原件，即具有原始性。

因此，可以认为，电子文件符合上述要求在法律上是具有原始性的。

## 三、电子文件的法律证据效力

一直以来，我国档案界都在争论电子文件的法律效力。2005年，我国出台了《中华人民共和国电子签名法》，第三条规定"民事活动中的合同或者其他文件、单证等文书，当事人可以约定使用或者不使用电子签名、数据电文。当事人约定使用电子签名、数据电文的文书，不得仅因为其采用电子签名、数据电文的形式而否定其法律效力。"由此可以看出，自从电子签名法颁布之后，电子文件是具有法律效力的。

但是，《中华人民共和国电子签名法》规定的只是电子文件的法律效力，其是否具有法律证据效力，则要依据证据法的规定。

2007版《中华人民共和国刑事诉讼法》和《中华人民共和国民事诉讼法》并没有明确电子文件的法律证据效力。例如，2007版《中华人民共和国民事诉讼法》在第六章第六十三条规定：

"证据有下列几种：

（一）书证；

（二）物证；

（三）视听资料；

（四）证人证言；

（五）当事人陈述；

（六）鉴定结论；

（七）勘验笔录。

以上证据必须查证属实，才能作为认定事实的根据。"

这版《民事诉讼法》并没有将电子数据或数据电文作为证据使用。但是有不少学者将视听资料与数据电文或电子文件等同起来，认为数据电文或电子文件与视听资料的形式相同，可以作为视听资料形式证据成为法律证据。

上述说法比较牵强，视听资料是与书面形式相比较而言的，允许视听资料作为法律证据，并不等于数据电文或电子文件可以作为证据使用。

但是，2012 年修订的《刑事诉讼法》做了修改，即将原来的第四十二条内容改为第四十八条，修改为：

"可以用于证明案件事实的材料，都是证据。

证据包括：

（一）物证；

（二）书证；

（三）证人证言；

（四）被害人陈述；

（五）犯罪嫌疑人、被告人供述和辩解；

（六）鉴定意见；

（七）勘验、检查、辨认、侦查实验等笔录；

（八）视听资料、电子数据。

证据必须经过查证属实，才能作为定案的根据。"

《民事诉讼法》也同时做了相应修改。

修改后的《刑事诉讼法》和《民事诉讼法》已经明确将"电子数据"作为证据列出，至此，数据电文或电子文件才可以真正成为法律证据的一部分。那么电子数据或电子文件在什么样情况下，或符合什么条件，或怎么样才能符合"查证属实"的条件呢？这个问题的答案就是《中华人民共和国电子签名法》的相关要件和证据法的相关要件。《中华人民共和国电子签名法》相关要件已在本书 1.3.1 小节中提出，读者可参考。

2019 年 4 月 30 日，国务院下发《关于在线政务服务的若干规定》，其中第十二条规定，"符合档案管理要求的电子档案与纸质档案具有同等法律效力"

因此，符合档案管理要求的电子会计档案是具有法律凭证作用的。

# 第二节　真实性管理方案

电子文件与电子档案的真实性管理应采用技术和管理相结合的方式，保证电子文件在收集、移交、检测、整理和电子档案保管、利用、迁移、移交进馆等过程中操作的不可抵赖性、数据存储的完整性、用户身份的真实性，并妥善管理在运行过程中使用的密码、密钥等认证数据，保证电子文件和电子档案信息不被非法更改。

## 一、制定相应的风险控制策略

制定相应的风险控制策略，防止业务系统、电子档案管理系统在运行和业务处理过程中发生有意或无意的改变信息的完整性和真实性，并具备有效的业务容量扩充性、业务连续性计划和应急计划。

## 二、电子文件在收集过程中的真实性保证

保证接收归档的电子文件来源可靠，即归档的电子文件来自可靠的系统或人员。采用在线归档时，应保证与电子档案管理系统衔接的业务系统的可靠性。采用离线或手工归档时，通过多人监督，保证归档移交过程中归档电子文件不被非法更改。

## 三、电子文件鉴定、整理、移交过程中的真实性保证

### 1. 采用电子档案管理系统保证电子档案的真实性

完善的系统功能是保证电子档案真实性的有效措施，因此，电子档案管理系统必须符合以下真实性保证功能需求。

（1）电子档案管理系统必须能够确保电子档案保存完整且不被修改，对电子档案进行的任何非常规的改动均能记录在相关的元数据中；能维持系统中电子档案及其元数据的技术、结构和关系的完整性。

（2）电子档案管理系统必须能够进行访问控制，即能够根据用户角色，限定对某些系统功能的使用权限，并进行严格系统的监管控制。用户角色定义见表 12-1。

表 12-1　用户角色定义参考表

| 用户类别 | 系统访问级别 |
|---|---|
| 普通用户 | 指任何有权接收、审核、使用电子档案管理系统中电子档案的人员。这是企业大多数员工拥有的访问权限的标准级别 |
| 授权用户 | 指具有特殊访问权限的用户，允许有比普通用户更多访问权限的用户，如具有比普通用户访问更多电子档案的权限，能够使用比普通用户更多的功能 |
| 档案管理员 | 被指派对电子档案管理系统中电子档案的内容及其使用进行设置、监控和管理的人员 |
| 系统管理员 | 负责设定和取消分配给用户及授权用户访问权限的人员 |

（3）电子档案管理系统必须建立安全控制机制，仅允许授权的档案管理员设定用户参数文件，并分配用户组成员；限定特定的用户或用户组访问电子档案及其元数据，修改单份文件的密级，更改用户组或用户的安全属性（如访问权限、安全级别、优先权、初始密码的分配和管理）。

（4）电子档案管理系统必须划定安全级别，仅允许授权的档案管理员对用户的参数文件属性进行设定，这些属性决定了用户可以使用的功能、可以访问的元数据、可以访问的文件或案卷。这些属性具有的功能包括：禁止未能通过用户参数文件属性身份认证的用户访问电子档案管理系统，限制用户访问特定的文件或案卷；能够根据用户的安全许可限制用户的访问，限制用户使用某些特定的功能（例如读取、更新/删除特定的电子档案的管理元数据字段），超过规定的日期之后拒绝访问，将用户分配到一个或多个用户组内；能够为用户提供控制功能那样，为角色提供相同的控制功能；能够建立与某一电子档案或案卷相关的用户组；允许某一用户成为多个用户组的成员；能够限制用户对部分目录的访问；允许某一用户规定由其负责的文件可以由哪些用户或用户组访问。

（5）电子档案管理系统能够执行安全控制，任何一份电子档案的安全等级一旦出现下调，系统必须能够及时发出警示，并在完成该操作前等待确认；对电子档案密级做出任何改变的所有细节，都能记录在所涉及的电子档案或案卷的元数据中；当某一用户超过权限访问电子档案时，系统要么只显示该电子档案的标题和元数据，或只显示存在该电子档案但不显示其标题或元数据，或不显示任何信息，或不以任何方式表明其存在；其中涉密的电子档案发生超权限访问时，应不显示任何信息，并不以任何方式表明其存在；能够杜绝在全文搜索或其他搜索的目录中包含该用户无权访问的任何文件；如果管理设定允许用户对电子档案进行超权限访问或访问尝试，系统必须能够将这些访问记录在电子档案的元数据中。

（6）电子档案管理系统能够对电子档案管理过程元数据进行有效管理，包括：对电子档案实施的管理操作能生成不可更改的元数据，记录操作的类型、具体操作的内容、执行操作的日期和时间；元数据管理功能无须人工干预便可追踪事件并存储元数据；依据规定的保管期限保存元数据；确保元数据在得到请求时随时供审查；导出电子档案不影响已形成的元数据；能够对违规行为或未遂的违规行为予以识别并记录。

（7）电子档案管理系统能够追踪电子档案的移动，系统具有追踪功能以监控和记录有关电子档案的位置及其移动的信息，这些信息包括文件或档案号、当前位置及用户定义的之前编号的位置、电子档案从该位置移动发送的日期、电子档案从该位置移动接收的日期、实施该项移动操作的用户。

## 2. 手工管理电子档案的真实性保证

通过多人监督、特征比对等方式确保电子档案在整理、移交、鉴定、保管、利用等过程中电子档案不被非法更改；采用存储环境管理等方式确保离线存储的电子档案不被非法更改。

采用实时连续监控、信息确认技术等措施确保离线备份和离线传递的电子档案不被非法更改。

保证电子档案管理系统运行维护过程中电子档案真实、不被非法更改；应制定有效的运行维护管理制度，保证对系统维护更改都必须经过审批；对电子档案管理系统施行的任何维护性更改都应事先在测试环境中进行测试并确保不会对电子档案及其元数据施加影响方可在正式的电子档案管理系统中实施更新。

### 3. 企业应采取有效措施保证电子档案管理系统中的职责分离

（1）电子档案管理系统开发人员与系统用户保持分离状态；电子档案管理系统用户、系统管理员、日志审核员等保持分离状态。

（2）电子档案管理流程和管理制度的设计应确保本企业任何单个雇员都无法独立完成一条记录的操作。

（3）对电子档案管理系统进行测试，确保职责分离的实现。

# 第三节　真实性管理的系统需求

电子文件归档和电子档案真实性管理要求应落实到电子档案管理系统中。设计电子档案管理系统时，应将这些需求得到落实。

## 一、安全等级划分

电子档案管理系统应根据国家关于信息安全等级保护的相关要求，对信息系统的安全等级进行确认。

## 二、密级标识

应根据机构信息安全及密级划分的相关制度规定，对档案数据及人员分别进行密级划分，人员可以查阅同等密级及以下级别的文件。

任何一份电子档案的密级一旦出现下调，系统必须能够发出警示，并在完成该操作前等待确认；对电子档案密级做出任何改变的所有细节都能记录在所涉及的电子档案元数据中。

## 三、身份识别

电子档案管理系统应能对用户进行身份识别，判断用户身份的合法性、用户密级、用户权限等，身份识别的方式可以有多种，如常用的账号密码识别、与 CA 系统集成实现身份识别、UKey 识别等，如果条件允许，也可采用指纹识别、虹膜识别等技术。

## 四、权限控制

电子档案管理系统的每个用户都必须配置相应的权限，包括功能权限及数据权限，数据权限应支持按照不同维度进行配置，规则可灵活设定。不允许出现用户越权访问电子档案。当某一用户超过权限访问电子档案时，系统要么只显示该电子档案的标题和元数据，或只显示存在该电子档案但不显示其标题或元数据，或不显示任何信息，或不以任何方式表明其存在。

## 五、审计跟踪

电子档案管理系统应提供完善的日志记录和审计功能，做到管理过程可追溯。

## 六、元数据管理

元数据的捕获与管理在业务系统、电子档案管理系统中都应进行相应功能的建设，保障元数据收集齐全、数据规范、不被非法篡改等，并能按照集成要求、电子档案管理要求和长期保存要求对元数据进行捕获、检测等。

## 七、四性检测

电子档案管理系统应根据"四性检测"的具体方案和要求，建设"四性检测"的相关功能，包括监测策略及方案配置、检测、出具检测报告、风险警告等。

# 八、数据技术处理

应对保存和传输的数据进行技术处理，如应能采用相关技术进行电子文件加密或认证，并能对加密或认证的结果进行检验。

# 第十三章　电子会计档案的长期性管理

## 第一节　电子档案的长期性及其要求

### 一、长期性的含义

OAIS 认为，电子文件长期保存是指在较长的时间阶段里，以正确、可理解的格式维护信息的活动，其含义包括以下几个方面。

（1）数字信息的可读性

当今的数字存储介质至多只能维持几十年，而且存储介质有易碎、易损、易变质等问题，它会随着时间的推移而变得越来越不可靠。尽管数字信息管理者对这些存储介质采取了某些保护措施（例如建立良好的保护环境），但是随着时间的推移最终还是需要更换，因为存储介质的损坏将直接造成数字信息不可读。

（2）数字信息的可用性

数字信息的可用性是指数字信息可以被人或电脑阅读和处理。数字信息从形成、传输到存储都是通过计算机实现的，因此数字信息与计算机系统中的各种设备有着密不可分的关系，也可以说计算机操作系统与硬件设备是生成数字信息的前提和基础，决定了数字信息对相应的软、硬件系统的依赖性，而对其他软硬件环境则可能不兼容。但是计算机硬件设备（如磁盘或磁带的驱动器）和操作系统的更新换代给信息处理、信息存储、信息传输和信息阅读带来极大便利的同时，将造成旧的软、硬件易过时作废。因此，如何解决旧数字信息适应新的电子环境，成为了数字信息管理者关注的问题。如果这个问题不解决，最终的结果就是旧的数字信息将不能被人或电脑阅读和处理。解决了这问题也就意味着保证了数字信息的持久可用性。

（3）数字信息的可理解性

数字信息的可理解性是指数字信息的格式化内容可以被它的使用者理解。

无论是传统文件还是电子文件，通常由格式与内容构成，只是传统文件的格式与内容固定在某一载体（例如纸张）上，一经结合就不易分开，而且无须借助任何工具就可以使人理解。而数字信息的格式化内容则无法独立存在，必须依赖特定的软件才能阅读。然而由于技术的快速发展，这些软件容易过时，容易被新版本软件所替代，有些甚至消亡。尽管有些软件在更新换代时仍然考虑与以前的内容兼容，但是还有一些软件并不兼容以前的内容，而且不兼容的现实在计算机技术发展的短短几十年内比较多，大量的数字信息由于内容或格式的丢失造成了信息的不可理解，这些信息随着技术的发展最终将失去长期保存的价值。

（4）数字信息的完整性

数字信息的完整性是指数字信息是齐全的，并且未加改动。随着计算机技术的发展，人们为了追求使用信息的方便性、直观性与可视效果，往往采用多种格式与多种技术来产生数字对象。目前，文字与图形、声音、影像等多种媒体信息能够完美组合在一起构成数字信息内容，与传统文献相比，数字文献的信息形态更具多样化和复杂化。一个数字信息不再仅仅由一个独立的文件组成，而是由一组具有独立格式和内容的文件构成。由于信息与载体具有分离性，当载体处于联机状态时也许不会出现问题，如果这些载体都是脱机保存，则有可能造成混乱，处理不当会直接影响到数字信息的完整性。

此外，不同的数字信息可能拥有不同的呈现与查询接口，这种呈现与查询接口则代表对数据结构化的处理，以及表现数据库内容的不同观点（或格式）。所以如果不能重构原来的观点，也就失去了数据信息原来的组织观点，信息也将变得不完整。

# 二、长期保存的原则

长期保存电子档案应遵循如下原则：

（1）按照 ISO 15489 文件、档案管理的总体设计原则，将其微观化到档案数字资源。

（2）符合 OAIS 的设计要求，确定档案数字资源收集的对象，按照档案管理的程序、技术策略和方法进行，并保证长期保存的档案数字资源的内容、背景、结构信息能够被长期访问、利用。

（3）对数字文件、数字信息和数字设备进行高效维护，防止数据信息丢失，并进行适当的处置和转移。

（4）根据文件管理生命周期理论、档案数字信息长期保存理论，设计符合档案数字信息长期保存的程序和步骤。

（5）采用公开标准保证软件、硬件、系统可交互性和互操作性。

（6）从用户需求角度出发，考虑档案数字资源保存共享利用问题的解决方案；而不局限于相关档案管理部门的业务活动需求；为档案管理系统所有用户存取利用档案信息资源提供多种渠道和方式；设置相应严格的存取控制权限。

（7）制定长期保存的规范化标准，指导档案数字资源管理功能有效、合理地进行，保证数字文件信息的长期真实、可靠、完整和可用。

（8）保证档案数字文件的持续价值，在不断的软硬件更新与升级中，应该利用相关技术标准进行迁移，维护数字文件背景、内容和结构信息的完整性，保证数字文件与之前所在系统呈现方式的一致性。

（9）数字资源长期保存系统（或档案管理系统）应该能够识别、捕获、维护和迁移文件所需的元数据和创建该文件的系统，包括文件及与文件相关活动的背景信息。

（10）数字资源长期保存涉及的元数据应该永久地与文件共存，即使是档案或者档案管理系统迁移到新的软硬件系统。

（11）机构应当做好数字资源长期保存的工作成本、绩效指标规划，在进行长期保存策略设计时，应该考虑到策略、方法、技术、效益问题。

# 三、长期保存的策略

根据现有的研究成果，电子档案长期保存有如下策略采用。

（1）格式策略。

（2）迁移策略。

（3）仿真策略。

（4）其他策略。

其他的有效策略包括技术典藏、技术封装、环境虚拟、介质选择等。

# 第二节　格式策略

根据电子档案长期性管理要求，首先是电子档案保存格式须符合长期保存要求。

## 一、存储格式的选择

（1）数据库记录的电子文件、文字处理系统形成的电子文件一般选用的版式为归档存储格式；版式存储格式按照 DA/T47 的原则确定；符合 DA/T47 要求的版式电子文件存储格式标准较多，应首先选择具有国内自主知识产权的标准，在没有国内自主知识产权标准的情况下，可选择国外开放的格式标准。有些企业对电子档案需具有统计分析功能，可采用版式、XML 两种格式同时存储的方式进行，也可将具有统计功能的字段值存储为扩展元数据。当前采用较多的版式文件存储格式有 PDF 格式，此种格式当前国内使用较多。有关要求可参考《文献管理长期保存的电子文档文件格式》第一部分：PDF1.4（PDF/A-1）的使用（GB/T23286.1—2009），也可参考《文献管理可移植文档格式》第 1 部分：PDF1.7（GB/T320106.1—2015）。

（2）图像电子文件的归档存储格式可根据 DA/T47 的原则和 GB/T 18894 的规定，并参照 DA/T32 的要求确定。

（3）图形类电子文件的归档存储格式可根据 DA/T47 的原则和 GB/T 18894 的规定，并参照 DA/T32 的要求确定；其中，CAD（计算机辅助设计）系统形成的电子文件其原存储格式标准一般不公开，此类电子文件归档时可采用原格式和交换文件格式同时存储，以尽量减小长期可读性风险，交换文件格式可供选择的有 STEP、DXF 格式。

（4）由于技术的进步，国家将不定期发布有关标准和规范，企业应密切关注，尽可能采用国家规范的格式。

## 二、格式转换

电子文件在形成时，如果确实无法采用档案管理要求的格式，应在归档时转换成符合档案管理要求的格式进行归档。确实无法转换的，应归档相应阅读、显示的软件系统及运行其软件需要的专用硬件。

## 三、格式管理

档案部门应每年对电子档案进行存储格式评估和抽检，形成评估报告和抽检记录；对存在不能持续可读状况的电子档案进行迁移，或采用环境虚拟、技术封装等经过评估的技术延长其可读时间以保证其持续可读。在迁移或应用其他延长可读时间技术手段的过程中应确保电子档案核心信息不丢失，并严格记录迁移过程，确保过程可追溯。原载体和格式电子档案的保存不得少于3年。

# 第三节 迁移策略

迁移方案被认为是数字信息长期保存的必需和恰当的选择，也是目前比较成熟和频繁使用的方法。通过这种方式使数字信息获得对软硬件环境的相对独立性，保证电子文件在新的环境中能够被识别。档案管理部门应每年对电子档案的可读取性进行评估，形成评估报告；如存在因系统软硬件或其他技术升级、变动出现电子档案不可读的风险，应对电子档案进行迁移。

国家标准《电子文件归档与管理规范》中指出，迁移是指将原系统中的电子文件向目的系统进行转移存储的方法与过程。延长电子文件寿命的迁移，则是指将电子文件从过时的软硬件平台向新的软硬件平台的技术性转移，这种转移通常伴随着存储格式的改变或版本的升级。

迁移依靠运行于新技术平台上的应用软件来实现。通常，升级后的应用软件具有一定的向下兼容性，即能够打开前几个版本生成的档案文件。这些旧的档案文件在升级版系统中打开并重新存储后，便完成了电子文件向新技术平台的迁移。在某些情况下，由于电子文件信息的存储格式已遭淘汰，还需要采用适当的转换工具将使用旧格式存储的电子文件转换成新的通用或标准格式的档案文件。这种技术性转移已经成为对抗技术平台升级而导致电子文件失效较为经济、也更为常用的对策。

事物总是有两面性的，迁移策略的实施也面临着诸多风险。

一方面，迁移过程中电子文件信息失真情况比较严重，特别是在涉及文件格式迁移时，常常会丢失电子文件原有的某些功能或信息，如图表展示、索引、图层、链接等。因此，迁移技术较适用于那些与软件无关的中间性格式的文本档案文件或简单、通用的平面档案文件，而不适合结构复杂的电子文件，如多媒体作品、交互性档案文件、联机对话等动态数据，并且连续不断的迁移，失真问题将会逐步累积，最后导致电子文件面目全非。

另一方面，随着技术环境的不断变化，人们必须不断选择时机进行迁移，而迁移时机的把握十分困难，迁移时间过晚，可能导致电子文件再也无法识读，有效性彻底丧失，而迁移时间过早，迁移过于频繁，不仅会造成巨大的资源浪费，而且会加大电子文件信息失真的概率。要准确把握迁移时间，必须跟踪技术发展状况，及时检测技术更新对电子文件有效性的影响。因此，运用迁移方法维护电子文件的长期有效性，需要及时了解技术的变化，并研究制定迁移对象筛选和迁移时间确定的原则和依据。

电子档案迁移前应进行迁移可行性评估，包括目标载体、系统、格式的可持续性评估、成本评估等，并保证迁移过程电子文件真实性，过程可控，防止在迁移过程中电子文件信息丢失、非法篡改。迁移后原载体保留时间不得少于3年。

迁移的具体步骤如下：

（1）迁移规划

制定迁移规划，对数据或系统进行迁移时应先对新环境的软硬件进行选型，选型的主要指标包括适配时间长、产品成熟、性能稳定、运行效率高等。通过新环境选型确定最优的软硬件组合，然后对数据进行迁移，迁移过程中应对与环境不兼容的数据进行格式转换，对数量较大的数据进行合理的迁移。数据迁移完成后，对其进行测试、验证，以确保在新环境中可以正常使用。

（2）迁移方案

根据迁移规划，确定迁移所涉及的软硬件及网络等内容，制定迁移计划时间表，按照迁移的实际情况，安排迁移系统或数据及网络等优先级。一般情况下可先迁移数据，然后再进行对应系统的迁移，最后进行相关网络的配置，并且在此环境确定备份方案、迁移步骤、迁移周期及参与人员等。

（3）迁移评估

在对应用系统进行迁移之前，首先应明确新环境下所有系统的网络环境、资源利用率、服务器和各系统需求、数据对现有资源的利用率、文本格式、音视频格式之间的差异后，然后对迁移做出计划，从而保证各个应用系统从旧有环境迁移到新环境的过程中风险最小。

（4）迁移实施

在数据迁移之前应明确迁移起止时间，做好团队能力建设以及分配团队成员的角色。例如，针对迁移中央档案馆真实常用数据 2T 以上的要求，应合理分配人员，以确保在最短的时间内完成数据迁移工作。然后执行备份方案，对需要迁移的数据及系统进行备份后，执行相关的迁移步骤。

对于磁性载体上的电子档案，应每 4 年转存一次。原载体同时保留时间不少于 4 年。

# 第四节　仿真策略

仿真技术在档案领域的使用有两种形式。

一种是利用扫描、数码相机、图像输出等现代化手段对原档案进行仿真复制。此种方式多用在对传统纸质档案的仿真处理，在一般的利用过程中，不需要原版的情况下可以使用仿真件，最大限度地降低原件的使用率，起到了保护原件的作用。

另一种是在新的软硬件平台上，通过运行某种仿真软件来"虚拟"旧的技术平台，从而使旧技术平台上生成的数字档案能够在新的软硬件环境中识读、处理。这种方式是用在电子档案的仿真处理上。仿真软件作为识读、处理旧档案文件的工具，其功能是实现旧技术平台向新技术平台的"影射"，如图 13-1 所示。

从理论上来说，仿真是有一定优势的。一方面，通过仿真软件可以很方便地查看旧的电子文件，无须实际配置旧的技术环境，也可以针对某一类电子文件进行研制，仿真软件还可用于存取同一时期相同类型的其他档案文件；另一方面，通过仿真软件所读取的旧的电子文件能以其原始面貌示人，相关的信息处理功能也能得以保留。

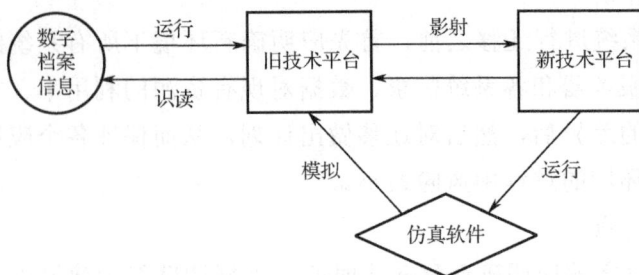

图 13-1　利用仿真软件识读和处理档案文件

但是，仿真技术方法也存在一些实际缺陷。

（1）仿真软件的开发难度很大，代价很高，每一个仿真软件只适用于特定的新旧平台，兼容性较差。随着软硬件的不断升级，仿真软件也必须随之升级，以适用新的技术平台。而仿真软件升级维护的代价相当昂贵，开发仿真软件的费用可能超过反复迁移费用的总和。

（2）仿真软件不可能绝对真实和完整地模拟电子文件当初运行的技术环境，其仿真度受到质疑，在仿真软件上识读旧的电子文件可能会丧失部分功能，出现信息失真。因此，这种方法仅可作为延缓技术淘汰的阶段性方法，一般用于部分对特定软硬件具有很强的依赖性或者在新旧技术环境之间进行迁移有很大困难的电子文件的保护和读取。

电子会计档案包括电子凭证、电子账簿、电子报表、其他电子会计资料等。这些数据在电子化过程中可能被保存在磁带等磁性介质上，这些利用磁带存储的电子档案在存储时不能只存储在磁带本身，因为磁带本身的信息并不能直接被人们所识别，需要通过相应的阅读设备才可以读取存储在内部的信息。所以在保存磁带的同时，磁带机等磁带阅读设备要一并保存。但是磁带对保存环境的温度、湿度、磁场等都有较严格要求，并且必须每隔 10 年复制一次，不利于长期保存，磁带阅读设备也有相应的使用年限，一旦阅读设备失效，那么磁带上记录的档案信息也将失去保存意义。在这种情况下，若要长期保存这样的电子会计文档，需要利用仿真技术虚拟磁带机运行环境，即在新的技术平台上虚拟旧的数字环境，实现旧数据的长期保存。

另外，在档案管理系统中使用仿真技术，在法律的认可度上，现在仍然具有不确定性。所以，目前仿真件在简单的档案借阅利用情况下可以使用，如涉及法律事件的凭证，还需要使用原件。

# 第五节 其他策略

## 一、技术典藏

面临技术过时带来的读取困局，人们想到的最原始办法就是将运行电子文件的软硬件平台连同电子文件一起保存下来，以备今后能够读取那些过时的电子文件，延长其技术寿命。

由于在原生环境中识读电子文件，无须迁移环境或转换格式，电子文件信息不会失真，信息处理的各种功能也都能得到完整的保留。如果能够得以顺利实施，这将是一种应对技术淘汰，维护电子文件长期有效的"最理想"方法。

事实上，这种方法所具有的致命缺点证明了它只是一种"理想化"的方法，不具有可行性。不难想象，要将不同时期、不同技术背景下电子文件的软硬件平台全都完整地保留下来决非易事，可能需要建立一个庞大的软硬件"博物馆"。

（1）必须收存运行电子文件的所有硬件设备，而这些硬件设备的保存受到物理条件的限制，自身会日渐损坏，不可能长期留存，而且也不可能将该硬件设备的整条生产线保存下来。

（2）要收存所有设备的驱动程序、各种版本的操作系统、数据库系统和其他平台软件，还要保留生成专门格式电子文件的品种繁多的应用软件。这些软件与硬件之间、系统软件与应用软件之间互相支撑、相互关联，缺一不可。

因此，这个"博物馆"不仅耗资巨大，而且维护起来极其困难，仅凭档案部门的技术和资金力量是难以完成的。退一步说，即使这个软硬件"博物馆"被建立起来而且维护良好，电子文件信息的读取利用也会受到空间的制约，软硬件设备都保存在"博物馆"内，地理位置不易改变，远程的利用需求难以满足。

在诸多的存储介质方面，微缩胶片已经逐渐被数码摄影、PDF 等取代，原因是阅读微缩胶片必须借用特制仪器－柜式胶卷机，它在购买、维修、贮藏上的成本很贵。但为了防止已电子化的档案因存储媒体和档案格式迅速变迁，而无法被未来的电脑读取及处理，除了电子化以外仍继续使用微缩胶片保存重要的档案，这就需要在保存胶卷和微缩胶片的同时也要将阅读设备(柜式胶卷机)一并保存。

## 二、封装技术

在程序设计的技术中，封装技术是指隐藏对象的属性和实现细节，仅对外公开接口，在程序中控制属性的读和修改的访问级别；将抽象得到的数据和行为（或功能）相结合，形成一个有机的整体，也就是将数据与操作数据的源代码进行有机的结合，形成类，其中数据和函数都是类的成员。

封装是把过程和数据包围起来，对数据的访问只能通过已定义的接口。面向对象技术始于这个基本概念，即现实世界可以被描绘成一系列完全自治、封装的对象，这些对象通过一个受保护的接口访问其他对象。封装是一种信息隐藏技术，在 java 中通过关键字 private 实现封装，属于面对对象编程语言中的概念，属于软件范畴。

## 三、环境虚拟

环境虚拟也称计算机虚拟化技术，通常是指计算元件在虚拟的环境中而不是真实的环境中运行。虚拟化技术可以扩大硬件的容量，简化软件的重新配置过程。CPU 的虚拟化技术可以单 CPU 模拟多 CPU 并行，允许一个平台同时运行多个操作系统，并且应用程序可以在相互独立的空间运行而互不影响，从而显著提高计算机的工作效率。

## 四、介质选择

选择合适的存取介质主要取决于 IT 提供商、文件档案信息存取访问级别以及投入成本。限制条件主要是介质的长期可获得性。理想情况是介质能防止档案信息内容和质量的退化，换句话说，越稳定的介质对档案数字资源的长期保存越有益。

尽管只读光盘存储介质从理论上讲是最可靠的，但是从存储容量和存储成本因素，采用可擦写式的磁盘介质也是可取的。

由于软件格式不断更新变化，档案管理部门有必要考虑为档案利用者提供存取访问策略。重要的是，如果档案管理部门决定采用阅读器技术为用户提供一定的档案信息，那就要保证该阅读器技术能够存取访问所有格式的档案文件。如果不是采用阅读器技术，应该把相关文件转移为一定的格式，使之能够被查看、阅读。

各种存储介质的类型都有一定的生命周期，同时，该周期会受环境因素（热度、温度、湿度、地磁场）的影响。为了防止档案数字资源的质量下降，必须在一定的条件下，把这些存储在介质中的档案信息重写到新的介质；而重写的频率必须考虑介质的技术要求；关于介质稳定性检查的时间间隔不能大于 5 年。

Adrian Brown 在他的《数字档案分析家：为长期保存选择存储介质》一文中对目前市面上较流行的六种存储介质进行了评分，结果见表 13-1。

表 13-1　长期保存存储介质评价表

| 介　质 | CnR | DVDtR | Z1D Disk | 3.5in 磁盘 | DLT | DAT |
|---|---|---|---|---|---|---|
| 长期性 | 3 | 3 | 1 | 1 | 2 | 1 |
| 存储容量 | 2 | 2 | 1 | 1 | 3 | 3 |
| 健壮性 | 2 | 2 | 1 | 1 | 3 | 3 |
| 过时 | 3 | 2 | 2 | 3 | 2 | 2 |
| 成本 | 3 | 2 | 1 | 1 | 3 | — |
| 敏感程度 | 3 | 3 | 1 | 1 | 3 | 2 |
| 总分 | 16 | 14 | 7 | 8 | 16 | 14 |

GB/T 18994 规定，推荐采用的载体，按优先顺序依次为：只读光盘、一次写光盘、磁带、可擦写光盘、硬磁盘等。不允许用软磁盘作为归档数字文件长期保存的载体。

# 第六节　电子会计档案管理中电子签名的处理

在电子会计档案管理过程中，会接收到大量带有电子签名的电子会计资料，如电子发票等。这些带有电子签名的电子会计资料，在长期管理时存在一定的问题，需要对其进行相应的处理。

# 一、电子签名及其在电子文件中的应用

## （一）电子签名的原理及数字证书

### 1. 电子签名的原理

电子签名是利用密码运算实现"手写签名"效果的一种技术，它通过某种数学变换来实现对数字内容的签名和盖章。在 ISO7498—2 中，电子签名的定义为"附加在数据单元上的一些数据，或是数据单元所做的密码变换，这种数据变换允许数据单元的接收者用以确认数据单元的来源和数据单元的完整性，并保护数据，防止他人伪造"。有的文献也称之为数字签名。电子签名的发送及验证原理如图 13-2 所示。

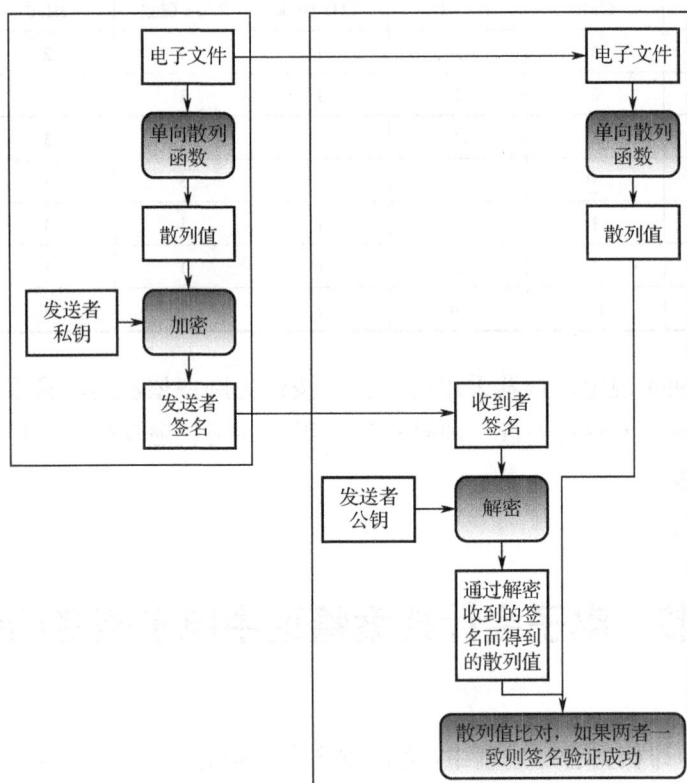

图 13-2　电子签名原理图

## 2．电子签名与数字证书

电子签名是基于非对称密码体制的加密算法，其公钥和私钥作为一对密钥在加解密过程中起到了关键的作用。用户、机构或系统在拥有自己的一对公钥和私钥后，通过调用相应的算法实现电子签名。由于公钥是一串数值，不具有任何含义，仅从公钥来看就无法判断它属于哪个用户。为解决公钥与用户映射关系问题，引入了数字证书。数字证书就是用于建立公钥与用户之间对应关系的一种特殊文件格式，包含有序列号、使用者公钥算法标识、有效期等信息，经颁发该证书的第三方权威机构审核并签名后发布。数字证书作为网络身份证，可有效解决网络世界中"我是谁"的问题。

## （二）电子签名在电子文件中的作用及在版式文件中的实现

### 1．电子签名在电子文件中的作用

（1）身份认证

身份认证是一种鉴别实体真伪的方法，可通过"我所拥有的"来鉴定"我"的身份。在电子签名中，私钥持有者的私钥加密数据一旦被相应的公钥解密，即认定此数据加密定为该私钥持有者所为，此加密数据定为该私钥持有者生成，没有私钥的人事实上是无法生成和使用该私钥所生成的密文的。因此，电子签名可以用于身份验证。

（2）完整性校验

完整性是指在传输、存储信息或数据的过程中，确保信息或数据不被未授权者篡改或在篡改后能够迅速发现。实现这种应用，实质是一种数据摘要过程。先利用哈希函数计算数据哈希值，然后将数据及其哈希值一起发送给对方。对方收到数据后，重新用哈希函数计算数据的哈希值，并与接收到的哈希值进行比对，以此判断数据是否被篡改。由于哈希函数具有单向性和抗碰撞性，可代替数据用私钥进行加密。电子签名就是对数据的哈希值进行加密，接收方解密后得到哈希值与对收到数据再次进行哈希运算得到的哈希值进行比对。如比对结果不一致，则说明数据被修改，签名验证不能通过。

（3）抗抵赖

抗抵赖是一种防止实体对其行为进行抵赖的机制，即从技术上保证实体对其行为的认可。但采用单纯的电子签名只能对实体的行为是否发生进行验证，而无法验收实行发生行为的时间。如果引入可信的第三方进行事件发生时间的验证，即用到时间戳服务，还可对行为发生的时间进行验证，抗抵赖性更强。

### 2．电子签名在版式电子文件中的实现

能施加电子签名的版式文件都设置有签名域（块），电子签名就是通过在签名域中放置电子签名及证书信息等信息来实现的，以国产 OFD 版式文件为例（见图 13-3）。

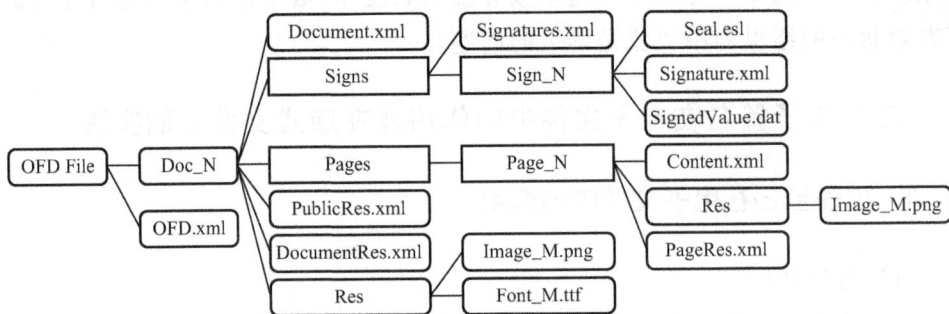

图 13-3　OFD 文件结构层次图

该版式文件中包括一个 Signs，作为电子签名的存储目录，Signatures.xml 存入签名列表文件，Sign_N 存放第 N 个签名，表示可同时使用多个签名，Signatures.xml 存放签名描述文件，Seal.esl 存放电子签名文件，SignedValue.dat 存放签名数据值文件。

### （三）电子签名验证及电子签名种类

用户在收到有电子签名的数据时，需要对电子签名进行验证。根据电子签名所使用的不同策略，签名者将与签名相关的数据添加到电子签名块中，共同构成电子签名；验证者则需收集与之相联系的各项验证信息对其进行验证，包括数字证书、在线证书状态信息、证书撤销信息等。这些信息在网络环境下，可直接通过网络获取并验证，但有的电子签名为减小对网络环境的依赖性，还会添加其他的验证信息。根据电子签名所添加验证信息类型和数量的不同，可分为以下几种类型。

（1）基本电子签名（BES），主要包含电子签名和其签名者提供的基本信息。

（2）带时间戳电子签名（ES-T），此类电子签名在基本电子签名的基础上添加了时间戳，保证一定程度长时间的有效性。

（3）带完全验证数据的电子签名（ES-C），这类电子签名在带时间戳电子签名的基础上，添加了一套完整的用来验证电子签名的数据，例如证书撤销参考信息等。但所添加的证书撤销参考信息可能只是一个网址，验证时还需要去该网址获得具体数据。

（4）带扩展验证数据的电子签名（ES-X），这类电子签名在带完全验证数据的电子签名基础上，添加了一些额外数据，以适应一些特殊情况。

（5）带归档时间戳的电子签名（ES-A），这类电子签名是在上述各种电子签名的基础上形成的，主要是为长期归档保存进行电子签名，所以对整个电子签名添加时间戳，以保存长期安全性。

## 二、电子签名在电子文件归档中的问题

归档的电子文件意味着具有长期保存的需求。根据国家档案保管期限的规定，电子档案保管期限少则 3 年、5 年或 10 年，多则 50 年、80 年或永久保管，永久保管意味着归档成为电子档案后一直保管着。然而，附着在电子档案上的电子签名却无法提供与电子档案相同周期的认证。因此，电子签名在电子文件归档后存在一些问题，主要表现在以下方面。

### （一）因脱离原验证软硬件环境签名无法验证

根据电子签名认证原理，电子签名进行认证时需要验证证书的有效性和证书持有者身份的合法性，需要读取认证服务机构保存的认证信息，如证书有效性信息读取。并且证验还需要在浏览器或操作系统中嵌有电子签名必须的算法。然而，电子文件归档后往往要脱离原生网络、操作系统、应用系统等系统环境和阅读环境，如果电子签名没有自带有关验证信息，那么电子文件归档后在电子档案管理系统中无法验证数字证书的有效性，起不到电子签名的认证作用。尤其是一些外来的电子文件，采用内部签名系统，一旦离开原机构，根本无法进行验证。

### （二）因时间推移证书或算法等失效

根据《电子签名法》第二十四条的要求，"电子认证服务提供者应当妥善保存与认证相关的信息，信息保存期限至少为电子签名认证证书失效后五年"。电子签名需要依赖数字证书中标识的算法、密钥等技术存在，随着时间的推移，电子签名所依赖的算法、密钥可能被破解或丢失，数字证书可能被撤销，使得电子签名无法验证。由于电子档案保管期限少则 10 年、30 年，长则 50 年、100 年不等，而数字证书的有效期远达不到这么长时间，往往远少于档案保管期限。因此，即使保存电子档案的系统能够连接原电子签名网络环境，也起不到电子签名的验证作用。一般来说，所有失效的数字证书存放在证书签发机构的 CRL 目录中，每次进行验证都需要对这个目录进行检查，以确认证书是否失效。

### （三）因格式迁移使原签名验证失效

在电子档案长期保存过程中有时要进行格式迁移，迁移后的电子档案会失去原签名数据，使原签名不复存在。即使对原签名进行了原样迁移，因签名数据格式的变化往往导致电子签名完整性验证失败。

## 三、电子签名问题对电子文件归档和电子档案管理的影响

### （一）影响电子文件真实性检测

根据电子文件归档"四性"检测要求，电子文件归档时要确认归档电子文件中的固化信息是否有效，确认电子文件来源的真实性。电子文件归档后离开原来环境，同时也脱离了电子签名认证的系统环境，电子签名无法进行验证，从而影响归档过程中对电子文件真实性的验证。

### （二）损害电子档案的完整性和有效性

有的电子签名外观属性设置为不可显示或特殊的外观，这使得有些电子文件归档后，因脱离认证所需的系统和网络环境，使电子签名不能完整显示，或是显示为"X"使电子档案的完整性受损，使得电子档案不可用。如有的机构

将电子印章外观属性设置为无法通过认证时不显示原印章，使得一些电子档案在档案管理系统中存储时不显示电子印章，无法识别电子档案的责任者，损坏电子档案的可用性。有的电子签名采用了非通用存储格式保存，在采用通用格式浏览器阅读时无法显示电子签名信息。

# 四、电子文件归档中电子签名的处理方案

## （一）电子文件归档中电子签名的处理原则

### 1. 确保电子档案的真实和长期有效性

确保电子档案的真实性和长期有效性是电子档案管理原则。在电子文件归档时电子签名的处理也应首先坚持这一原则。凡是不利于电子档案真实性维护和长期有效性保障的电子签名，应在归档时予以解除。

### 2. 成本最小原则

电子签名毕竟是认定电子数据真实性和可靠性的技术方法，在电子文件归档和电子档案管理中，多个环节需要对电子文件的真实性进行管理，这些管理环节应尽可能利用电子文件形成时的电子签名，尽可能发挥原电子签名的作用，使之继续在归档和电子档案管理环节发挥作用，这样能用最小成本实现电子文件和电子档案管理的有关要求。

### 3. 前端控制原则

前端控制原则是档案管理的重要原则之一，也是电子文件归档管理的重要原则。电子文件归档的前端控制原则是指有关电子文件归档和电子档案管理中的一些要求应在电子文件形成阶段予以考虑。贯彻前端控制原则，电子文件形成系统在应用电子签名时应提前考虑到电子文件归档和电子档案管理的需求，所使用的电子签名技术方案应有利于电子文件归档和电子档案的管理。

## （二）电子文件归档中电子签名的处理可选方案

根据电子文件归档中电子签名处理的原则，为了保证电子文件归档后不因

电子签名影响电子文件真实、可用、可靠和安全，归档时需对电子文件中的电子签名做相应的处理，处理方案有保留原签名和解除签名两种方案。保留原签名，即电子归档时保留原电子签名，不做任何处理。当电子签名所需认证环境具备时可继续用它来进行认证。解除原签名，则是在归档时将带有电子签名的电子文件或归档后在到一个时间点解除电子签名，以防电子档案在档案机构保管时，因不具备电子签名验证所需的条件导致验证失效而影响电子档案的完整性。当然，解除电子签名时，应以不损害电子文件或电子档案的"四性"为前提，对于无法解除的电子签名，则需要继续保留。但根据版式文档格式标准，解除电子签名在电子文件或电子档案中将签名域信息移除，相当于对电子文件或电子档案进行了一次迁移，电子签名解除后，不影响签名电子文件或电子档案的完整性和有效性。

## （三）电子文件归档中电子签名的处理需考虑的因素

鉴于电子签名的特性，在电子文件归档时或在归档后需对电子签名进行相应的处理，以保障电子档案的"四性"。但在进行方案选择时，应考虑电子文件或电子档案及其所附电子签名的特性，主要有以下因素需要考虑。

### 1. 电子文件归档后电子签名的可验证性

电子签名要具备可验证性需要考虑以下条件。

（1）验证电子签名所需的软硬件环境

电子签名在验证时需要原软硬件环境，如能读取验证信息的网络环境等。对电子签名的处理必须考虑在电子文件归档时或归档后验证电子签名的软硬件是否仍为电子档案管理系统所用。

（2）电子签名的时效性

一般来说，电子签名都有时效性，分为服务时效和验证时效。一旦数字证书的时效超过购买时的约定时间，证书可能被吊销，即使有软硬件环境，也会使电子签名无法验证。

（3）自带验证信息的情况

电子签名验证时需要验证信息。这些验证信息可以放在电子签名系统服务器上，也可以与电子签名一起放在数字证书中。一般来说，电子签名自带验证信息越多，就越不依赖原软硬件环境，可验证的期限就越长。

（4）保留电子签名软硬件环境的成本

保留电子签名软硬件环境成本越低，越有利于电子签名的长期使用。反之，延续原电子签名的成本较高，或是在一个时期后不可延续，则电子文件归档时就应解除电子签名。

## 2. 电子签名的外观属性

电子签名的外观属性是指电子签名给电子文件使用者的呈现方式。一个电子签名可以在不同的时候呈现出不同的外观，例如，有的电子签名在无法通过验证时不原样显示或不显示等。电子签名的这种外观属性对电子文件归档会产生较大的影响，使电子文件或电子档案不可为人所识读。

## 3. 电子文件归档后的保管期限

一般来说，随着时间的推移，电子签名维护的成本会越来越高，直至会导致不可维护。因此，电子文件归档后的保管期限是选择电子签名处理方案需要考虑的重要因素。归档后保管期限较短的电子文件，归档时可保留原签名。而归档后保管期限较长的电子文件，归档时最好解除电子签名。

## 4. 电子签名的可解除性

电子签名的可解除性是指电子文件或电子档案的电子签名解除后是否影响其完整性和有效性，或在技术上无法实现移除。

## （四）电子文件归档中电子签名处理方案的选择

根据前文所提供的可选方案，结合需考虑的因素，电子文件归档时电子签名处理方案的选择首先考虑电子签名的外观属性。下面就电子签名外观属性好与不好分别提出相应的处理方案。至于归档后是否应用电子签名来保障电子档案的完整性的方法，属于电子签名在电子文件归档和电子档案管理中的应用问题，在此不讨论。

## 1. 电子签名外观属性影响电子文件完整性和有效性的情况

电子签名外观属性不好时，一旦无法进行验证，将影响电子档案的完整性和有效性。因此，对电子签名应采取如下处理方案。

（1）归档时解除电子签名

凡外观属性不好，且归档后电子签名又不可验证的电子文件，归档时必须将原电子签名解除。

（2）在归档后电子签名不可验证之前解除电子签名

电子签名不可验证将影响电子档案的完整性和有效性。尽管由于电子签名的外观不好，但在不可验证之前还是可以保证电子档案的完整性和有效性。对携带此类电子签名的电子档案，其签名的解除时间可选在其可验证期限到达前的某个时间。解除电子签名相当于将电子档案保存格式迁移，需要遵循电子档案保存格式迁移规范。

（3）将电子签名保留至保管期限到期

对于一些保管期限较短的电子档案，即使电子签名外观属性不好，签名不可验证也会影响电子文件的完整性和有效性，但由于其电子签名在电子档案保管期限内仍可验证，此类电子签名在电子档案归档时仍可保留，不需在归档时或归档后解除。如果电子文件或电子档案所携带的电子签名不可解除，则必须保留原电子签名，并一直保留验证电子签名的条件。

在保管期限内电子档案的电子签名是否可验证，需要综合考虑证书中可验证数据的携带情况、网络环境、签名时效、电子签名的可解除性和保留上述条件的成本等。

### 2．电子签名外观属性不影响电子文件完整性的情况

电子签名的作用主要是用于确认电子文件或电子档案的真实性，而电子文件归档成为电子档案后，其真实性可由电子档案管理系统的功能来保障，因此，成为电子档案后一般不需要使用其所带的电子签名作为验证。所以，对电子签名外观属性不影响电子文件完整性的情况，电子签名在电子文件归档后仍可保留，但归档时需要将电子签名的信息完整地作为元数据捕获并著录。

## 五、适合归档的电子签名管理

由于电子签名验证对签名软硬件环境的依赖性和电子签名的时效性，电子签名对电子档案会产生一定的影响，需要在归档时或归档后进行相应的处理。

但是，如果在电子签名系统实施时，提前加强对电子签名的设计，使之更加符合长期保存要求，可以大幅度降低其对电子档案的影响。主要可采取的管理措施有：正确设计电子签名的外观、延长电子签名的可验证性、收集尽可能多的验证信息、归档时完整著录电子签名元数据等。

## （一）正确设置电子签名的外观

前文已阐述过，电子签名外观设置不好会影响电子文件的完整性和有效性，因此，在实施电子签名时，应设置好的外观属性，使之既能通过签名外观来识别电子文件的真伪，又可在不通过验证时不会对电子文件的完整性产生影响。但应注意的是电子签名的外观属性不包含在签名数据格式中，而是包含在被签名的文档域中。

## （二）延长电子签名的可验证时间

电子签名服务期限越长越有利于携带电子签名电子档案的保管，因此，在实施电子签名时，应尽可能购买较长时间的服务。电子档案的保管期限最长为永久，由于电子签名不可能永久可验证，因此最好是选择服务时间尽可能长的签名服务。

## （三）将尽可能多的验证信息包含在证书中

在办理电子签名时，往往会将数字证书与签名一起置于电子文件中。一般来说，数字证书中所带的验证信息越多，验证时对软硬件环境的依赖就越少，就越有利于电子签名的长久保存。因此，在实施电子签名时应将数字证书中的验证信息设置好，将尽可能多的验证信息包含在数字证书中。

## （四）正确形成电子文件的元数据项

电子文件在归档前、归档时和归档后都会形成元数据，其中就包括电子签名元数据。电子签名元数据是电子档案元数据的一个重要组成部分，对维护携带电子签名的电子文件和电子档案的真实性具有重要作用。因此，电子文件归档时应完整捕获电子签名的元数据。根据《文书类电子文件元数据规范》（DA/T46—2009），反映电子签名的元数据项有签名规则、签名时间、签名人、签名结果、证书、证书引证、签名算法标识等 7 项。如果电子文件附带了电子签名，那么其元数据必须在归档时捕获，以利于维护电子档案的真实、完整、有效、安全。相反，如未捕获上述元数据或上述元数据项捕获不全，将影响电子档案的管理。

# 第十四章　电子会计档案管理系统建设

## 第一节　电子档案管理系统功能

### 一、收集功能

#### （一）电子文件手工登记

将手工输入的电子文件赋予唯一编号。所输入的元数据项在满足国家有关标准的前提下，可根据需要增减；要具有元数据校验功能，可对电子文件元数据根据权限进行更改、删除、检索、全文挂接等操作。

#### （二）电子文件和电子档案在线接收登记

具有从业务系统接收电子文件及其元数据的接口；对所接收的电子文件赋予唯一编号。

具有从其他电子档案管理系统接收电子档案的功能，其功能要符合《电子档案移交与接收办法》的有关要求。对所接收的电子档案以件为单位给予唯一编号。

#### （三）电子文件和电子档案离线接收

从离线载体批量导入电子文件、电子档案和其他数字资源，支持常见的XLS、DBF、MDB、XML、TXT等文件格式元数据文件及符合长期保存要求的文件格式全文文件的导入接收，给予唯一编号。导入时实现元数据、目录数据与对应电子文件、电子档案的自动关联。

在数据导入过程中应支持数据校验，如是否唯一、是否可以为空、日期格式是否正确等。当出现部分数据导入失败，应提供报告，指明哪些数据导入失败。如出现中断（如：断电、断网、死机等），应支持断点续传，再次导入时，从中断记录处接续导入。导入后形成符合《电子档案移交与接收办法》有关要求的交接凭据。

### （四）电子文件和电子档案接收检测

能根据电子文件归档和电子档案接收的检测要求对电子文件的"四性"和电子档案的有关属性进行检测，对不符合要求的电子文件或电子档案进行标记。检测完成后以件为单位形成检测业务实体元数据记录，保存在元数据中。

## 二、整理功能

### （一）组件

对来自不同系统的归档电子文件按照组件规则组成件，并对件内文档按一定的规则进行排序。

### （二）分类

按照企业确定的分类方案，将归档文件进行分类，给定分类代号，并支持按年度、保管期限、机构（问题）等多种分类方案进行复合分类。

### （三）划定保管期限

按照档案保管期限表对归档文件划定保管期限。

### （四）组成保管单位

对归档文件按照一定规则自动或在人工干预下组成保管单位，并能按规则将保管单位内的文件排序定位。能在人工干预下调整归档文件所属保管单位，并重新排序定位。

## （五）编号

依据档号编制规则形成档号，所形成的档号唯一、简明、合理、稳定、可扩充。

## （六）编目

提供规范的档案目录模板，能套打出案卷封面、案卷目录、卷内目录、归档文件目录、全引目录、备考表、卷（盒）封面和脊背等。应支持进行目录模板制作，用户可以对模板中的字体、打印内容、排序方式等进行调整。应提供打印预览功能，并支持多模板批量生成和打印功能。

根据模板对选定的归档电子文件或电子档案形成相应的目录。

支持案卷封面、卷内目录、归档文件目录或全引目录、案卷目录、备考表等通用格式文件导出功能。

## （七）关联关系建立

具有建立同一件归档文件不同载体间或同一归档文件不同子件间关联关系的功能。

# 三、保管功能

## （一）档案整理

能依据电子档案保管和利用的业务要求分别建立相应数据分库。能根据全宗归属、分类号、保管单位序号及其整理规则、件号、件内文档排列规则等将电子档案排列定位和呈现。

## （二）电子档案长期保存

定期检测电子档案格式是否过时。根据所登记的格式列表，在启动检测时，给出格式过时预警提示。

对采用迁移、仿真、封装等方式保障电子档案信息长期保管的技术使用过程形成相应的业务实体元数据。

### （三）电子档案存储格式转换与信息组织

支持采用插件技术实施电子档案存储格式的转换，将存入系统的电子档案转换为符合长期保存要求的存储格式。

系统可按《电子档案移交与接收办法》和离线存储载体容量进行信息组织，将组织好的档案保存至相应的离线存储载体上。

### （四）备份

应支持备份，包括软件系统备份、数据库备份和电子档案备份，能根据数据重要程度选择在线、离线等不同的备份方式。

### （五）定期鉴定

支持人工辅助完成档案的定期鉴定工作，根据保管期限、归档日期、密级等属性自动列出到期档案，提醒系统管理员或档案管理员等进行销毁前鉴定和保管期限调整、利用开放、密级调整等相关操作。

### （六）销毁管理

支持对需销毁的档案进行销毁申请、审批、建立销毁标记，实施监销、删除等操作。

### （七）移交

具备根据进馆要求或其他有关要求生成移交电子档案信息包等功能，对已移交的电子档案或其他数字资源进行移交时间及去向标识。

### （八）介质管理

支持对存放电子档案存储介质的统一管理，系统管理员可根据介质保管的实际需求为相应电子档案设置相应的存储介质。具有介质预警功能，当剩余容量达到设定阈值时，通知系统管理员。

## 四、统计功能

应支持按照全宗、分类、时间、文件格式、利用情况等设定规则进行统计、结果显示和打印，并以电子文件形式输出统计数据，支持自定义报表功能。统计结果能按《全国档案事业统计年报制度》给定格式输出统计数据。

## 五、利用功能

### （一）检索

支持按属性检索档案，具备精确检索、模糊检索、高级组合检索、筛选检索、关联检索、深入二次检索等多种检索方式；有条件的企业可开发全文检索功能。

### （二）浏览

应支持对常见格式电子档案或其他数字资源进行浏览，支持常见格式多媒体电子档案的播放。应具有电子档案按权限下载功能。

### （三）借阅

支持电子档案借阅申请、审批、授权，具有实体档案借阅预约、催还、归还等功能，审批流程符合档案利用管理制度。

### （四）编研

支持用户根据实际需求设置编研专题，能自动将符合该专题条件的档案进行归集。

### （五）开放利用设置

支持对目录数据及全文设置开放利用标识。

### （六）复制管理

具有电子档案复制申请、审批功能，能够进行复制；具有实体档案复制申请、审批、复制件分发登记等功能。

### （七）利用效果反馈

支持用户对利用档案产生的经济效益或社会效益进行反馈。

### （八）知识管理

可根据需要采用知识管理功能，支持档案信息的知识标签、知识地图、档案信息深层次加工、档案信息主动推送等。

## 六、系统管理功能

### （一）日志管理

应有日志记载功能，记录系统启动和关闭信息、用户登录信息等，每条日志至少应记录操作对象、用户、时间、计算机、操作类型等属性。提供针对日志的检索、审计、统计功能。

支持按照一定规则自动生成日志审计报表，支持按权限进行日志导出、删除及审批等操作。

### （二）系统设置

支持对档案流程化管理，可根据不同类别档案管理要求设置相应管理流程，可对流程进行跟踪与回溯。

支持代码表的设置维护，如：年度、保管期限、密级、部门、分类号等代码；系统中的分类方案可根据用户需求增减。

支持元数据的设置维护，可以定义字段名称、类型、是否为空、是否唯一、字符串长度限制、取值范围、组合字段等信息。

具备全宗设置功能，能实现全宗分类管理。

### （三）用户管理

支持直接录入用户信息和通过接口方式读取其他系统中的用户信息，支持用户与 IP 地址绑定，支持"三员"分立。

### （四）组织机构设置管理

支持直接录入组织机构信息和通过接口方式读取其他系统中的组织机构信息，支持组织机构的多级管理功能。

### （五）权限管理

具备权限管理功能，保证授权用户能够在其权限范围内进行合法操作。权限可以精细地控制指定用户对指定档案记录的访问和使用。系统应支持设置权限有效期，到期后自动取消权限。

### （六）多全宗管理

可对纳入管理的每个立档单位建立全宗单位，支持全宗群管理，每个全宗单位有唯一全宗号、全宗名称。每个全宗单位的功能、档案类型、档案数据、机构组织、用户、流程、权限等相对独立、互不影响。

### （七）工作过程记录管理

应具备详细记录类似全宗卷信息的功能，以记录数字档案馆（室）的管理过程。

## 七、传统载体档案辅助管理功能

### （一）传统载体文件信息采集

具备传统载体文件目录著录和全文挂接功能，目录数据项在满足国家有关标准的前提下，可根据需要增减。目录数据采集时应具有校验功能。目录一旦著入能给予唯一的编号予以登记。

### （二）传统载体文件归档整理

具备对目录信息进行与电子文件归档整理相同的整理功能。

### （三）传统载体档案信息采集

具备传统载体档案目录著录和全文挂接功能，目录数据项在满足国家有关标准的前提下，可根据需要增减。目录数据采集时应具有校验功能。目录一旦著入能给予唯一的编号予以登记。

具备传统载体档案全文信息上传挂接功能，支持单个、批量文件上传等方式，能建立目录与其对应全文间的关联关系，并保持关联关系稳定。

### （四）档案存放位置管理

能根据库房余量和档案的全宗归属、分类、档号等规则对传统载体档案提出存放位置建议，并在位置确定后进行排列定位。

### （五）智能库房管理

有条件的单位可设置智能库房管理功能，根据现实库房虚拟出档案所在库房、区域及档案柜架的列、节、层、排位等，实现对实体档案所在库房位置的管理；支持与智能密集架、PDA 设备、条码枪、电子标签等硬件设备的集成，实现实体档案的快速定位、出库、入库、盘点等操作；支持与温湿度监控设备的集成，实现档案库房的温湿度智能调控。

## 八、其他可选功能

有条件的单位可根据自身需要，增加诸如文件材料分发控制、工作计划进度管理、业务监督指导等功能。

# 第二节　会计业务系统功能要求

电子会计档案是通过对会计业务系统中的会计数据归集，然后整理形成的。要实现对电子会计档案的管理，仅电子档案管理系统实现相关的功能还无法达到目的，会计业务系统也必须具备相应的功能。即会计业务系统应当具有会计资料归档功能，提供导出会计档案的接口，在会计档案存储格式、元数据采集、真实性与完整性保障方面，符合国家有关电子文件归档与电子档案管理的要求。为此，会计业务系统建设时应提前考虑有关功能。

## 一、会计业务系统建设要求

在会计业务系统建设时，应充分考虑电子会计资料归档的以下要求。

（1）选择合适的电子会计资料归档存储格式，以利于向电子档案存储格式转换；为保证会计业务系统产生电子会计资料的顺利归档，系统实施时尽可能采用符合归档要求的数据结构和文件存储格式作为系统运行时的存储格式，如确实无法采用符合归档要求的格式，应在系统实施时对所运用的数据结构和文件存储格式进行归档格式可转换性评估。电子会计资料无法转换成符合电子会计档案存储要求格式的会计业务系统应谨慎使用。

（2）对元数据捕获节点与内容进行规划，将应由会计业务系统捕获的电子文件元数据全部形成并捕获。有关要求可参考本书有关章节内容。

（3）根据系统技术架构选择可行的电子会计资料归档方式。

（4）确定会计业务系统生成电子文件归档时的数据包格式。

## 二、业务系统与电子档案管理系统衔接

电子文件归档和电子档案管理主要是借助信息系统的功能来实现。根据国内外现有情况，电子文件归档和电子档案管理工作既可以通过电子档案管理系统来实现，也可以通过在业务系统中设计执行电子文件归档和电子档案管理功

能来实现，还可以将相关功能分别设计在业务系统和电子档案管理系统中。三种方式的利弊比较见表 14-1。

表 14-1 业务系统与电子档案管理系统衔接方式比较

| 功能设计方式 | 利 | 弊 |
| --- | --- | --- |
| 电子文件归档和电子档案管理功能由独立的电子档案管理系统执行 | （1）能将各业务系统中的电子文件与其他系统归档的电子文件集中管理；<br>（2）可灵活应对不同时期、不同技术平台的业务系统形成的电子文件归档；<br>（3）可充分利用独立的电子档案管理系统，减轻业务系统负担 | （1）归档过程中的电子文件导入/导出可能存在风险；<br>（2）可能存在重复归档 |
| 电子文件归档和电子档案管理功能分别由业务系统和独立的电子档案管理系统执行 | （1）能将各业务系统中的电子文件与其他系统归档的电子文件集中管理；<br>（2）可充分利用独立的电子档案管理系统，一定程度上减轻业务系统负担 | （1）独立的电子档案管理系统的功能可能会影响业务系统流程的无缝衔接；<br>（2）两个系统中任何一个系统的升级可能会引发复杂的问题；<br>（3）对灾难恢复和真实性维护可能存在困难 |
| 将电子文件归档和电子档案管理功能集中于业务系统并由业务系统执行 | （1）电子文件归档和电子档案管理功能成为业务系统功能的一部分；<br>（2）业务系统可直接利用本系统产生的电子档案 | （1）存储容量存在问题；<br>（2）开发成本高；<br>（3）无法对电子档案实行集中统一管理 |

但从我国会计业务系统实施数量、电子档案管理成本、管理流程优化等因素综合考虑，将电子会计资料归档和电子会计档案管理功能由独立的电子档案管理系统执行是最经济、合理和科学的方案。

# 三、电子文件归档接口

采用独立的电子档案管理系统或采用分别由业务系统和独立的电子档案管理系统共同执行电子文件归档和电子档案管理功能，这两种方法都需要开发系统间接口，以实现电子档案管理系统和业务系统的衔接。接口应符合下列要求：

（1）归档接口应与业务系统一同设计、一同开发、一同测试和一同实施，实施时未开发归档接口的业务系统应及时通过二次开发来实现。

（2）业务系统的归档接口应具备的功能。

① 对待归档的电子文件及其元数据的真实性、可靠性、完整性、可用性进行检测，防止存在瑕疵的电子文件归档；

② 归档前将待归档电子文件及其元数据按指定格式封装成归档数据包；

③ 将封装好的归档数据包传输至指定的位置，传输过程中归档数据包信息不丢失、不被非法更改；

④ 接收归档数据包接收方的反馈消息，包括归档成功消息与失败消息；

⑤ 对归档成功的电子文件进行已归档标记以防止重复归档，并能取消标记，在人工干预下重新归档。

（3）接收电子文件归档的电子档案管理系统接口应具备的功能。

① 向业务系统发送归档数据包存储位置信息；

② 接收业务系统传递来的数据包；

③ 对归档数据包进行正确解析，并将解析后的电子文件及其元数据存储在指定位置；

④ 向业务系统发送电子文件归档成功或失败消息；

⑤ 在归档数据包接收、解析和数据存储等过程中，信息不丢失、不被非法更改。

（4）为保证电子文件的真实性、完整性、可靠性、可用性，应将尽可能多的功能嵌入归档接口，减少人工干预；在开发归档接口时应进行反复测试，确认功能及要求可以实现。

# 四、接口实现方案

应根据业务系统建设情况选择接口的实现方式。对于现存的会计业务系统，由于在前期实施时大多未考虑其形成电子文件的归档问题，无归档接口，应联系会计业务系统原开发商开发，或组织自有力量进行开发。对于新实施的会计业务系统，应在系统设计开发初期或实施初期，将档案部门纳入实施团队，提出电子会计资料归档要求，并对归档功能进行测试确认。

## 第五篇　应用案例[1]

# 第十五章　[案例 1]某国有大型企业会计档案电子化管理案例

## 一、仅以电子形式归档保存的会计档案类型

该企业仅以电子形式归档保存的电子会计档案包括：全部记账凭证，通过税务机关电子发票平台传输的电子发票（含电子保费发票和电子费用发票），电子报单（使用财务共享服务平台电子报单功能的），总账，日记账，明细账，固定资产卡片，电子台账，月度、季度、半年度财务会计报告，半年度、年度决算基础数据表（电子 PBC 表），其他内部自制电子会计资料等。

## 二、电子会计档案管理系统与会计核算软件的对接互联关系

该企业将会计档案管理系统定位为如实记录、安全归档会计核算系统已生成的凭证、账簿、报告及其他会计档案，确保数据一致、不可篡改。系统间对接互联关系如图 15-1 所示。

会计档案管理系统每日凌晨从会计核算系统接收前一日已过账的记账凭证，每月月底后从会计核算系统接收当月总账、明细账、固定资产卡片信息，从 BO 报表系统接收会计报表。会计档案管理系统还支持人工上传电子会计档案。

---

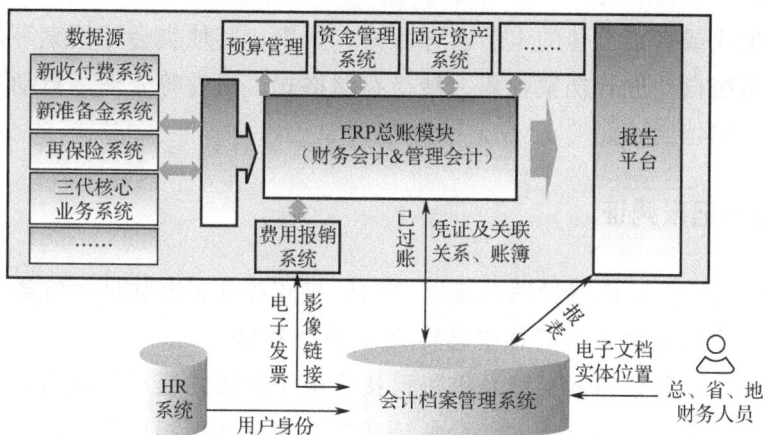

图 15-1　系统对接互联关系图

# 三、会计档案业务处理流程

该企业全面梳理和优化会计档案业务处理流程共计 20 个，涵盖的流程如图 15-2 所示。

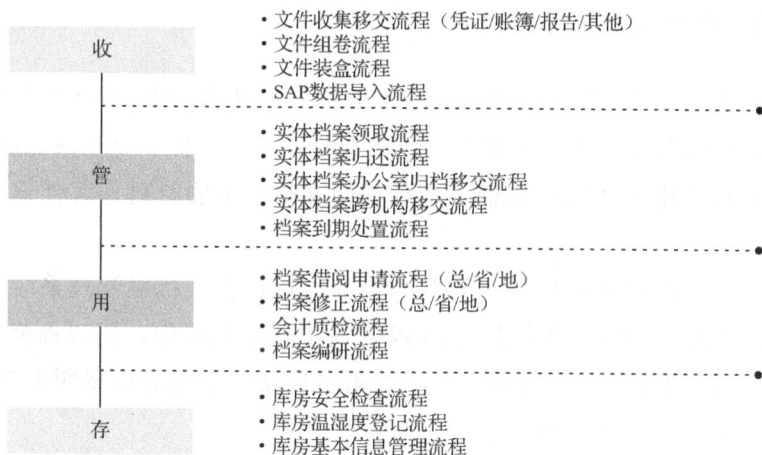

图 15-2　会计档案业务处理流程图

## （一）电子会计档案的存储格式及组卷方式

对于没有实体档案与之对应的电子会计档案，包括：无附件的记账凭证，系统自动生成或直接上传的电子会计账簿、报表、其他类会计档案等，由会计档案管理系统自动进行档案收集、转换存储格式、组卷等处理，自动完成电子档案的财务归档流程。

### 1．电子记账凭证

存储格式：会计档案管理系统以 XML 格式存储记账凭证明细数据，同时每日将已接收的记账凭证汇总信息转 PDF 格式存储。

组卷方式：会计档案管理系统每日接收电子记账凭证后自动组卷，以公司代码为单位，按所属会计期间、分凭证明细类型组卷至相应月份。

### 2．电子账簿、固定资产卡片、报表

存储格式：会计档案管理系统每月将已从会计核算系统等接收的固定资产卡片变动信息、会计报表、总账、明细账、日记账转为 PDF 格式存储。

组卷方式：会计档案管理系统接收数据后自动按不同的档案明细类型组卷，组卷至当年，每类一年一卷。

### 3．内部自制电子会计资料

会计人员自行编制的重要电子会计资料应上传会计档案管理系统归档保管，不得长期分散存储于个人电脑。主要包括：电子台账、登记簿、决算底稿、内外部审计检查电子文档或底稿、重要说明文档或证明材料、其他重要电子会计资料。

存储格式：通常以 PDF 格式存储。会计人员在会计档案管理系统中手工上传的 Excel 等格式的电子文件如转为 PDF 后不便于阅读的，仍以原格式存储。

组卷方式：会计档案管理系统接收数据后自动按不同的档案明细类型组卷，组卷至当年，每类一年一卷。

### 4．电子报单

财务共享服务中心可使用财务共享服务平台的电子报单功能模块划转报单，会计人员应在平台上对应报单录入记账凭证的标准凭证号，建立电子报单与记账凭证的关联关系，会计档案管理系统自动获取归档。

**5．纸质原始凭证对应的电子记账凭证**

有纸质原始凭证与之对应的电子记账凭证随实体会计档案一同组卷。

## （二）以会计凭证为例说明纸质会计档案的收集、整理流程

纸质原始凭证的收集、整理，以及建立与相关联的电子记账凭证检索关系的流程如图 15-3 所示。

在收集环节，会计人员须在会计档案管理系统中逐笔建立电子记账凭证与对应原始凭证的关联关系。原则上，会计人员应于会计核算系统生成记账凭证后的第二个工作日完成收集纸质材料和系统操作。

### 1．费用报销类凭证

会计档案管理系统从会计核算系统中自动获取记账凭证与费用报销单号（BX 码）之间的对应关系，凭证收集人员在档案系统中通过扫描报销单条形码或录入 BX 码，查找到对应的记账凭证。该类凭证条码为费用报销单条码，编码规则为"码规则组织机构简称（2 位字母）+日期（6 位）+员工号（8 位）+流水号（4 位）"，无须另行打印凭证条形码。

### 2．业务类凭证

会计档案管理系统从会计核算系统自动获取记账凭证与收付交易码或业务单号之间的对应关系，凭证收集人员通过在档案系统中录入以上代码，查找到对应的记账凭证，生成条码粘贴在原始凭证首页。该类凭证条码的编码规则为"核算单位（4 位数字）-自定义凭证编码（与会计核算系统凭证编码相同）"。

### 3．其他需要收集纸质单据的凭证

在会计档案管理系统中通过凭证号、科目、金额等字段可查询定位到对应的记账凭证，生成条码粘贴在原始凭证首页。该类凭证条码的编码规则为"核算单位（4 位数字）-自定义凭证编码（与会计核算系统凭证编码相同）"。前述以固定码查询的凭证均可以采用本条所列方法建立关联关系。

文件收集移交流程（适用于凭证类）　　　　　　线下操作｜系统操作｜审批流程｜子流程

| 文件收集阶段 | 会计文件收集岗 | 会计档案整理岗 |
|---|---|---|

开始

1.收集审核通过的实物原始凭证

数据来源：SAP系统

2.匹配实物原始凭证与电子记账凭证 ← 17.拆分交接单

12.接收实体档案 ←

13.登录系统，查看待接收文件移交单，并通过扫描文件交接单条码进行文件接收

3.原始凭证是否有条码

15.是否需要拆分交接单重新整理 —拒绝→ 14.接收清点

5.原始凭证是否含有可检索单据号

无

4.扫描条码按顺序预存到待整理

6.输入机构、单据号按顺序预存到待整理

7.输入机构、科目、摘要、金额等项检索按顺序预存到待整理

16.编辑原交接单

通过

文件组卷流程

8.生成文件交接单

9.打印文件交接单（含交接单条码和明细条码）

10.在无条码原始凭证首页粘贴记账凭证条码 → 11.移交原始凭证实体

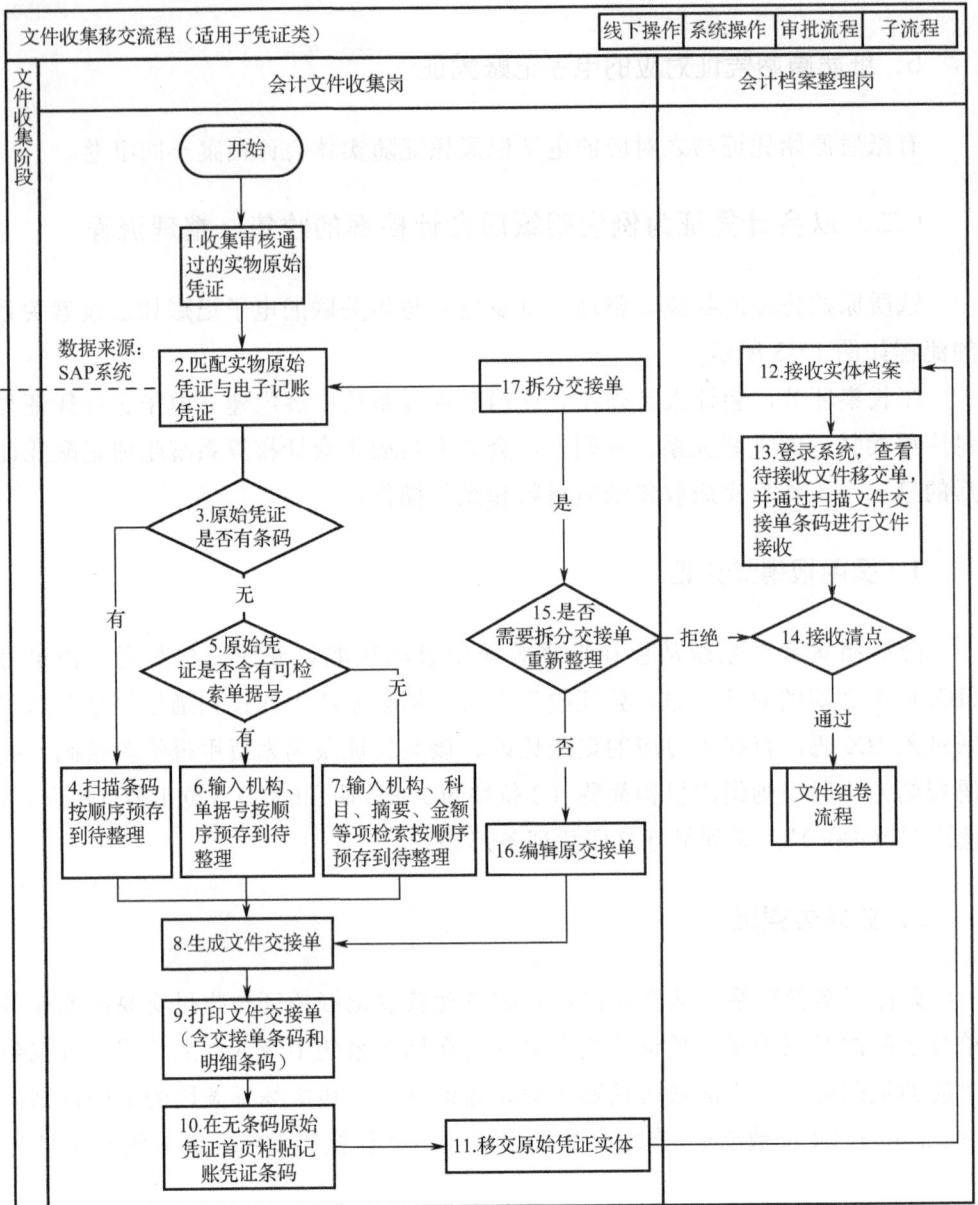

图 15-3　电子记账凭证检索关系流程图

## 4．多张记账凭证共用原始凭证

出现多张记账凭证共用原始单据时，一份原始单据对应的所有凭证，以及这些凭证所对应的其他原始单据必须一次性建立关联关系；所有关联联系建立

完毕后，收集人员才能进行文件交接工作。原始凭证首页须粘贴所有对应记账凭证的条码。

会计人员建立电子记账凭证与对应原始凭证的关联关系后，凭证收集人员在会计档案管理系统中生成交接单并提交至下一环节的会计档案整理岗，同时打印交接单与实体会计凭证一并移交给会计档案整理岗。交接单条码由系统自动生成，打印清单时自带，编码规则为"W+机构编号（4 位数字）+日期（8位）+流水号（6 位）。

## （三）纸质会计档案的组卷流程

纸质会计档案组卷流程如图 15-4 所示。

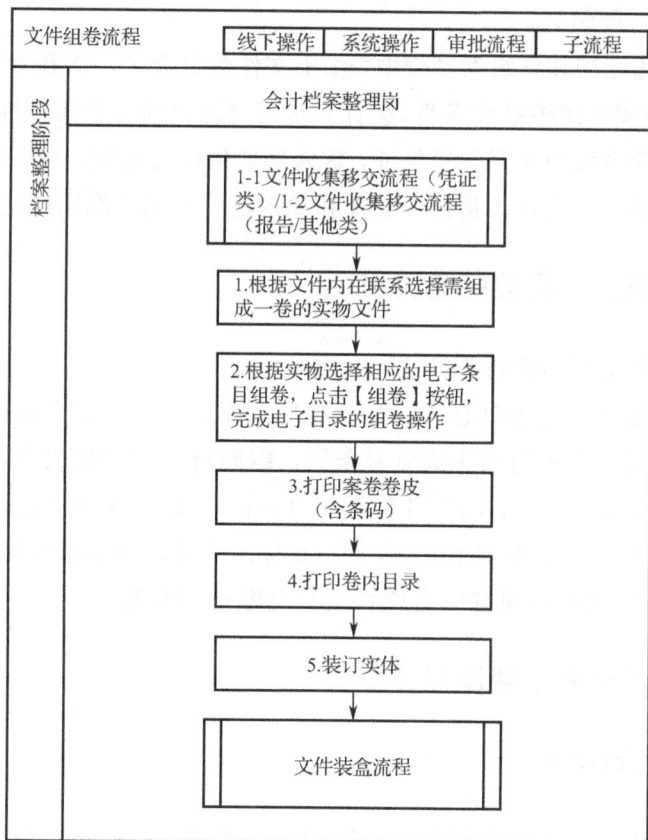

图 15-4 纸质会计档案组卷流程图

在会计档案电子化管理模式下，会计凭证可以跨月、跨类型且不顺号组卷，但不允许跨年组卷。财务共享服务中心可以根据自身管理和审计检查需要在会计档案管理系统中设置不允许跨月组卷，或者指定类型的凭证单独组卷。

实际组卷时，会计档案整理岗可以按交接单顺序直接组卷，也可以根据实物逐笔扫描条码选择待组卷凭证，在会计档案管理系统中生成卷内清单，卷内清单务必与实体原始凭证顺序保持完全一致。会计档案管理系统对已组卷的档案自动生成唯一档号，档号编码规则为"全宗号（HR 机构代码取前 4 位，省略后 4 位数字 0）+档案类别（KJ01=会计凭证、KJ02=账簿、KJ03=报告、KJ04=其他）+年月（6 位，跨月时显示最大月份）+电子/实体（1 位字母，其中 S=实体档案，E=接口传输的电子档案）+保管期限（2 位）+流水号（6 位）"。会计档案整理岗在会计档案管理系统中打印卷皮（自带档号条码）和卷内清单，与纸质原始凭证一同装订。

某些原始凭证在装订组卷过程中，由于文件数目众多，会出现单份文件装订过厚的情况，不满足组卷装盒条件，会计人员可将这样的文件实体拆分组成多卷，在会计档案管理系统中选择该笔凭证，输入需要生成的卷数，系统自动生成流水号相邻的多个档号，会计人员打印卷皮和卷内清单与纸质原始凭证整理装订。

### （四）纸质会计档案装盒流程

纸质会计档案装盒流程如图 15-5 所示。

会计档案整理岗将已组卷的档案装盒后，在会计档案管理系统中对应选择装为一盒的卷册，系统自动生成盒号条码，编码规则为"盒代码（B）+全宗号（HR 机构代码取前 4 位，省略后 4 位数字 0）+档案类别（KJ01=会计凭证、KJ02=账簿、KJ03=报告、KJ04=其他）+年月（6 位，跨月时显示最大月份）+流水号（4 位）"。会计档案整理岗打印盒脊背信息粘贴在档案盒上。

### （五）纸质档案上架流程

#### 1. 库房初始设置

各级机构负责对本级存储会计档案的全部库房进行统计，按总公司统一规则设定库位码，对应粘贴于库房柜子或密集架的明显位置上，并由系统管理员将库房编号及库位码录入会计档案管理系统。库位码编码规则为"类型（1 位字母，G=档案柜；M=密集架柜子/密集架）+库房号（1位字母，不同地点库房设置不同字母）+组号（密集架组的编号，1位数字）+列/柜编号（密集架列或者档案柜的编号，2位数字）+格编号（密集架或档案柜每个格子的编号，2位数字）"。

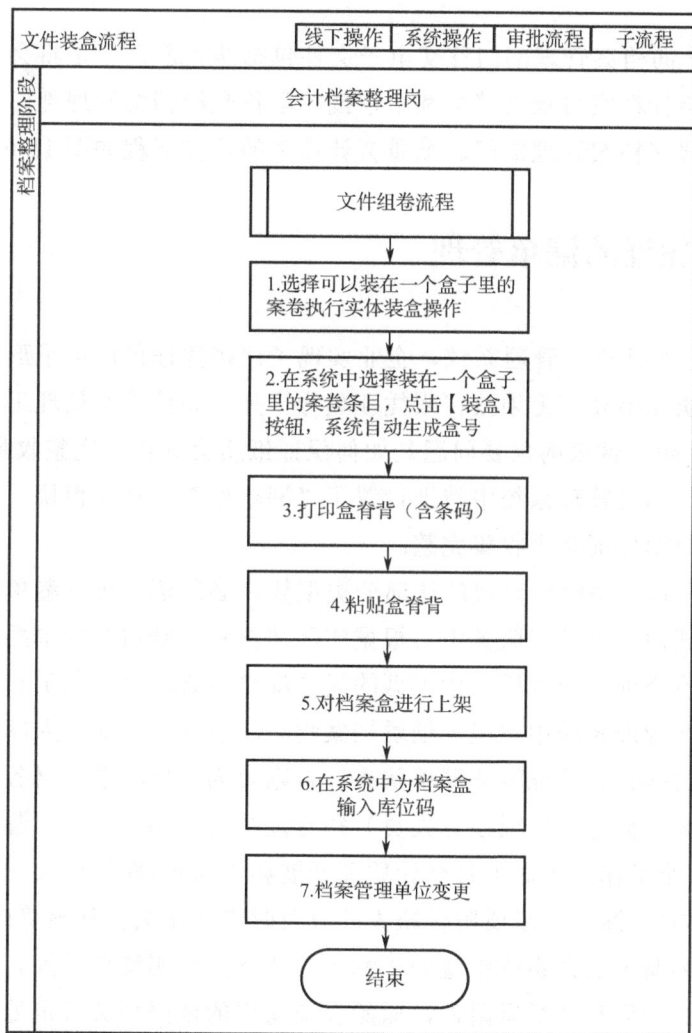

图 15-5  纸质会计档案装盒流程图

## 2. 实体入库

会计档案整理岗在会计档案管理系统中扫描待入库的档案盒条码调取出相

应的档案盒，打印清单，清单中库位码列为空，实体档案盒实际入库时会计人员在清单中记录每个档案盒对应入库的库位码，实体安放妥当后及时按清单记录在会计档案管理系统中录入库位码信息，完成系统入库操作。

### （六）会计机构向档案管理部门归档移交会计档案的流程

会计机构向档案管理部门移交电子文件包括两方面，一是将会计档案管理系统的查询会计档案目录与档案利用审批权限移交给档案管理部门，二是将电子文件备份移交档案管理部门。纸质会计档案的移交流程如图 15-6 所示。

## 四、会计凭证的漏单管理

依托电子会计档案管理系统，企业实现了记账凭证仅以电子形式保存，且相关联的纸质原始凭证无须按记账凭证顺号排列，会计档案处理工作效率显著提升。但是，随之带来的重要问题是如何保证纸质会计档案完整收集、无遗漏。该企业在会计档案管理系统中特别设置了"漏单检查"功能模块，用于会计人员核查实体原始凭证是否收集完整。

会计档案管理系统中设置默认部分类型凭证必须逐笔进行漏单检查，其余类型会计凭证由财务共享服务中心根据实际情况对有纸质原始单据的凭证类型设置为漏单检查项，无纸质原始单据的无须漏单检查。会计人员和档案整理人员在会计档案管理系统中完成了纸质档案收集、组卷、装盒、入库操作的，系统自动默认这些会计凭证为非漏单状态，否则置为漏单状态。财务共享服务中心应指定专人（会计审核或核算人员）每月及时进行漏单检查。漏单检查人员应于每月 10 个工作日内对上月会计凭证开展漏单检查，对于确实无纸质附件的记账凭证置为"非漏单"，纸质附件缺失的应及时告知相关会计核算或审核人员，核实情况确为漏单的在系统中置为"漏单"状态，注明漏单原因。漏单检查人员负责跟踪、督促补齐纸质附件，原始凭证遗失的依照相关规定处理。财务共享服务中心运营支持岗负责漏单检查的统一管理，对漏单检查的执行情况进行监督，督促各漏单检查人员及时核查、处理漏单。

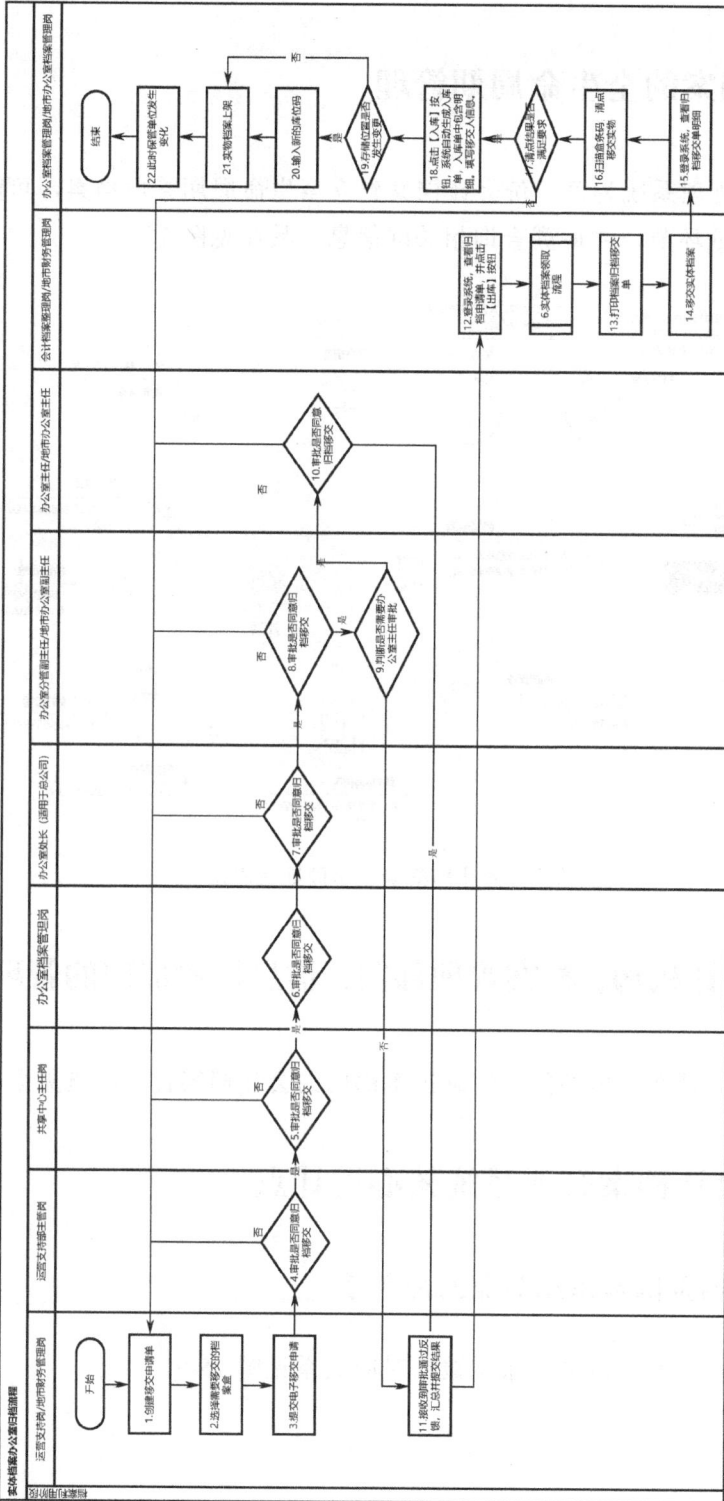

图 15-6 纸质会计档案的移交流程图

## 五、会计档案的全生命周期管理

会计档案管理系统为每一份会计档案建立全生命周期管理档案，可随时查阅该份档案所处环节，并追溯查询相关联信息，具体见图 15-7。

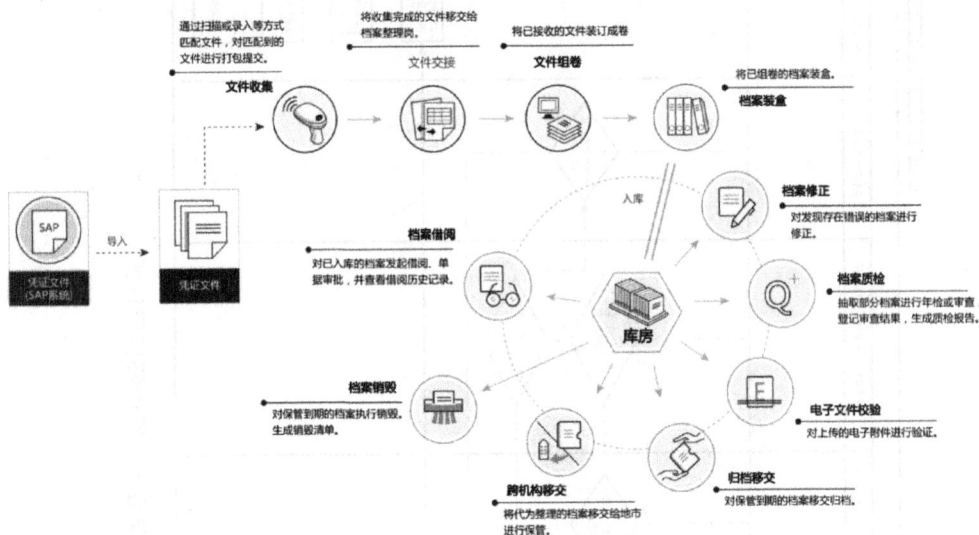

图 15-7　会计档案全生命周期信息图

## 六、明确会计机构、档案管理部门、信息技术部门的管理职责

会计机构、档案管理部门、信息技术部门的会计档案管理职责见图 15-8。

## 七、电子会计档案管理系统核心设计点

### （一）归档范围与系统数据对应关系

电子会计档案归档范围与系统数据对应关系见图 15-9。

| | 财务部门 | 档案管理部门 | 信息技术部门 |
|---|---|---|---|
| 移交档案部门之前 01 形成阶段 | 从会计核算角度提出安全性要求，进行会计记账和档案整理 | 从档案管理角度提出安全性要求，指导、监督 | 开发系统、技术保障 |
| 02 力理阶段 | | | |
| 03 财务保管 | 符合档案管理要求，库房安全检查，电子文件校验 | 指导财务部门保管、利用阶段符合档案管理的要求 | 建立备份、灾备等安全保障措施 |
| 04 档案利用 | | | |
| 05 归档移交 | 符合档案管理要求，移交电子档案目录及实体档案 | 从财务部门接收实体档案，从IT部门接收电子档案光盘，系统中可查阅电子档案目录 | 系统自动移交电子档案目录，移交备份光盘 |
| 移交档案部门之后 06 档案部门保管 | 实体利用需经档案部门审批，电子档案利用无需经过档案部门 | 保管实体档案、光盘，系统中有权查阅电子档案目录，审批，定期检查光盘可读性，定期检查数据一致性 | 定期光盘转储 |
| 07 档案利用 | | | |
| 08 鉴定销毁 | 配合档案部门评估档案价值 | 按相关制度要求办理 | 执行电子档案的销毁（如有） |

图 15-8　管理职责图

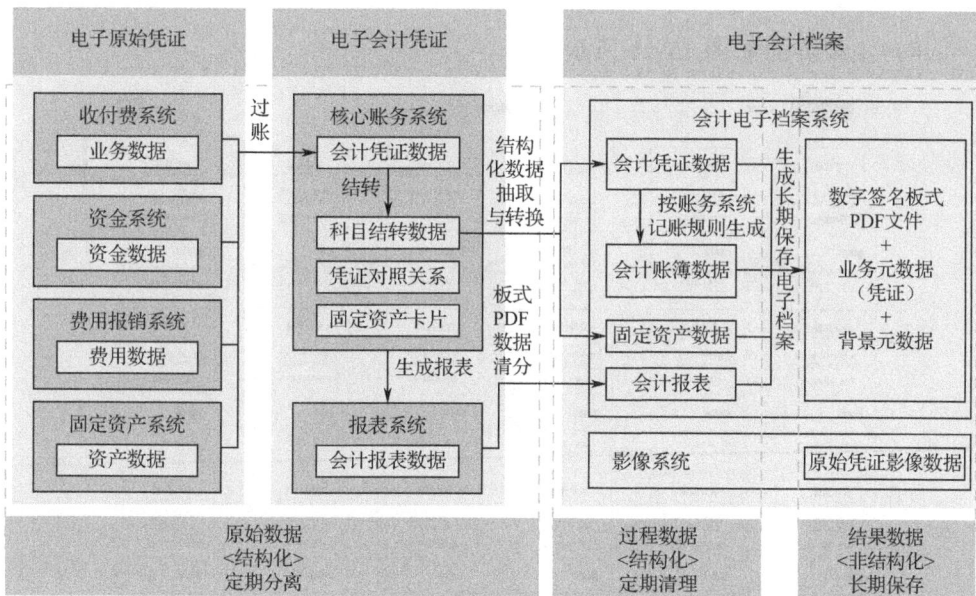

图 15-9　电子会计档案归档范围与系统数据对应关系图

## （二）系统功能模块

会计档案管理系统主要包含文件收集、档案整理、档案保管、档案检索、档案利用、档案鉴定、档案编研、档案统计和系统管理等九大功能模块，涵盖了档案管理的全过程，各功能模块说明见图 15-10。

| 菜　　单 | 功　能　说　明 |
|---|---|
| 文件收集 | 电子会计档案的收集、移交、打印、查询及处理被退回的交接单等 |
| 档案整理 | 接收电子会计档案，并对凭证、账簿、报告等会计档案进行组卷、装盒 |
| 档案保管 | 档案的入库、出库、接收、移交数据、查看库房情况以及电子文件校验功能等 |
| 档案检索 | 查询会计及档案文件的相关信息 |
| 档案利用 | 包括借阅轨迹，档案修正、质检任务单和质检报告数据等 |
| 档案鉴定 | 档案销毁的申请、审批，以及查看已经销毁的档案清册 |
| 档案编研 | 维护档案编研类别，并上传编研成果 |
| 档案统计 | 实现按不同口径对档案的室藏情况、借阅情况、保管到期情况等进行统计 |
| 系统管理 | 会计电子档案系统的基础信息维护及日常管理等 |

图 15-10　功能模块说明

## （三）友好的用户界面

用户主要界面如图 15-11 所示。

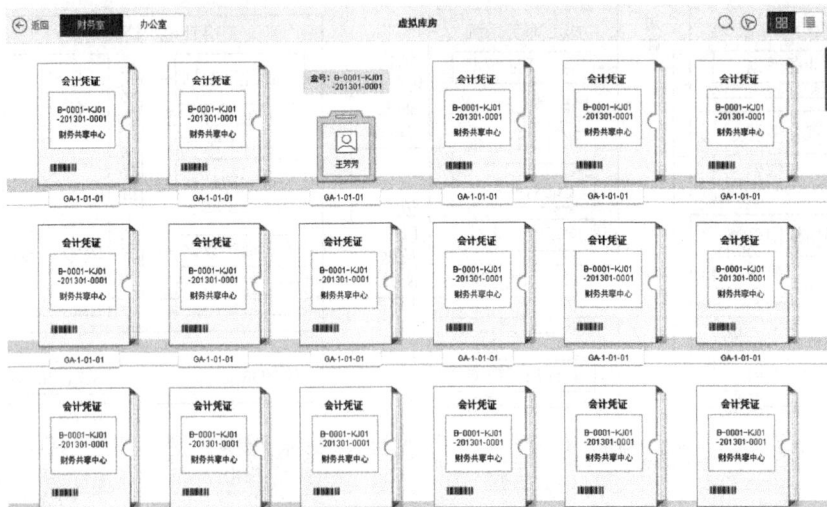

图 15-11　用户主界面

## （四）会计档案管理系统的归档过程

会计核算系统和其清分数据库之间采用数据库同步软件进行准实时（时效随数据写入量变化有所延迟）同步，电子会计档案抽取的数据均来自离线的会计核算系统清分数据库，如图 15-12 所示。

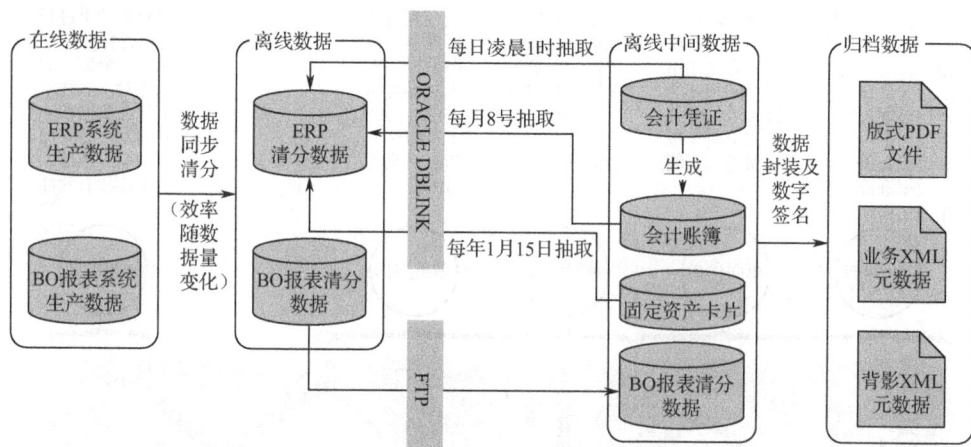

图 15-12　电子会计档案归档数据图

会计凭证在系统中的归档过程如图 15-13 所示。

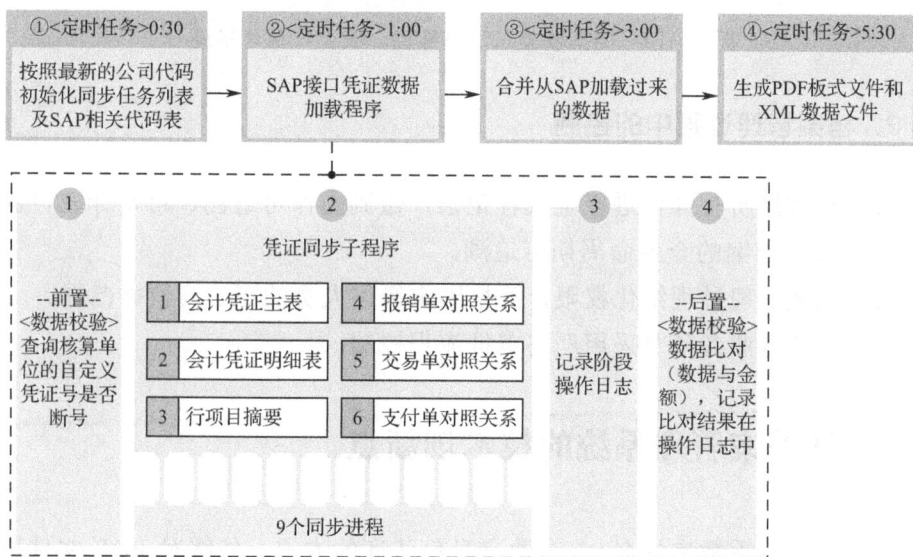

图 15-13　会计凭证归档过程

### （五）真实性、安全性保障

#### 1．在档案收集过程中的控制

档案收集过程真实性、安全性保障措施如图 15-14 所示。

避免占用业务繁忙时间造成系统相互影响，利用闲时（每日凌晨）进行数据采集，并保证下一工作日可以利用最新的数据进行档案相关工作。

整个传输过程采用正向不可逆的方式采用跟时间相关的批次号，并在实现上避免数据覆盖的可能。

对整个收集过程进行跟踪和监控，记录关键操作时间节点，准确定位收集过程出现的问题。

混合利用数字签名、双向数据加密比对等防伪手段，达到多重防伪，防止篡改的目的。

对收集结果进行完整性校验，在数量、金额上完全比对，从技术上保证数据传输的质量，有效保障数据一致性、真实性和有效性。

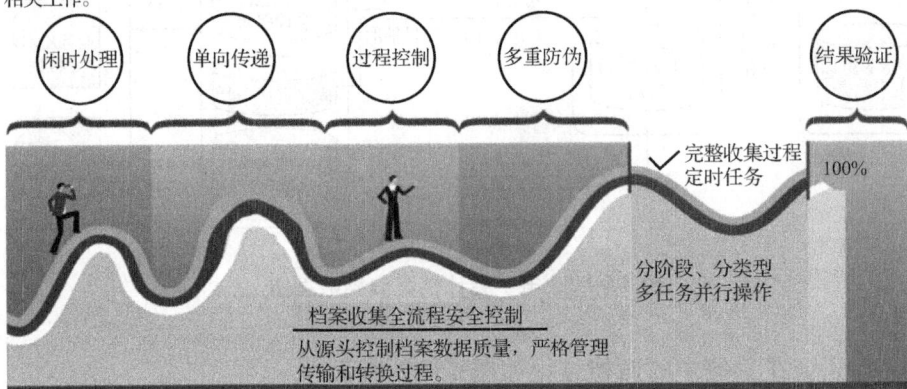

闲时处理　单向传递　过程控制　多重防伪　结果验证

档案收集全流程安全控制

从源头控制档案数据质量，严格管理传输和转换过程。

完整收集过程定时任务　　100%

分阶段、分类型多任务并行操作

图 15-14　档案收集过程真实性、安全性保障措施

#### 2．档案管理过程中的控制

（1）对数据所有操作进行全流程记录，做到操作可追溯、可审计、可监控的目的，确保档案的全生命周期可追溯。

（2）档案处理过程细化权限，严格限定操作人员的可访问数据范围。

（3）对关键业务环节采用严格审批流程控制。

## 八、会计档案管理系统的技术创新点

（1）采用双重数字签名+专有数字身份认证的方式，能够对 PDF 文件进行内容及水印双重签名，防止对原文和水印进行篡改。对安全级别极高的档案可

以采用针对借阅人身份（员工 USB KEY）进行专有数字认证的方式，保证借阅人是唯一具有查看权限的人，具体方法见图 15-15。

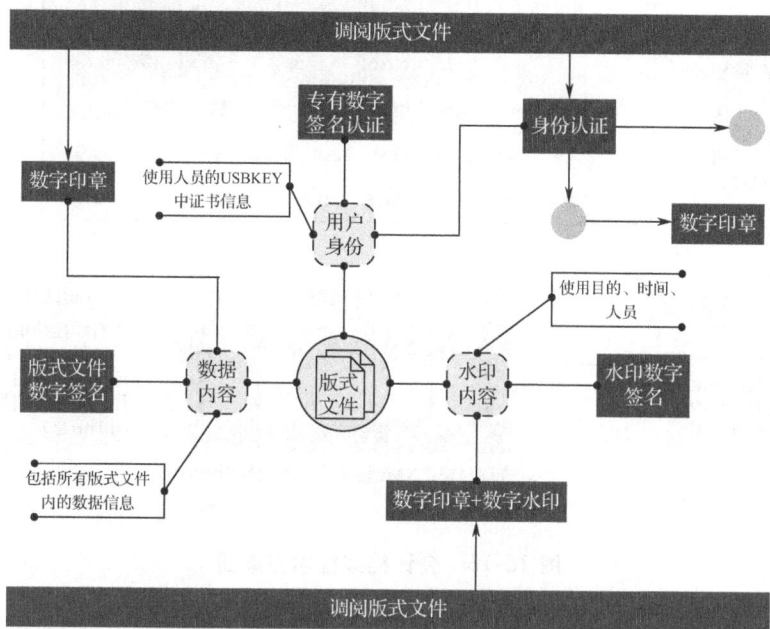

图 15-15 身份认证方法

（2）采用 AngularJS+CSS3 的前端敏捷开发框架，运用轻写实加交互虚拟化的人机交互设计模式，显著提高系统的人机交互效率、使用户获得更好的使用体验。

（3）采用纯文件级数据检索，使用 C 语言编写响应检索程序，节省大量的数据及索引存储空间，同时采用多线程并发检索的方式，在保证搜索结果正确性的前提下有效地提高查询效率，具体参见图 15-16。

（4）采用完全自主研发的工作流引擎，运用图形化的流程配置工具，针对目前的实际业务情况灵活配置出准确、高效、满足审批业务需求的工作流，具体见图 15-17。

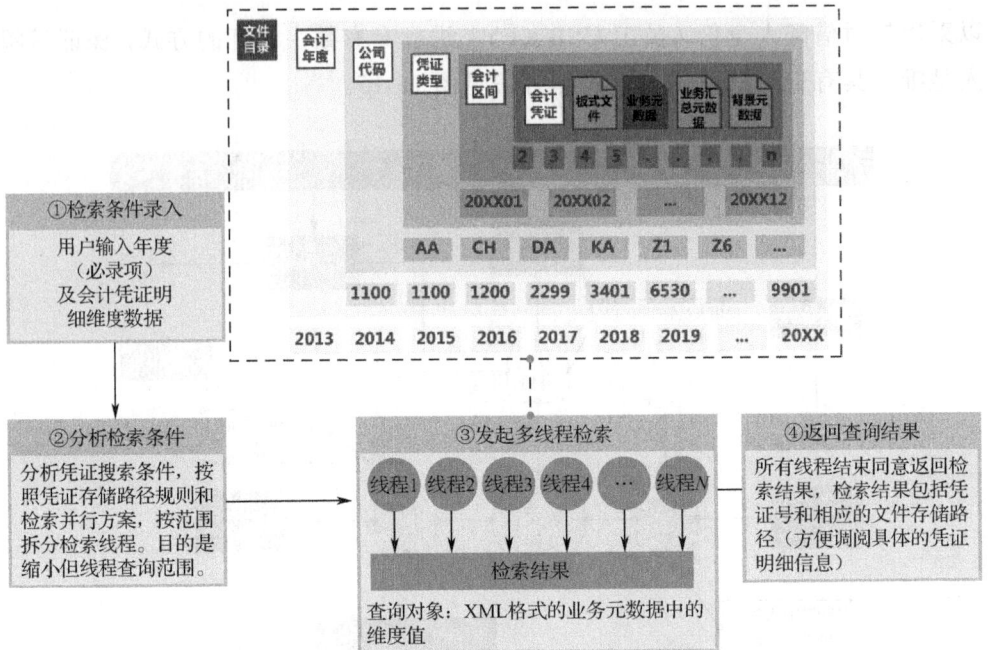

图 15-16　会计档案检索方案图

图 15-17　审批业务需求工作流程图

# 第十六章 ［案例2］某企业电子会计档案管理的基本做法

某企业集团财务转型与集约运营过程使会计基础工作由分散走向集中。作为会计处理过程中的基础信息载体，电子会计档案的管理发生了根本变化，其基本做法如下。

## 一、以信息共享为核心搭建统一的电子会计档案信息管理平台

### 1. 利用电子会计档案管理系统整合电子会计档案信息

以电子会计档案管理系统为基础平台，整合会计核算系统、共享报账服务平台、银企直联系统等的报账流程报账和影像信息、自动收集的非报账类原始凭证影像信息、记账凭证电子信息、各类账簿电子信息、报表电子信息、银行回单电子信息等，保留调阅其他业务财务管理系统数据的能力，全方位提供会计档案电子信息。

有关电子会计档案管理系统电子数据的来源关系见图16-1。

### 2. 利用电子会计档案管理系统管理纸质会计档案

通过电子会计档案管理系统和影像子系统管理纸质档案制作、接收、流转、出入库、调阅等工作，藉此将会计档案电子信息和纸质会计档案勾稽对应，使电子会计档案管理系统成为管理全生命周期会计档案的信息平台。影像子系统数据在纸质档案归档完成后转移至电子会计档案管理系统统一管理。

有关电子会计档案管理系统的基本结构见图16-2。

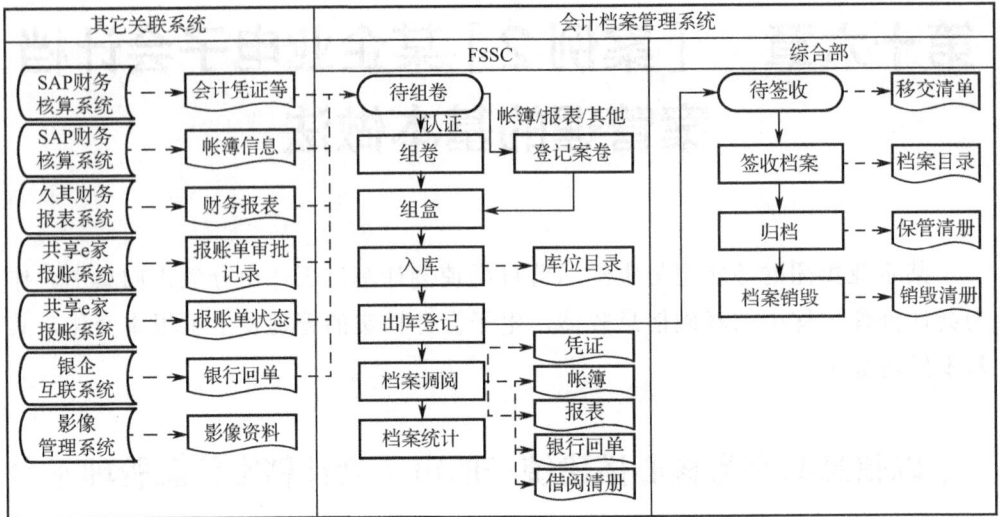

图 16-1　电子会计档案管理系统电子数据来源关系

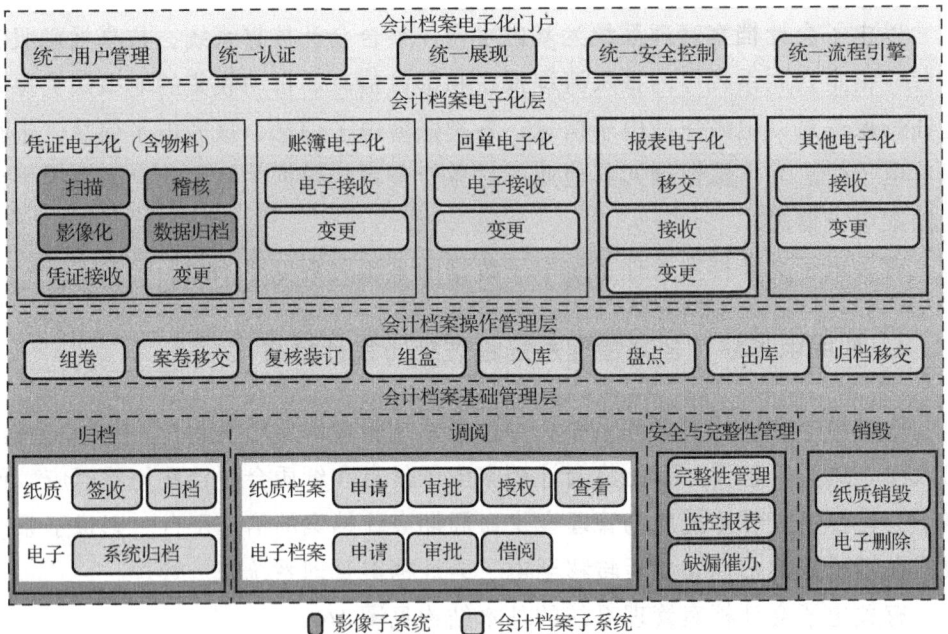

图 16-2　电子会计档案管理系统基本结构

## 二、结合业务和财务流程形成基础会计档案影像化整体解决方案

### 1. 借助报账流程直接解决报账类原始凭证影像化

通过扫描前置到报账发起环节直接对报账类原始凭证影像化，为后续管理和业务审批、会计处理全流程提供电子档案信息支撑，通过提升流程效率来补偿扫描环节发生的劳动耗费。

### 2. 利用信息自动收集手段解决非报账类原始凭证影像化

直接获取非报账类原始凭证所涉及转固和预转固、资产管理、税费管理、收入管理等业务管理平台生成的会计档案电子信息，方便会计电子化处理及非报账类原始凭证电子数据的直接生成。

### 3. 通过现有业务管理流程改造引入影像化

对基于纸质档案流转的业务管理模式进行改造，在业务管理流程初期引入影像化操作，使业务管理模式由基于纸质流转的处理模式转变为基于纸质档案的电子处理模式，如采购类物料模块凭证影像化管理试点问题。

## 三、多方合作寻求银行电子回单解决方案

### 1. 寻求直联银行支持，进行银行回单电子化试点

取得工行、招行、农行、建行等主要直联银行配合推进银行回单电子化试点，通过银企直联系统取得经过稽核确认的完整银行电子回单支付数据，同时完成电子回单与电子记账凭证之间的信息集成与关联，支持后续电子会计档案信息利用。

### 2. 建立资金业务稽核机制，同时保证资金支付的安全性和完整性

考虑到银行业目前尚未形成可认证的银行电子对账单，电子回单数据的完

整性无法直接核对确认，依靠保证电子支付业务安全的及时稽核机制，确认资金支付电子回单数据的完整性。

### 3. 与第三方支付公司合作实现非直联银行回单电子化

除主要直联银行外，剩余非直联银行全部采用直联方式进行银行回单电子化成本过高，且费时费力。通过将剩余银行账户交易转移到第三方支付公司、交易最终结果直接进入主要直联银行的方式可快速、高效完成剩余银行的回单电子化工作。

### 4. 基于电子回单形成电子化管理的单位收支报告体系

以基于电子回单数据完整性的电子银行回单汇总表替代电子银行对账单，在此基础上完成电子对账并形成电子银行余额调节表、多账户汇总审批的单位收支报告，实现电子对账结果与报表数据直接校验。

## 四、通过原始凭证条码信息实现纸质档案和电子档案双向查询

通过影像化过程中的原始凭证条码信息解决原始凭证的成档、检索以及与记账凭证之间的匹配问题，具体实现方式如下。

（1）在报账发起环节产生原始凭证条码信息，即报账单条码，如图 16-3 所示。

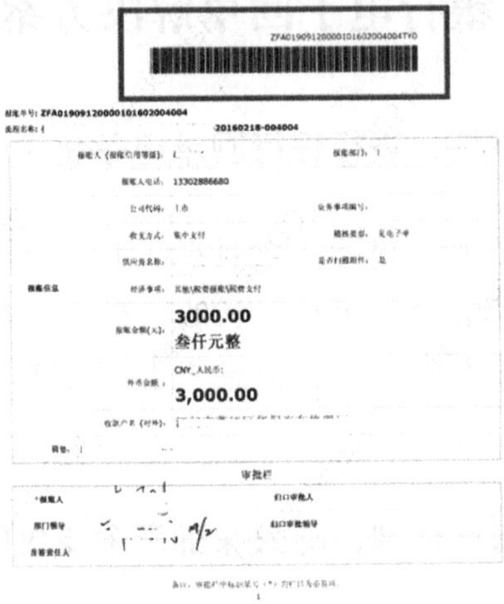

图 16-3　原始凭证条码信息示意图

（2）在票据流转过程中，通过报账单条码在影像系统检索可定位到当前处理环节，如图16-4所示。

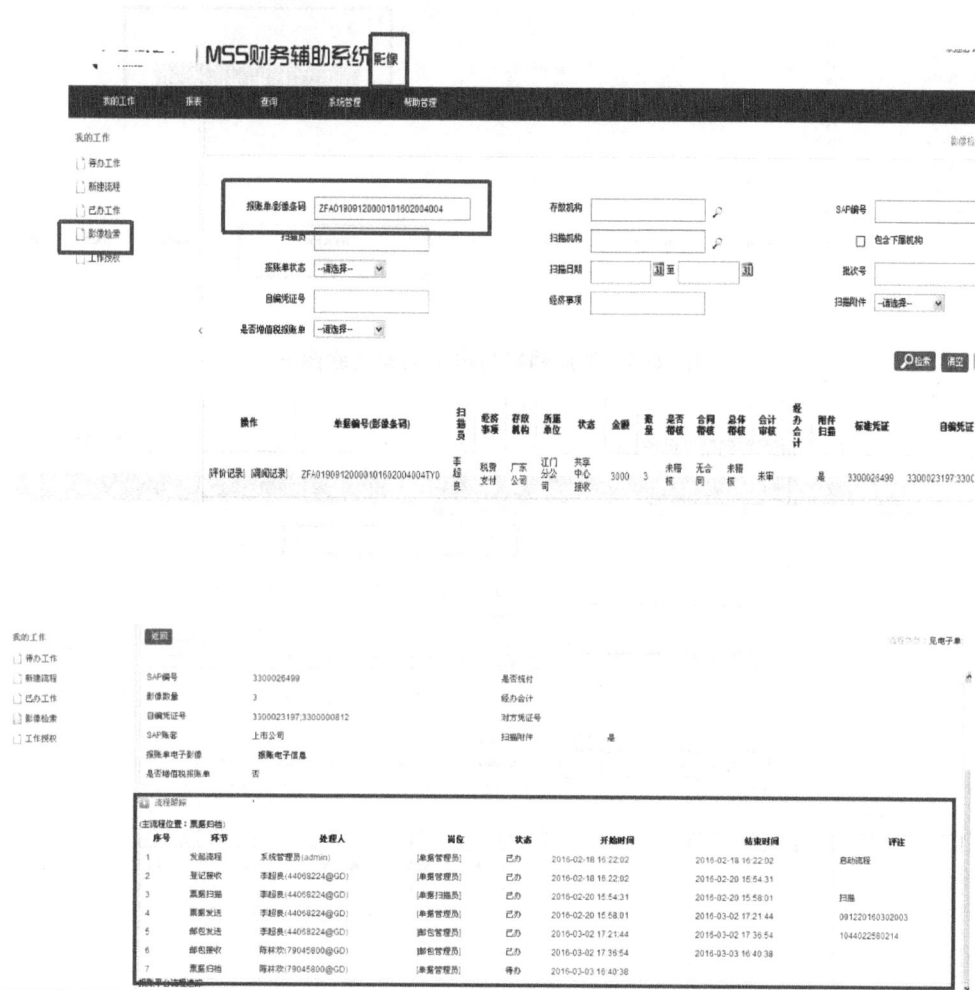

图16-4　票据流转定位图

（3）在票据制档过程中，档案操作员在档案系统逐份扫描录入报账单条形码后，系统自动产生案卷号，该案卷号将纸质档案与电子档案相关联，如图16-5所示。

（4）产生档案后，在档案系统的查询模块（可通过多个查询条件，如报账单号、凭证号、案卷号、档盒号等），可检索纸质档案与电子档案的关联信息，具体见图16-6。

图 16-5　纸质档案与电子档案关联图一

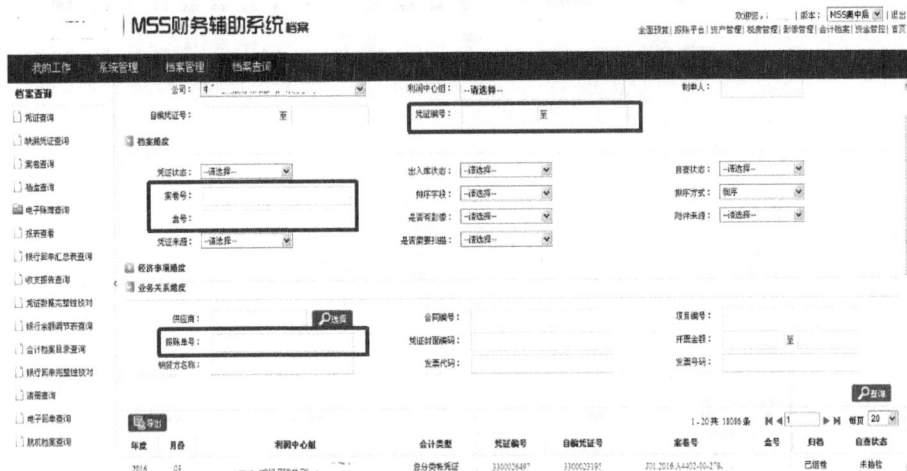

图 16-6　纸质档案与电子档案的关联图二

# 五、初步形成电子会计档案整体管理方案

## 1. 形成记账凭证电子化应用模式

提出基于纸质原始凭证的整理、制档和检索模式，通过原始凭证条码信息解决原始凭证的成档、检索以及与记账凭证之间的匹配问题，并在此基础上实

现取消打印保管纸质记账凭证，仅保管纸质原始凭证的做法，同时在电子会计档案管理系统保管记账凭证完整的电子信息。

在实际操作中，原始凭证成档在电子会计档案管理系统中依旧以记账凭证为基本单位，同时通过电子会计档案管理系统及纸质档案卷首的记账凭证与原始凭证勾稽关系表管理卷内纸质原始凭证。

此操作不仅每年减少打印数千万张记账凭证，还将成档、制档过程的若干个关联环节压缩 50% 以上，大大减少纸质档案成档过程的劳动，减轻工作压力。

## 2．推动账簿和银行回单电子化应用工作

在各类账簿、银行回单初步电子化基础上取消纸质的打印、处理和保管工作，仅在电子会计档案管理系统中保管对应电子信息；利用电子会计档案管理系统的电子数据合成相关档案信息，满足各项调阅需求。

# 第十七章 ［案例 3］记账凭证电子化管理后纸质原始凭证的全流程操作

票据流转流程主要包括报账发起、票据扫描、票据审核、票据寄送、票据接收、票据稽核和票据整理等七个环节，其票据审核、票据稽核环节需对纸质与电子的一致性进行匹配。依托报账平台、影像系统的报账服务一体化流程在实现票据实物和电子信息并行流程管理的同时，以省市票据稽核环节有效保证纸质和电子会计档案的真实性和一致性。

（1）报账发起环节包括报账票据获取、报账单填制两个作业。

① 报账票据获取作业：报账人按报账规范取得经济事项发生过程产生的各类票据，并对报账票据的真实性、准确性、完整性、合规性、合理性进行自检。

② 报账单填制作业：报账人在报账平台清晰、准确、完整填制与打印报账单（含报账单条形码），按规范粘贴纸质报账票据，提交票据扫描的电子流程，并及时将纸质报账票据提交本单位票据收集点。

（2）票据扫描环节包括票据收集、票据传递和票据扫描三个作业。

① 票据收集作业：市级分支机构、县级分支机构应设立固定的票据收集点，并由票据接收员负责收集本单位管理范围内的纸质报账票据。

② 票据传递作业：营销服务中心、区县分公司及时递送纸质报账票据至区县分公司、市分公司票据收集点，并做好纸质报账票据的交接记录和签收确认。

③ 票据扫描作业：票据接收员从报账单首页开始，按照顺序逐页扫描符合扫描要求的纸质报账票据，确保影像票据与纸质票据保持外观面、内容、顺序和数量的完全一致。

（3）票据审核环节包括直线经理电子审核、首签责任人电子审核、归口部门电子审核、财务部票据审核、市分公司领导电子审批五个作业。

① 直线经理电子审核：直线经理及时审核报账票据的真实性、合规性，履行电子审核鉴证责任。

② 首签责任人电子审核作业：首签责任人及时审核认定报账事项的合规性，履行电子审核首签责任。

③ 归口部门电子审核作业：市分公司根据内控要求及业务管理需要，可设置归口部门电子审核作业环节，归口部门及时审核报账事项的合理性，履行电子审核归口鉴证责任。

④ 财务部票据审核作业：第一，票据稽核员履行纸质报账票据的完整性、准确性和合规性审核责任，关注属地稽核票据的发票真实性、合规性与发票金额加总及纸质与电子的一致性匹配；第二，财务部经理关注大额报账事项支撑依据的充分性、合规性等内容，及时审核电子流程。

⑤ 市分公司领导电子审批作业：根据内控审批权限要求，市分公司领导重点审核大额报账事项合理性、审批合规性等内容，及时审核电子流程并履行电子审核领导责任。

（4）票据寄送环节包括邮包制作、寄前检查、邮包寄送三个作业。

① 邮包制作作业：市分公司/区县分公司票据接收员通过影像系统生成发送清单、邮包清单，并按要求整理捆扎拟寄纸质报账票据。

② 寄前检查作业：市分公司/区县分公司票据接收员检查核对邮包清单、发送清单、报账单、报账单附件的对应关系及其放置顺序。

③ 邮包寄送作业：市分公司/区县分公司票据接收员应按日向共享中心/市分公司寄送报账票据，并在影像系统完成邮包发送操作。

（5）票据接收环节包括邮包接收、票据接收两个作业。

① 邮包接收作业：共享中心/市分公司票据接收员接收邮政部门寄送邮包或分支机构自送邮包，交接双方应当面做好邮包的交接记录和签收确认。

② 票据接收作业：共享中心/市分公司票据接收员通过影像系统按"邮包清单→发送清单→报账单"顺序进行票据接收，核对接收记录、确认接收实物的数量。

（6）票据稽核环节。

共享中心票据稽核员履行票据稽核责任，关注全省集中稽核票据的发票真实性、合规性与发票金额加总及纸质与电子一致性匹配；市分公司票据稽核员履行票据稽核责任，关注属地稽核票据的发票真实性、合规性与发票金额加总及纸质与电子一致性匹配（影像系统操作）。

（7）票据整理环节。

共享中心票据稽核员将经共享中心票据稽核和会计审核通过的全省集中归档纸质票据根据组卷要求按份整理；市分公司票据稽核员按份整理属地归档的纸质票据。

# 第十八章 ［案例4］某企业会计档案电子化管理案例

## 一、整体方案

### （一）基本情况

随着会计电算化和企业信息化工作的推进，该企业采用 ERP 等套装软件，实现了会计核算电子化和业务财务一体化，在满足了经营管理对企业多维度信息需求的同时，会计核算日益精细化，业务处理自动生成的会计分录数量巨大，会计档案资料日益增多。大量的会计档案占用了庞大的库房空间，消耗了大量的人力、物力，而且传统打印流程也影响了生产系统的高效运作，既不利于企业进一步深化实施会计信息化工作，也不利于全社会节能减排工作的开展。

为顺应财务信息化的发展，实现降本增效，该企业依托全公司一级架构的 ERP 系统、报账系统、资金管理系统和数字档案馆系统，通过全面的业务梳理和系统的优化、改造，实现了全集团的会计档案电子化，见图 18-1。

图 18-1  一级架构的档案管理系统

## （二）总体解决方案

会计档案电子化总体方案见图18-2。

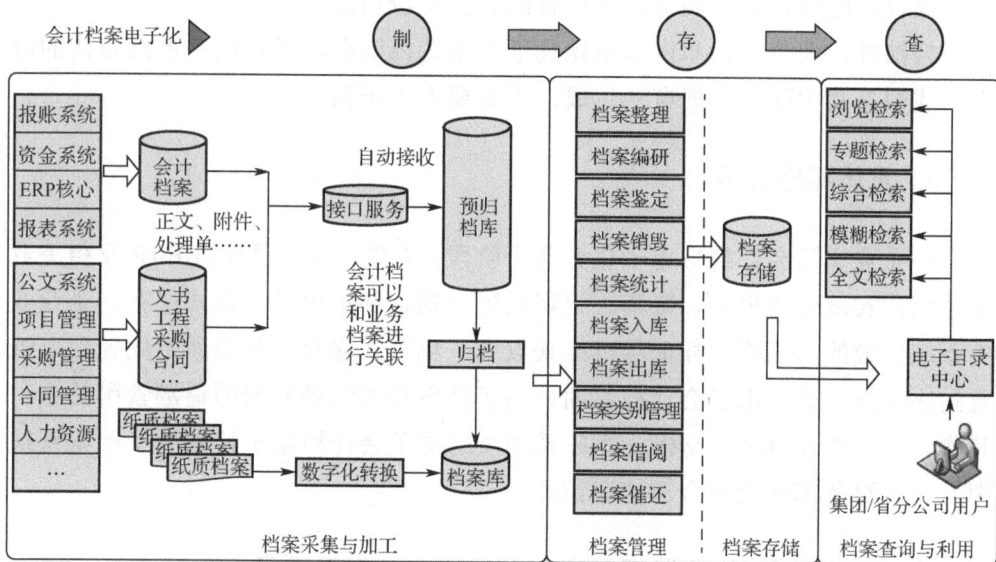

图 18-2　会计档案电子化总体方案

### 1．会计档案电子化管理范围

会计凭证类：原始凭证、记账凭证。

会计账簿类：总账、明细账、日记账、固定资产卡片。

财务报告类：月度、季度、年度财务报告，包括会计报表、附表、附注及文字说明。

其他类：银行存款余额调节表、银行对账单、其他应当保存的会计核算专业资料、会计档案移交清册等。

### 2．设计原则

相关性：系统内的报表、账簿、记账凭证、内部原始凭证之间相互关联，有完整的逻辑关系。记账凭证根据内部原始凭证和业务单据手工或自动生成，并可追溯；账簿由记账凭证自动生成；报表根据记账凭证和系统内业务数据自动生成。

完整性：会计档案电子化后，原有纸质凭证的审核点、控制点需转移到系统的电子流程或电子单据，应做到审核和控制的完整不缺失。

安全性：数据审批确认后不允许修改，或修改后需要重新审批；有完整的用户授权、验证、审计功能；有完善的数据备份功能。

合法性：业务单据和内部原始凭证在系统内要有电子审核和审批确认的流程，或根据其关联的单据自动生成，不需要人工干预。

### 3. 具体实施方案

该企业实施会计档案电子化分两个阶段，首先，依托现有的 ERP 及相关业务系统，实现会计报表、账簿、记账凭证、银行回单电子化方式保存；企业业务系统生成的内部原始凭证尽可能采取电子化方式保存，外部原始凭证采取纸质实物保存；建立电子会计档案间、电子档案和实物档案间的追溯索引关系。其次，将分散在 ERP 及相关业务系统内的电子会计档案平移到电子档案系统中，并从财务部移交综合部档案馆。

### 阶段一：基于 ERP 及相关业务系统的会计档案电子化

ERP 及相关业务系统建设完成后，实现了业务处理信息化、财务业务一体化、会计核算自动化、企业管控系统化，固化了内部核算和控制规则，财务核算按照会计规则从业务活动自动归集，保障了财务数据的真实、准确，并通过系统间数据关联，做到数据可追溯；报表根据系统内的数据自动出具，能满足外部监管和内部管控要求；ERP 系统等业务系统构建了双机热备、数据组合备份的信息化系统支撑体系，完善的运维安全控制和风险管理，确保系统安全、高效；满足了会计档案管理的相关性、完整性、安全性，可依托 ERP 及相关业务系统实现会计档案电子化。

（1）会计凭证

记账凭证以电子化方式保存，不再进行纸质存档。

外部原始凭证需纸质保存并归档。其中，通过报账系统发起并入账的外部原始凭证需和报账单匹配纸质保存，通过报账单编号建立原始凭证与记账凭证之间的关联，依靠信息化手段检索调阅；不通过报账系统发起并入账的外部原始凭证，需在原始凭证粘贴单上手工标注记账凭证号，按记账凭证编号顺序归档；报账单如无匹配的外部原始凭证不需打印。

内部信息系统产生的原始凭证（如出入库单、到货签收单等）以电子化方式保存，通过建立与记账凭证之间的关联，依靠信息化手段检索调阅；营业系统的收入报表、结算报表、人力资源系统生成的人工成本计提业务报表，需要专业部门稽核确认，需保留纸质附件。

纸质会计凭证装订时，每册应附《会计凭证归档对照表》。报表中包含：记账凭证编号、报账单编号、有无附件、制单人、金额、摘要、来源系统等信息。会计凭证的装订按照记账凭证编号顺序装订，如"无附件"，该记账凭证编号可以空缺跳过，如"有附件"，该记账凭证编号不可跳过。如系统出具的《会计凭证归档对照表》中"有无附件"和实际附件情况不符，需由会计员在《会计凭证归档对照表》签章更改。

（2）财务报告和会计账簿（包括总账、日记账、固定资产卡片）

内部报表主要用于企业内部管理及监管，数据主要来源于 ERP 系统：业务数据的查询、分析、输出，原则上以电子的方式提供，如业务管理有需要，可向有关部门申请 ERP 系统和报表系统相应的查询权限。

外部报表由报表系统出具，视外部单位的要求，以纸质或电子的形式提供。

会计账簿不再打印，需要会计账簿时，以电子形式提供，也支持账簿的随机打印需求。

公司通过资金平台进行资金支付，资金平台保管了全部电子支付数据且可查询付款凭证及电子支付信息。对已经实现资金平台电子化存储的银行回单停止纸质整理和保存，以电子介质保存资金平台支付的电子回单，通过电子回单和记账凭证的关联关系，采用信息化手段检索调阅。银行对账单需纸质保存。

## 阶段二：通过档案管理系统实现单一系统会计档案电子化

ERP 及相关业务系统的会计档案电子化解决方案，会计档案分散存储在不同的系统中，追溯查询相应复杂，也未实现部分内部原始凭证（如 B 侧、HR 等系统的报表）的电子化。通过 ERP 及相关业务系统和数字档案馆系统的有效集成，建立电子档案管理系统，在一个系统中以电子化的方式管理所有会计档案，使企业会计档案管理工作达到规范化、系统化。

（1）电子档案管理系统

电子档案管理系统支撑企业生产经营过程中产生的各种类型档案从收集、归档、存储、管理以及利用全过程，支撑从档案建立到档案销毁的档案全生命周期管理。电子档案管理系统主要包括三大平台、核心应用平台、核心功能平台以及系统管理平台。

其中，核心应用平台主要功能包括：电子文件中心、电子目录中心、虚拟档案室、共享利用平台、电子阅览室、专题档案室、多媒体档案室、网上虚拟展厅、档案门户网站；核心功能平台主要功能包括：档案数据采集与加工、档案数据存储与管理、档案数据查询与利用；系统管理平台主要功能包括：元数据管理、基础数据维护、日志管理、权限管理、流程管理、电子文件格式转换平台、归档配置管理、接口管理、数据备份，见图18-3。

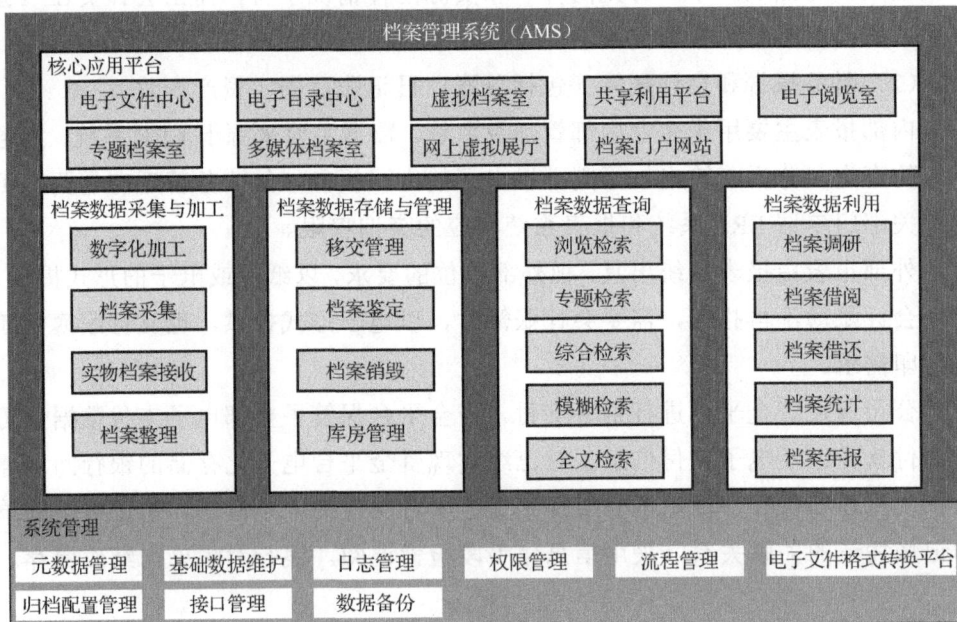

图 18-3　档案管理系统平台

（2）会计档案电子化

通过电子档案系统的集成接口，将 ERP 及相关业务系统的记账凭证、会计账簿和报表、报账单及审批信息、电子银行回单、内部原始凭证、外部报表及时归集到电子档案系统，并建立记账凭证和报账单、内部原始凭证、电子银行回单之间的关联关系，在电子档案系统中实现所有会计档案的相关查询。

# 二、会计档案管理

## （一）会计档案归档流程

归档流程分成文件鉴定、整理编目、移交和归档入库等环节，参与角色有部门档案员和档案馆/室档案员，具体流程如图 18-4 所示（虚框代表部分档案需要）。

| 档案归档流程——档案馆/室 | | | |
|---|---|---|---|
| 文件鉴定 | 整理编目 | 归档入库 | 不归档库 |

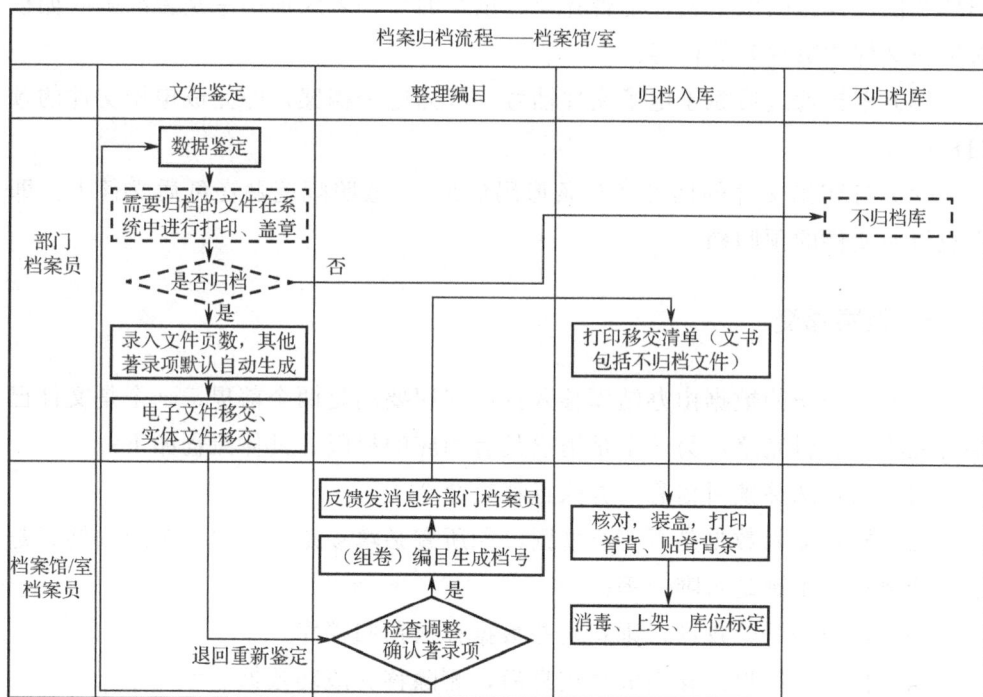

图 18-4　会计档案归档标准流程

## 1. 档案鉴定

（1）鉴别电子文件价值，确定其存舍；

（2）审核电子文件的真实性、完整性、有效性等；

（3）核对其内容和签章，保证与其相应的纸质文件一致；

（4）对应归档的电子文件填写必要的著录项（如文件标题、主题词、形成

时间等);

(5)著录项大部分是系统自动提取或系统根据规则默认,只需填极少项(如页数)。

### 2. 整理编目

(1)电子文件从各部门办结区/库进入到预归档库,其管理权限同时向档案管理部门移交;

(2)对经鉴定应归档的电子文件进行审核;审核项包括电子文件是否属于归档范围、挂接的电子文件是否齐全、填写的相关著录项信息是否准确（如核对纸质文件的页数）等内容;

(3)审核通过后赋予电子文件档号,成为电子档案,即完成电子文件的预归档;

(4)打印出文件的档号（含条形码信息）,按照规范贴在纸质文件上,即完成纸质文件的预归档。

### 3. 档案移交

将鉴定完毕的数据由办结库移入预归档库要满足两个前提,一个是文件已鉴定完毕、资料完整;另一个是用户具有相应的权限。具体流程如下:

(1)用户选择条目信息,并执行移交命令;

(2)检查输入数据是否符合规则,如所有必填项是否已填、著录项格式是否符合要求、主键是否唯一等;

(3)若数据符合规则,则将这些数据移入预归档库;

(4)预归档库返回移交成功信息后,删除移交成功数据;

(5)需移入预归档库的条目信息;

(6)移交成功/失败通知;

(7)打印需移交的文件目录,以便核对;

(8)输出移交成功信息。

### 4. 归档入库

(1)首先对装具盒进行管理,再根据装具盒的大小选择适量的文件进行装盒、打印、粘贴脊背条、然后消毒上架，即完成纸质档案的归档入库；

（2）在系统中进行档案库位的标定，即完成电子档案的归档入库。

具体见图 18-5。

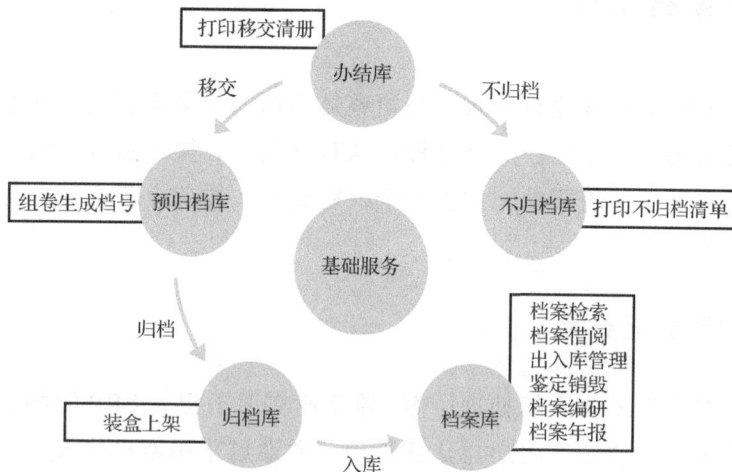

图 18-5　会计档案归档核心功能设计

## （二）会计档案的借阅

用户申请借阅相关档案时，需要填写借阅申请单（包含借阅列表），随后由系统判断用户是否有相关文件的借阅权限。若有，则执行借阅；若没有，则发起借阅申请流程。随后系统在相关用户电子阅览室中显示相关文件，发起借阅流程。

会计档案借阅审批流程如图 18-6 所示。

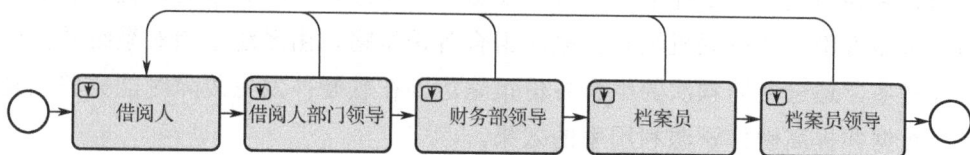

图 18-6　档案借阅审批流程

借阅人提交借阅申请后，由借阅人部门领导和财务部领导进行会签审批，审批通过后再由档案员进行检查，并交给档案员领导进行最后审批，审批通过后借阅人才可进行档案借阅工作。授权完成后，各公司用户可在"档案检索"

中查询档案，并发起借阅审批，审批完成之后，在"档案利用——电子阅览室"中查看。

# 三、档案系统安全

该企业的档案系统建设纳入了公司整体的信息安全框架内。在系统的规划设计、建设实施和运行维护的全过程，从管理制度、操作流程和安全技术等各方面，贯彻安全保密的要求，加强安全保密管理，构建全程全网的信息安全和信息保密体系。

## （一）IT 系统安全

在会计档案电子化系统处理层面，该企业实现了相关 ERP 等相关业务系统和数字档案馆系统的统一用户与认证管理，并通过采用双机热备、负载均衡、安全控制列表、冗余存储、组合数据备份等 IT 系统安全保障技术来保证会计档案电子化的 IT 系统安全。

（1）业务安全性：单据审批确认后不允许修改，或修改后需要重新审批。

（2）应用安全性：统一用户管理、统一认证管理；集成企业信息化门户的单点登录管理平台，实现各专业系统一点登录；执行实时用户行为审计和安全操作自适应策略，保证授权用户的规范化操作。

（3）硬件和备份管理：双机热备，充分保障系统的安全运行；机房设计的网络环境实现网络层的负载均衡，并设置安全控制列表保护数据库服务器的安全；存储介质采用磁盘阵列模式，以保证较理想的快速、安全存储；存储设备使用冗余存储模式，以保证系统数据在磁盘更换过程中不会丢失，且所有数据都有可靠备份，并可联机恢复；采用组合备份策略，由系统定期对系统数据库进行热备，通过不同频次的组合备份策略达到在软硬件发生故障时能完整恢复系统数据并提高硬件资源利用率的效果。

（4）内网信息安全：该企业已经建设了强大的内网信息安全管理体系和技术体系，为会计档案电子化工作奠定了良好的信息安全基础，为会计档案电子化工作提供了有力的网络信息安全基础。

## （二）档案使用安全

该企业为会计电子化档案专门建立了安全权限控制机制，在线浏览与会计档案原文件相互保持独立，保证会计档案电子文件所有展现形式一致，从而强化了电子化档案使用时的安全保障。

# 四、管理成效

企业通过实施会计档案电子化管理，支撑了会计全业务流程的电子化，促进了财务处理的自动化和业务操作快捷化，真正实现会计工作无纸化办公，有效降低了企业成本，具有显著的经济效益和社会效益。

## （一）财务处理自动化

（1）实现了财务信息从业务数据获取、核算规则从人为判断到系统判断、会计凭证由人工输入到自动生成的转换。

（2）业务信息按照预先定义的会计科目映射关系，自动产生会计事件，自动产生会计凭证，财务人员的工作内容转换为对业务信息和凭证进行审核，极大地提高财务处理效率。

## （二）业务操作快捷化（以工程建设管理业务为例）

（1）项目信息、任务信息、物资信息的一次录入多次复用的机制保证了数据一致性，减少了数据重复录入工作量。

（2）设备清单导入、接收直发以及自动装配等功能解决了大批量数据成批处理的操作难题，极大地提高了工程项目经理、物资账管员、物资库管员的工作效率。

## （三）有效降低成本，实现节能减排

以该企业某二级单位为例，实现会计档案电子化后，初步测算每年可节省纸张 133 万张，纸张成本可节省约 100 万元，IT 耗材成本可节省约 200 万元，人员成本及库房成本减少 300 万元，总计节约成本 600 万元。凭证电子化前后档案封量对比见图 18-7。

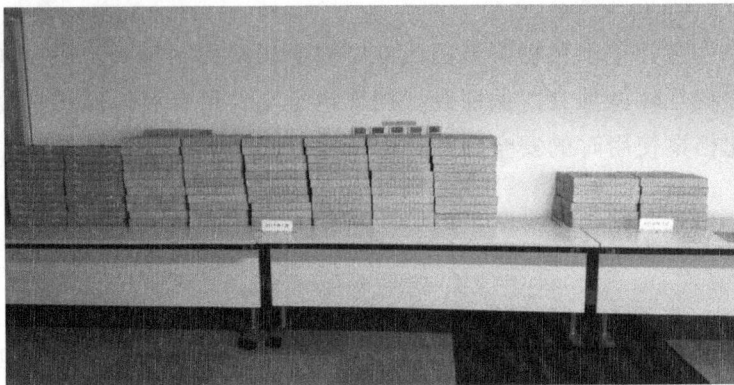

图 18-7　凭证电子化前后对比

# 第十九章 ［案例5］会计档案"五线谱"

## 一、背景

2015 年 12 月，财政部、国家档案局发布了最新的《会计档案管理办法》，其中明确了企业不仅可以通过计算机等电子设备形成、传输和存储会计档案，而且可以利用计算机、网络通信等现代信息技术手段管理会计档案。不再单一强调企业必须建立纸质档案，而是在一定条件下可以通过完善的信息系统，来实现企业会计档案的保存。这一重大修订，对于像中兴通讯这样的全球化企业来说，无疑具有非常重要的意义。

中兴通讯成立于 1985 年，经历三十年的磨砺和探索，目前已经成为全球领先的综合通信方案提供商和最大的通信设备上市公司，其业务遍及全球 160 多个国家和地区，人员规模超过 7 万人。为解决企业分支机构扩展带来的一系列管理问题，中兴通讯的财务工作者们勇于创新，建立了国内第一家共享服务中心，2013 年逐步形成了国内第一家以中国本土为总部，服务全球的财务共享服务中心。目前该中心有 300 多名员工，负责全球 80 多个国家的核算业务，100 多个国家的资金管理，服务语言多达 25 种，已经成为中兴通讯集团的全球核算中心、国际资金中心、全球管理数据中心和全球档案管理中心，成为支撑集团战略发展的重要力量。

会计档案包括会计凭证、会计账簿、财务会计报告，也包括银行存款余额调节表、银行对账单、纳税申报表等其他具有保存价值的会计资料。业务全球化使中兴通讯的会计档案遍布在世界的各个角落，在对会计档案进行管理的过程中，也曾经面临着一系列的问题。首先，中兴通讯每年产生会计档案超过 200 万份，仅国内 AP 模块费用报销凭证每年有几百万页，统一邮寄至财务云所在地——西安进行归档和保管，每年花费邮寄费用高达几千万元；其次，在过去的一段时间内，中兴通讯的会计档案依靠台账进行管理，没有系统统一记录与维护，导致外部检查单位、内部员工在调阅凭证时，档案调阅工作量巨大；再次，中兴通讯的会计档案数量多，占地面积大，凭证的打印、匹配等管理成本节节攀高；最后，纸质档案保管可能会面临丢失毁损风险，同时因人工记录的台账准确性和及时性也不尽人意，给档案管理工作带来了更大的困扰。

在传统会计领域，人们一直视据以合法入账的会计凭证为传统会计得以存在的根本，以会计原始凭证为载体的初始信息必须经过人工的审核、确认、分类、记账、计算、汇总、调整等加工过程，才能形成有用的会计信息，这一过程不仅涉及办公场所、纸张等物质消耗，还包含不少的人力开支。随着会计电算化和网络技术的广泛应用，已基本上把会计人员从纷繁复杂的会计信息加工过程中解放出来，过去需要多人完成的记账、算账和报账工作，只需一台计算机便可准确、快速完成，其所带来的信息采集和加工成本的节约是显而易见的。随着无纸化技术等先进技术的诞生，企业对会计档案的管理由实物向电子化、无纸化的转变成为可能，无纸化不仅仅是对纸张、笔墨的简单节约，更是对会计信息的采集和披露成本的节约。

# 二、中兴通讯的会计档案管理

为了更高效的完成档案传递，进一步提升档案管理水平，中兴通讯倡导绿色环保无纸化的管理理念，在原始凭证的存储形式、档案管理流程、制度规范、电子档案系统等方面全面实践。在档案管理规范化方面，通过原始单据的扫描、归档、档案、调阅等岗位的精细化分工，使得档案整理、加工工作更加高效；在档案管理流程方面，将档案的实物流和电子流传递过程分开，通过相关编码相互关联，实现了档案原始凭证的电子化储存方式；在系统建设方面，网络报账环节的影像管理系统与电子档案系统相辅相成，共同构成完整的电子档案管理体系。档案管理框架如图 19-1 所示。

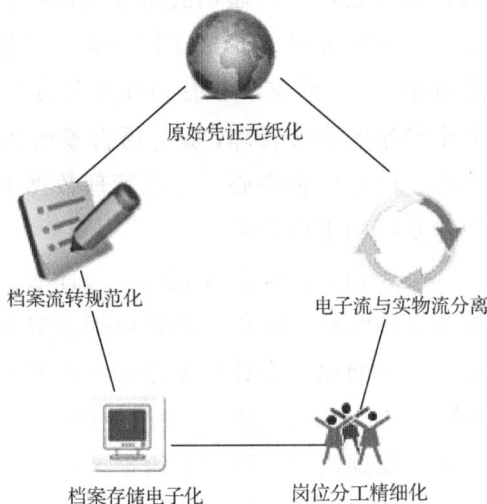

图 19-1 中兴通讯全球会计档案管理框架

### 1. 原始凭证无纸化

新时代的社会提倡健康可持续发展，中兴通讯的 CGO（Cool、Green、Open）企业文化同样明确了绿色环保是技术和产品追求的目标，在财务管理领域，中兴通讯原始凭证的承载方式也在追求环保的道路上悄然发生着变化。

2009 年中兴通讯建立了自己的商旅服务中心，为中兴 7 万名员工提供预订机票和酒店全流程服务。员工在出差前可以通过中兴商旅系统网上预订或通过商旅热线预订机票、酒店，持身份证登机、入住酒店，全程无须飞机发票，无须支付机票款和酒店住宿款，公司与航空公司、酒店汇总结算，统一开具发票；出差后，商旅系统自动完成报销，无须员工个人再贴票据报销。在这种财务参与到业务处理流程的管理模式中，一方面员工在商旅出行时，不用再面对繁杂的手续和烦琐的票据整理，实现了全程零负担出行，另一方面以统一支付后的行程单和银行结算单据为例，中兴通讯在商旅方面每年节约的纸张相当于 1400 多辆汽车一年的碳排量，在低碳环保的道路上迈出了一大步。

中兴通讯在海外的业务遍布全球 100 多个国家，员工在海外的消费，票据一般为手写收据，且语种众多，样式繁杂，员工索要麻烦，会计审核难度大，控制力度不足。而中国政府财政机构认可海外消费的电子化凭据的效力，因此 2011 年中兴通讯与招商银行、中国银行等合作，为员工定制企业版的公务卡，如图 19-2 所示。员工出差消费只需携带公务卡，消费数据可以直连到企业内部的网络报销系统，内部系统可以查询消费账单，报销时，员工勾选因公消费明细即可生成电子报销单，在业务审批和财务审核环节主要关注电子报销明细，最后在档案管理环节保管电子档案，全流程信息传递如图 19-3 所示。

图 19-2　企业定制版公务卡

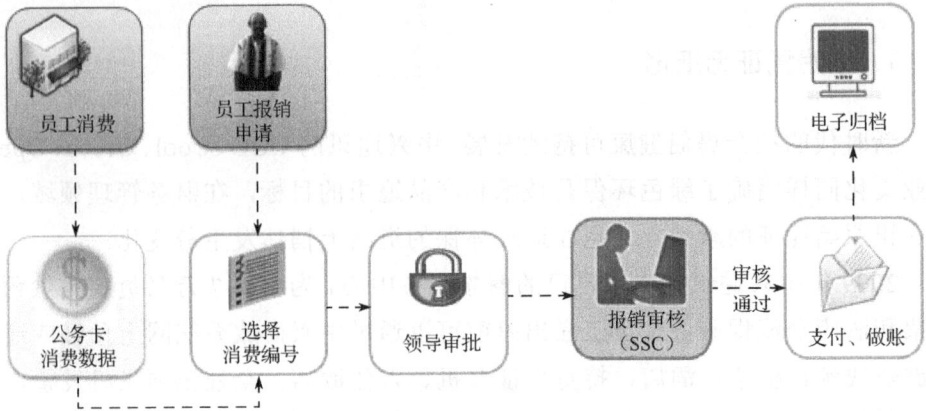

图 19-3　公务 E 卡通流程示意图

中兴通讯员工在海外发生的因公消费支出，刷卡后无须索要纸质发票，企业以银行电子交易明细作为报销依据和存储依据，取消了实物发票流转，改变了传统纸质原始档案的形式，实现全程无纸化。在这种模式下，一方面消费数据直接取自银行系统，企业与银行实现对接，保障了数据的真实性，减少人工差错及舞弊行为，提升了内部管理水平，同时，按照中兴通讯每年的凭证量计算，海外业务每年可以至少节省纸张 50 万张，节省扫描、归档、装订等环节的人力约 2.5 人/年，实现了企业的绿色管理理念。

## 2. 档案流转规范化

中兴通讯的档案管理规范采用三统一的原则，即分类标准统一、档案形成统一、管理要求统一，将各类会计账册分门别类进行保管。档案管理规范主要包括员工提单规范、影像扫描规范、档案整理规范和档案借阅规范等，如图 19-4 所示。

图 19-4　中兴通讯档案管理规范

员工提单规范：员工在网络报销系统提单后，系统会自动生成单据号码，员工打印带有票据条形码（票据号）的单据封面，并将发票等原始凭证粘贴到

A4 纸上，按单据份数装订，投递到票据箱或递交至本地扫描员，在登记簿中登记递交的单据信息。在这个过程中，票据条形码可以对票据物理位置进行实时跟踪，有效粘贴票据成为电子会计档案管理的第一步。

影像扫描规范：票据员使用扫描枪，扫描单据封面的条形码，系统会自动生成影像，并根据文件上传的顺序为影像分配索引号，索引号用打码器印在实物票据上，方便后端与实物发票的匹配。影像的扫描上传为费用报销的影像审核提供了技术基础，同时也为后续大量的审计、科技拨款等档案调阅工作做好了准备，是会计档案无纸化的关键环节。

档案递交和档案整理规范：中兴通讯在全球部署了 ERP 账务核算系统，入账完成后，在 ERP 产生唯一连续的凭证号，由做账人员打印入账凭证，与实物票据匹配，按核算主体、凭证号进行排序，递交给档案管理员，档案管理员接收凭证，完成凭证顺号、分类、归档、上架等工作，并将凭证清单录入电子档案系统。

档案借阅规范：因为内外部审计会经常调阅会计档案，需要申请人在电子档案系统提交借阅申请，经业务领导和财务领导审批后，由全球档案中心安排调阅影像。

除以上规范外，中兴通讯制定了档案交接规范、会计档案存放规范、会计档案销毁规范等，共同构成了档案管理规范。

### 3. 电子流与实务流无缝对接

在档案管理流程中，中兴通讯基于安全性、实用性和开放性原则，将会计核算产生各类档案的实物转化为电子影像，实现了档案电子流和实物流的分离，如图 19-5 所示。

员工在网络报销系统中提交电子版报账单，由业务领导审批后，单据流转至审核任务库，由审核会计提取，审核完成并导入 ERP 账务处理系统，生成会计凭证。对于各类总账凭证，账务处理人员直接递交至全球档案中心，由档案管理员按照凭证号的顺序对档案进行顺号、扫描上传至影像系统，并进行归档。在档案实物流方面，员工将实物票据粘贴到 A4 纸上，并打印带有票据条形码和报销单据号的报销封面，一起装订好递交到财务票据箱，档案员会实时收取实物票据，扫描上传到影像系统中，并在实物票据上加盖系统自动生成的索引号，放入票据中转架，实物进入待归档状态，最后有档案管理员根据账务凭证号对单据进行实物归档。在档案电子流和实物流的流转中，单据号、票据号、索引号、凭证号的对应关系如图 19-6 所示。

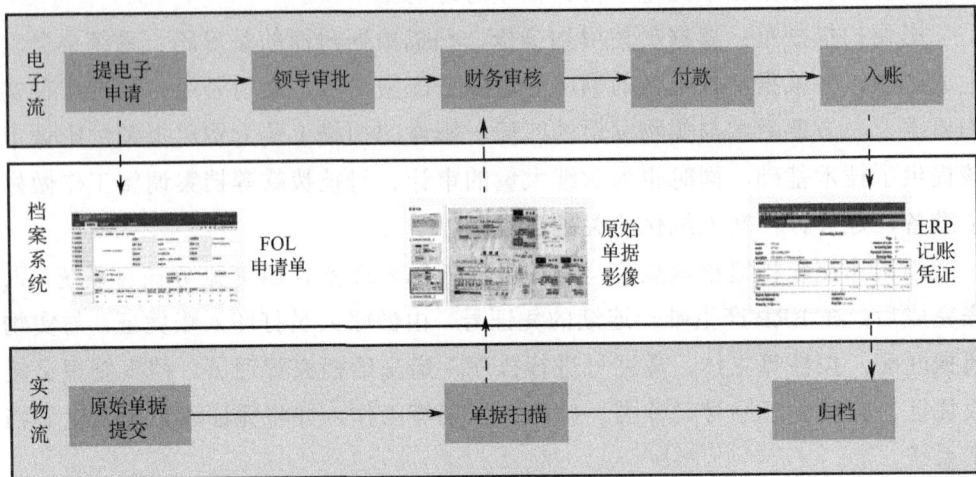

图 19-5　中兴通讯档案管理流程

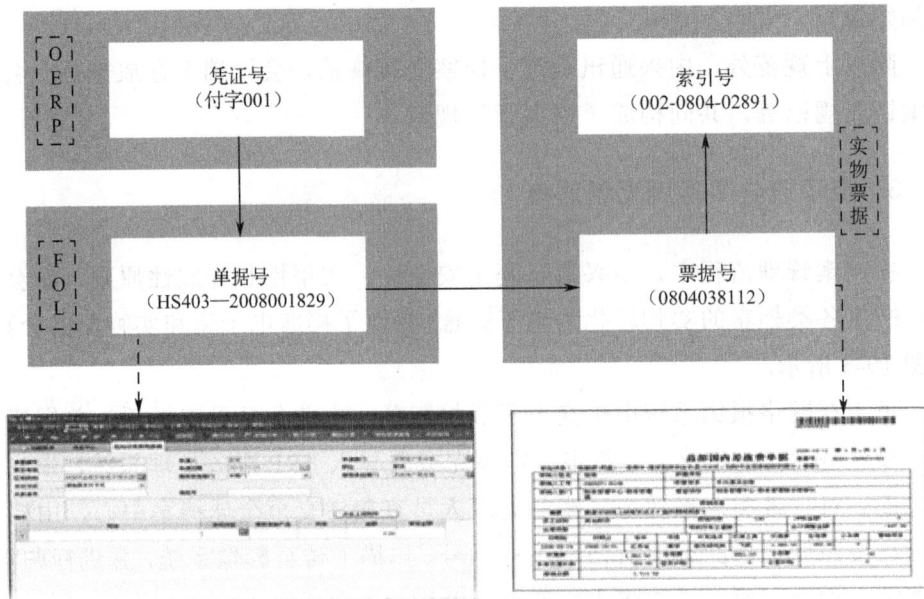

图 19-6　票据号、索引号、凭证号和单据号的关系

### 4．岗位分工精细化

中兴通讯在档案管理流程中，将档案管理的岗位也进行了精细化分工，主要包含扫描岗、归档岗、档案岗、调阅岗等。扫描岗主要负责每天接收、核对当地提交及外地邮寄的报销单据，将待扫描的单据用扫描枪进行扫描处理，扫描岗如图 19-7 所示；归档岗主要负责将待归档的单据，在电子档案系统和实物档案中都做归档处理；档案岗负责对凭证进行总体顺号、装订、上架，保证每册中的凭证连号，且各册之间的册数连号，记录会计档案各册的凭证号起始信息、存储位置，档案岗工作场景如图 19-7 所示。调阅岗主要根据内外部审计、公司外部单位、公司内部部门的需要进行会计档案的调阅。另外，中兴通讯在档案室建设方面，还设置了中转室、密集架等特色产品，方便实物的归档和摆放，节省实物档案的空间占用。

图 19-7　扫描岗、归档岗、档案岗场景图

## 三、电子档案管理系统

在全球财务共享服务平台的建设过程中，中兴通讯为其国内外子公司的核算、档案管理搭建了统一的信息系统平台，财务上所有的信息均通过信息系统来采集和传递，实现了数据一点录入，信息全程共享。网络报销环节的影像管理系统与档案管理环节的电子档案系统，共同构成了中兴通讯的档案管理系统体系。

影像管理系统解决了票据实物流转、原始凭证调阅、离岸处理、业务处理分工和效率的问题，为全球档案共享服务的实施提供了强有力的支撑。中兴通讯通过影像管理系统的实施，原始票据可直接在各地进行扫描，电子影像文件上传至影像管理系统，在国内的共享服务中心可随时调阅影像文件。电子档案系统以 ERP 系统为基础，与影像管理系统、网络报销系统和其他系统相结合，将企业自制的电子文件同内外部原始凭证的影像文件进行匹配，形成完整的电子档案数据。电子档案系统的功能框架如图 19-8 所示。

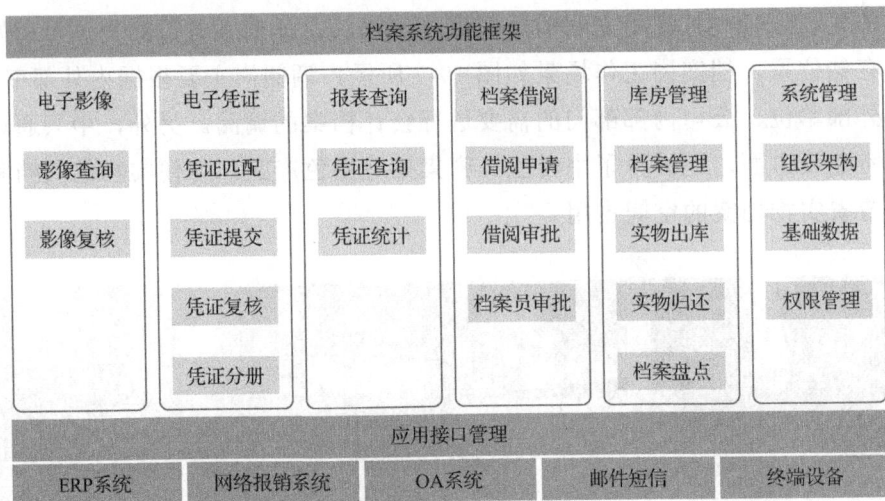

图 19-8 电子档案系统功能架构

电子影像：包括影像查询和影像复核。影像文件指外部原始凭证通过影像系统和条码采集技术扫描后生成的电子文件，内部原始单据直接从源系统获取生成对应的电子文件。影像复核功能对已经生成的原始凭证影像文件的质量进行复核，确保所有的电子文档符合电子档案管理规范的要求。

电子凭证：电子凭证功能主要是将企业自制的记账凭证的电子文件同内外部原始凭证的影像文件进行匹配，生成完整的电子记账凭证档案数据，以册为单位在系统内进行管理，达到纸质会计档案同电子会计档案的完全统一，取代日常档案调阅中对纸质会计档案的依赖，使得纸质档案免受人为翻阅和电子设备复印、扫描的损害。

报表查询：报表查询功能支持查询电子档案系统内的不同法人、不同账簿、不同类别的电子档案在系统内的状态，累计册数等信息，出具多维度的档案管理报表。

档案借阅：档案借阅主要涵盖了档案借阅的系统流程，包含借阅申请的发起以及系统内的电子审批流，档案借阅主要以调阅电子档案为主，纸质档案为辅。

库房管理：库房管理功能包含企业电子及纸质档案的入库、出库、归还、盘点等，定位到每一本纸质档案的库存状态和具体库位，方便档案调阅和查找，通过条码技术的应用对纸质档案进行监控管理，确保档案的实物同电子数据一致，提升档案管理水平。

系统管理：系统管理主要包含企业组织架构的搭建，档案系统基础数据的维护，人员权限的配置，同企业其他系统数据的接口管理等。通过权限的配置提升电子档案数据的安全性，避免企业信息外露，同时，满足档案外包的需求，可以针对不同的企业开放不同的权限进行数据隔离。接口管理可以实现从其他系统获取数据生成档案数据，减少电子数据转换成纸质档案的过程。

# 四、实施电子档案系统的意义

中兴通讯电子档案管理系统的实施，便于对集团的会计档案进行有效的管理监控，确保每本档案均有电子影像文件，一定程度上实现了会计档案调阅的电子化，同时也完善了档案影像和实物的精细化管理，使得企业的档案管理更高效、低成本、环保。

## 1. 实物档案电子化

通过电子影像系统，将实物会计档案电子化，并通过当下流行的 RESTful 设计原则，将电子影像与会计档案等有效匹配，构建了一个健壮的、可扩张的、灵活的电子影像系统，有力地支撑业务管理水平的提升，档案调阅可随时调取影像，节省了时间和人力，也让纸质档案免受扫描、搬运过程中的多次损坏。同时对于中兴通讯 160 多个海外代表处来说，实物凭证电子化，不仅有利于各代表处按照当地特有的法规管理会计档案，还可以随时调阅影像。

## 2. 提高了信息传递的效率

建设了电子影像系统后，所有审批环节都依照影像进行，将电子流和实物流分离，不再需要各审核环节责任人查阅实物报账单据，员工可以根据票据号或者报账单号实时查看单据状态，并与共享服务中心员工进行沟通解决，显著提高了报账审批的效率，缩短报账审批周期。

### 3．降低了管理成本

电子档案系统的实施对于有着 160 多个海外分支机构的中兴通讯来说，实物档案直接在海外当地归档，减少了会计档案频繁邮寄至西安的邮寄成本，同时节省了凭证打印和匹配的工作量，人力成本和管理成本都大大降低。

### 4．提高了档案管理水平

通过电子影像系统，档案管理中心能够方便地获取实物凭证所处的环节，将电子报账单、原始凭证影像、ERP 记账凭证匹配成"份"以电子格式保存于档案系统，与实物档案完整统一，系统将电子档案也分册归集，与实物的档案册双模式保管方便定期、分批打印、装册、装柜等归档操作，提高档案资料管理的规范性和效率，也方便档案借阅。

## 五、结束语

中兴通讯凭借领先的管理水平和信息技术实力，积极帮助中国企业在档案管理方面进行改进。至今已为万科集团、中国移动、中广核等 30 余家大型企业提供了共享服务咨询解决方案，并为中国路桥、庞大集团等多家知名企业提供了电子档案信息系统的实施方案。随着电子发票的产生和广泛使用，又将为企业的电子档案管理带来新的契机。中兴通讯还将在这些领域不断探索，促进档案管理真正的绿色环保，帮助更多的中国企业拥有世界级能力。

# 第二十章 ［案例6］某国有大型企业电子发票的报销入账及归档流程

## 一、单位取得电子发票

单位部署经由税务主管机关认可的电子发票应用客户端。此客户端通过https数据传输协议与主管税务机关的电子发票服务器进行数据交互，确保电子发票数据的交互在可信任的数字证书下安全进行。单位通过自身的财务ERP系统与电子发票应用客户端对接，获取属于本单位的电子发票。取得电子发票的接口交互方式，可以采用受票方每日向电子发票应用客户端定时发送数据请求和实时调用两种，单位可视自身情况选择。电子发票应包含有识别受票方单位的唯一代码（如：纳税人识别码或组织机构代码或其他具有唯一性的代码），单位从电子发票应用客户端利用此唯一码准确接收本单位电子发票。电子发票应用客户端向企业传输经加密的结构化电子发票信息，内容涵盖电子发票的关键字段。税企直联方式如图20-1所示。

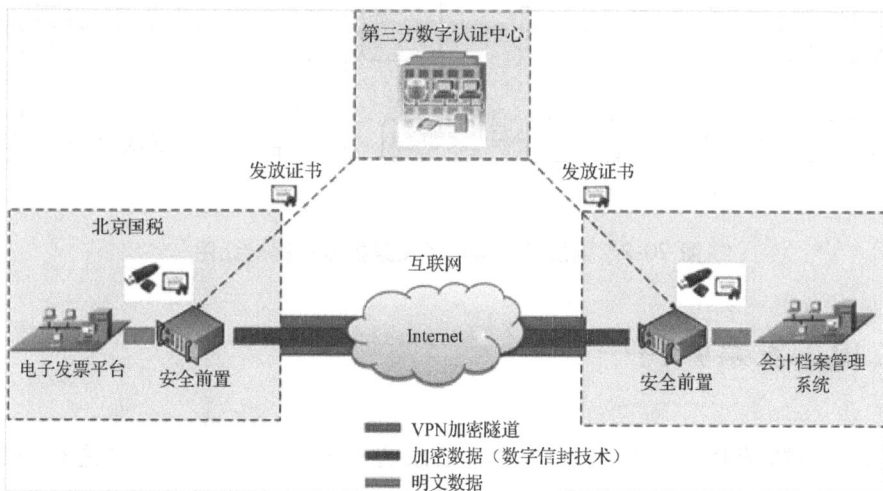

图 20-1　税企直联方式

## 二、电子发票报销入账

报销人在单位报账信息系统中提出费用报销申请，通过财务 ERP 系统接口交互，报销人可根据"发票代码+发票号码"查询调取电子发票信息，锁定报销所需电子发票，进而向审批人提交报销申请。已锁定的电子发票不能同时被其他报销人引用。审批人按照单位内部授权和财务等相关规定进行审批，审批通过后流转至会计及出纳进行后续记账、支付处理，接口自动将记账状态返回税务机关的电子发票应用客户端。如报销申请未审批通过，原锁定的电子发票被释放，可重新调用。纸质发票与电子发票报账流程对比如图 20-2 所示。

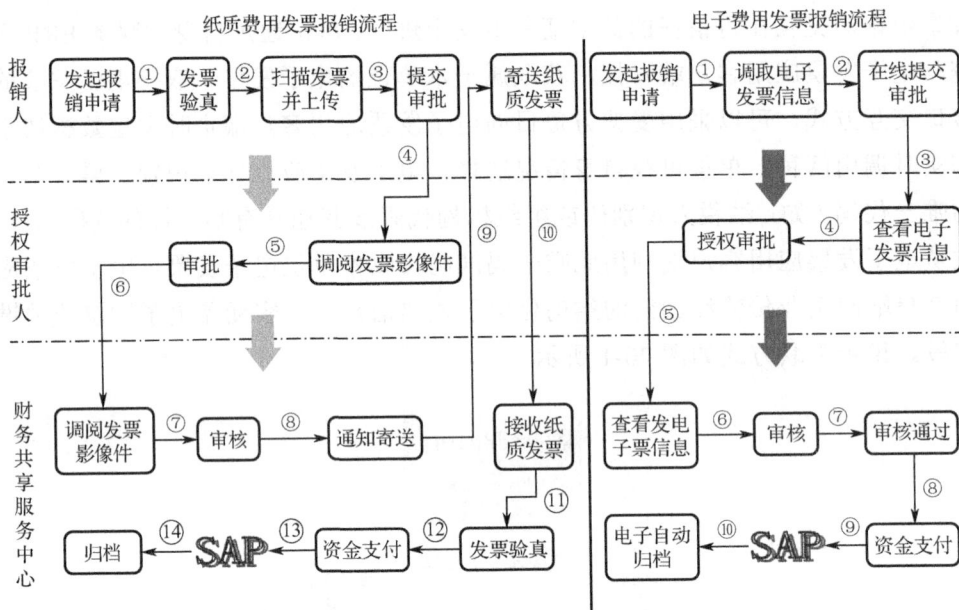

图 20-2　纸质发票与电子发票报账流程对比图

## 三、电子发票归档

单位报账流程结束后，标志为已记账的电子发票应当在单位进行归档保管。电子发票归档应当符合国家电子文件归档和电子档案管理相关规定。电子发票的归档可采用在线、离线和灾备等多套异质相结合的存储方式，一方面，通过计算机利用网络传输技术将电子发票在线传输并归档保管；另一方面，将其集中起来拷贝到性能稳定的载体上，如磁带、光盘、硬盘等；此外，应采用异地存放进行灾备。

# 第二十一章 ［案例7］银行回单电子化管理实现方案

## 一、银行回单电子化管理实现方案一

　　某国有大型企业所属省分公司积极试点银行回单电子化管理工作，通过银企直联系统取得工行、招行、农行、建行等主要直联银行经过稽核确认的完整银行电子回单支付数据，同时建立电子回单与电子记账凭证之间的关联关系，支持后续电子会计档案信息利用。考虑到银行业目前尚未形成可认证的银行电子对账单，电子回单数据完整性无法直接核对确认，依靠保证电子支付业务安全的及时稽核机制确认资金支付电子回单数据的完整性。

　　除主要直联银行外，剩余非直联银行全部采用直联方式进行银行回单电子化成本过高，且费时费力。该企业通过将其余银行账户交易转移到第三方支付公司、交易最终结果直接进入主要直联银行的方式，快速、高效地完成剩余银行的回单电子化工作。

　　该企业以基于电子回单数据完整性的电子银行回单汇总表替代电子银行对账单，在此基础上完成了电子对账并形成电子银行余额调节表、多账户汇总审批的单位收支报告，实现电子对账结果与报表数据直接校验。

## 二、银行回单电子化管理实现方案二

　　某国有大型企业与银行约定，银行将回单直接转化成可搜索的 PDF 电子文档，回单格式与原先的书面格式一致即可，每日定期发送给企业。部分汇款、现金回单样式如图 21-1 所示。

ICBC 中国工商银行

**跨行收报(贷方)专用凭证(收款通知)**

记帐日期： 2015-01-30　　检索号： 2015013071356020

付款人户名： 杭州马斯汀医疗器材有限公司　　付款人账号： 3301040160000856834

收款人户名： 中国石化销售有限公司浙江杭州石油分公司　　收款人账号： 1202022729922222220

金额人民币(大写) 贰仟元整　　　　　　　　　¥　2,000.00

付款行行名： 杭州银行股份有限公司余杭支行

收款行行名： 杭州保叔支行营业室　　　　　用途： 转账

附言：转账 支付交易序号:13622099 报文种类:小额客户发起普通贷记业务 委托日期:2015-01-30 业务类型(种类):普通汇兑

金融自助卡号: 9558831202000595632　　　打印时间： 2015-02-02 10.22.12

银行验证码: 2406065113362401　　　　　打印方式:自助打印 已打印次数： 1次

地区号： 1202　　网点号：　　　　　　柜员号： 23　　　授权柜员号：

---

ICBC 中国工商银行　　　**现金存款凭证**

浙B 36516669

地区号： 01202 时间： 14:16:17　2015 年 01 月 20 日

| 存款人 | 全 称 | 中国石化销售有限公司浙江杭州石油分公司 | 款项来源 | JU3025319 |
| | 账 号 | 1202022729933333324 | 交款人 | 1 |
| | 开户行 | | | |

金额大写 人民币(本位币)陆仟伍佰捌拾元整　　　金额小写 RMB6,580.00

| 票 面 | 张 数 | 票 面 | 张 数 | 票 面 | 张 数 |
| | | | | | |

多单3/5　　　　　　　　　　　　　　　　经办 01908　　复核

图 21-1　汇款、现金回单样式

　　从银行定期发送过来的银行回单电子文档，企业按一定的规则保存在 ERP 服务器上，将财务凭证每个银行项目上的银行流水码与 PDF 银行电子回单上的检索号建立关联，相互之间可以方便地链接搜索。这样每张凭证都能方便地点击到相应的银行单据上，同时，从回单上也能方便地点击回到相应的财务凭证上。

# 三、企业集团财务公司回单电子化管理实现方案

某企业集团财务公司电子回单包含两部分内容，由 PDF 格式的回单文件与结构化 XML 形式的数据组成，两种形式的信息内容一致。PDF 文件以类似于传统纸质回单的形式将交易信息直观地反映出来，便于阅读；XML 结构化数据通过标签标识信息内容，便于回单接收单位准确、方便地利用电子信息。

PDF 回单文件，如图 21-2 所示，包含了收付款单位双方账号、名称、交易币种、金额、交易发生时间等必要的交易信息、交易流水号、电子签名的特征码等信息，以及包含上述三项信息的二维码图片。

图 21-2　财务公司回单样式

该企业集团财务公司电子回单提供以下三种获取方式：

（1）通过登录财务公司网银系统主动索取下载；

（2）指定电子邮箱地址定制接受定期发送的电子回单；

（3）条件成熟的企业通过财银企直联接口定期自动导入电子回单。

电子回单信息验证有三种方式：网页录入内容验证，上传 PDF 验证，手机 APP 拍照二维码验证。

由于该集团财务公司的电子回单提供了 XML 的结构化格式和 PDF 格式，企业可以通过解析电子回单的结构化数据进行数据应用，特别在电子回单作为会计档案归档的过程中得到了很好的应用。通过解析电子回单中的交易流水号

等信息，与会计核算系统中的相关信息匹配，能够精确做到会计凭证与电子回单的双向索引，满足企业电子回单作为会计档案归档的需求，同时也满足企业通过会计凭证能够快速查询到对应的电子回单文件和影像件的需求。具体见图 21-3、图 21-4。

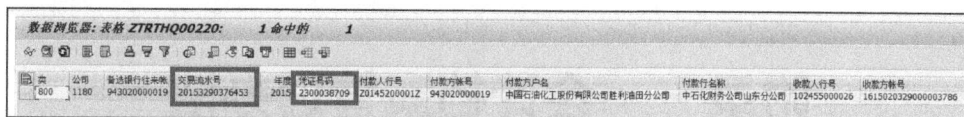

图 21-3　通过交易流水号匹配示例

图 21-4　电子回单匹配结果查询

目前，此方案已在该企业集团下属 20 余家单位进行了实施及应用。以该集团某分公司 2015 年数据为例，全年共发生财务公司业务 66757 笔，使用上述方法完成财务公司回单与会计凭证的匹配工作及电子回单归档，将原有的打印、分拣、整理、装订、归档等事务性工作转移到信息系统中自动完成，无须打印纸质回单，无须人工分拣匹配，不但大幅降低纸张消耗，而且大幅提升工作效率与质量，取得了很好的效果。

# 附　录

# 附录一　会计档案管理办法

（财政部、国家档案局令第 79 号　2015 年 12 月 11 日）

第一条　为了加强会计档案管理，有效保护和利用会计档案，根据《中华人民共和国会计法》《中华人民共和国档案法》等有关法律和行政法规，制定本办法。

第二条　国家机关、社会团体、企业、事业单位和其他组织（以下统称单位）管理会计档案适用本办法。

第三条　本办法所称会计档案是指单位在进行会计核算等过程中接收或形成的，记录和反映单位经济业务事项的，具有保存价值的文字、图表等各种形式的会计资料，包括通过计算机等电子设备形成、传输和存储的电子会计档案。

第四条　财政部和国家档案局主管全国会计档案工作，共同制定全国统一的会计档案工作制度，对全国会计档案工作实行监督和指导。

县级以上地方人民政府财政部门和档案行政管理部门管理本行政区域内的会计档案工作，并对本行政区域内会计档案工作实行监督和指导。

第五条　单位应当加强会计档案管理工作，建立和完善会计档案的收集、整理、保管、利用和鉴定销毁等管理制度，采取可靠的安全防护技术和措施，保证会计档案的真实、完整、可用、安全。

单位的档案机构或者档案工作人员所属机构（以下统称单位档案管理机构）负责管理本单位的会计档案。单位也可以委托具备档案管理条件的机构代为管理会计档案。

第六条　下列会计资料应当进行归档：

（一）会计凭证，包括原始凭证、记账凭证；

（二）会计账簿，包括总账、明细账、日记账、固定资产卡片及其他辅助性账簿；

（三）财务会计报告，包括月度、季度、半年度、年度财务会计报告；

（四）其他会计资料，包括银行存款余额调节表、银行对账单、纳税申报表、会计档案移交清册、会计档案保管清册、会计档案销毁清册、会计档案鉴定意见书及其他具有保存价值的会计资料。

第七条 单位可以利用计算机、网络通信等信息技术手段管理会计档案。

第八条 同时满足下列条件的，单位内部形成的属于归档范围的电子会计资料可仅以电子形式保存，形成电子会计档案：

（一）形成的电子会计资料来源真实有效，由计算机等电子设备形成和传输；

（二）使用的会计核算系统能够准确、完整、有效接收和读取电子会计资料，能够输出符合国家标准归档格式的会计凭证、会计账簿、财务会计报表等会计资料，设定了经办、审核、审批等必要的审签程序；

（三）使用的电子档案管理系统能够有效接收、管理、利用电子会计档案，符合电子档案的长期保管要求，并建立了电子会计档案与相关联的其他纸质会计档案的检索关系；

（四）采取有效措施，防止电子会计档案被篡改；

（五）建立电子会计档案备份制度，能够有效防范自然灾害、意外事故和人为破坏的影响；

（六）形成的电子会计资料不属于具有永久保存价值或者其他重要保存价值的会计档案。

第九条 满足本办法第八条规定条件，单位从外部接收的电子会计资料附有符合《中华人民共和国电子签名法》规定的电子签名的，可仅以电子形式归档保存，形成电子会计档案。

第十条 单位的会计机构或会计人员所属机构（以下统称单位会计管理机构）按照归档范围和归档要求，负责定期将应当归档的会计资料整理立卷，编制会计档案保管清册。

第十一条 当年形成的会计档案，在会计年度终了后，可由单位会计管理机构临时保管一年，再移交单位档案管理机构保管。因工作需要确需推迟移交的，应当经单位档案管理机构同意。

单位会计管理机构临时保管会计档案最长不超过三年。临时保管期间，会计档案的保管应当符合国家档案管理的有关规定,且出纳人员不得兼管会计档案。

第十二条　单位会计管理机构在办理会计档案移交时,应当编制会计档案移交清册,并按照国家档案管理的有关规定办理移交手续。

纸质会计档案移交时应当保持原卷的封装。电子会计档案移交时应当将电子会计档案及其元数据一并移交,且文件格式应当符合国家档案管理的有关规定。特殊格式的电子会计档案应当与其读取平台一并移交。

单位档案管理机构接收电子会计档案时,应当对电子会计档案的准确性、完整性、可用性、安全性进行检测,符合要求的才能接收。

第十三条　单位应当严格按照相关制度利用会计档案,在进行会计档案查阅、复制、借出时履行登记手续,严禁篡改和损坏。

单位保存的会计档案一般不得对外借出。确因工作需要且根据国家有关规定必须借出的,应当严格按照规定办理相关手续。

会计档案借用单位应当妥善保管和利用借入的会计档案,确保借入会计档案的安全完整,并在规定时间内归还。

第十四条　会计档案的保管期限分为永久、定期两类。定期保管期限一般分为10年和30年。

会计档案的保管期限,从会计年度终了后的第一天算起。

第十五条　各类会计档案的保管期限原则上应当按照本办法附表执行,本办法规定的会计档案保管期限为最低保管期限。

单位会计档案的具体名称如有同本办法附表所列档案名称不相符的,应当比照类似档案的保管期限办理。

第十六条　单位应当定期对已到保管期限的会计档案进行鉴定,并形成会计档案鉴定意见书。经鉴定,仍需继续保存的会计档案,应当重新划定保管期限;对保管期满,确无保存价值的会计档案,可以销毁。

第十七条　会计档案鉴定工作应当由单位档案管理机构牵头,组织单位会计、审计、纪检监察等机构或人员共同进行。

第十八条　经鉴定可以销毁的会计档案,应当按照以下程序销毁:

(一)单位档案管理机构编制会计档案销毁清册,列明拟销毁会计档案的名称、卷号、册数、起止年度、档案编号、应保管期限、已保管期限和销毁时间等内容。

(二)单位负责人、档案管理机构负责人、会计管理机构负责人、档案管理机构经办人、会计管理机构经办人在会计档案销毁清册上签署意见。

（三）单位档案管理机构负责组织会计档案销毁工作，并与会计管理机构共同派员监销。监销人在会计档案销毁前，应当按照会计档案销毁清册所列内容进行清点核对；在会计档案销毁后，应当在会计档案销毁清册上签名或盖章。

电子会计档案的销毁还应当符合国家有关电子档案的规定，并由单位档案管理机构、会计管理机构和信息系统管理机构共同派员监销。

第十九条　保管期满但未结清的债权债务会计凭证和涉及其他未了事项的会计凭证不得销毁，纸质会计档案应当单独抽出立卷，电子会计档案单独转存，保管到未了事项完结时为止。

单独抽出立卷或转存的会计档案，应当在会计档案鉴定意见书、会计档案销毁清册和会计档案保管清册中列明。

第二十条　单位因撤销、解散、破产或其他原因而终止的，在终止或办理注销登记手续之前形成的会计档案，按照国家档案管理的有关规定处置。

第二十一条　单位分立后原单位存续的，其会计档案应当由分立后的存续方统一保管，其他方可以查阅、复制与其业务相关的会计档案。

单位分立后原单位解散的，其会计档案应当经各方协商后由其中一方代管或按照国家档案管理的有关规定处置，各方可以查阅、复制与其业务相关的会计档案。

单位分立中未结清的会计事项所涉及的会计凭证，应当单独抽出由业务相关方保存，并按照规定办理交接手续。

单位因业务移交其他单位办理所涉及的会计档案，应当由原单位保管，承接业务单位可以查阅、复制与其业务相关的会计档案。对其中未结清的会计事项所涉及的会计凭证，应当单独抽出由承接业务单位保存，并按照规定办理交接手续。

第二十二条　单位合并后原各单位解散或者一方存续其他方解散的，原各单位的会计档案应当由合并后的单位统一保管。单位合并后原各单位仍存续的，其会计档案仍应当由原各单位保管。

第二十三条　建设单位在项目建设期间形成的会计档案，需要移交给建设项目接受单位的，应当在办理竣工财务决算后及时移交，并按照规定办理交接手续。

第二十四条　单位之间交接会计档案时，交接双方应当办理会计档案交接手续。

移交会计档案的单位，应当编制会计档案移交清册，列明应当移交的会计档案名称、卷号、册数、起止年度、档案编号、应保管期限和已保管期限等内容。

交接会计档案时，交接双方应当按照会计档案移交清册所列内容逐项交接，并由交接双方的单位有关负责人负责监督。交接完毕后，交接双方经办人和监督人应当在会计档案移交清册上签名或盖章。

电子会计档案应当与其元数据一并移交，特殊格式的电子会计档案应当与其读取平台一并移交。档案接受单位应当对保存电子会计档案的载体及其技术环境进行检验，确保所接收电子会计档案的准确、完整、可用和安全。

第二十五条　单位的会计档案及其复制件需要携带、寄运或者传输至境外的，应当按照国家有关规定执行。

第二十六条　单位委托中介机构代理记账的，应当在签订的书面委托合同中，明确会计档案的管理要求及相应责任。

第二十七条　违反本办法规定的单位和个人，由县级以上人民政府财政部门、档案行政管理部门依据《中华人民共和国会计法》《中华人民共和国档案法》等法律法规处理处罚。

第二十八条　预算、计划、制度等文件材料，应当执行文书档案管理规定，不适用本办法。

第二十九条　不具备设立档案机构或配备档案工作人员条件的单位和依法建账的个体工商户，其会计档案的收集、整理、保管、利用和鉴定销毁等参照本办法执行。

第三十条　各省、自治区、直辖市、计划单列市人民政府财政部门、档案行政管理部门，新疆生产建设兵团财务局、档案局，国务院各业务主管部门，中国人民解放军总后勤部，可以根据本办法制定具体实施办法。

第三十一条　本办法由财政部、国家档案局负责解释，自 2016 年 1 月 1 日起施行。1998 年 8 月 21 日财政部、国家档案局发布的《会计档案管理办法》（财会字〔1998〕32 号）同时废止。

附表：1. 企业和其他组织会计档案保管期限表

　　　2. 财政总预算、行政单位、事业单位和税收会计档案保管期限表

附表1

### 企业和其他组织会计档案保管期限表

| 序　号 | 档 案 名 称 | 保 管 期 限 | 备　注 |
|---|---|---|---|
| 一 | 会计凭证 | | |
| 1 | 原始凭证 | 30 年 | |
| 2 | 记账凭证 | 30 年 | |
| 二 | 会计账簿 | | |
| 3 | 总账 | 30 年 | |
| 4 | 明细账 | 30 年 | |
| 5 | 日记账 | 30 年 | |
| 6 | 固定资产卡片 | | 固定资产报废清理后保管 5 年 |
| 7 | 其他辅助性账簿 | 30 年 | |
| 三 | 财务会计报告 | | |
| 8 | 月度、季度、半年度财务会计报告 | 10 年 | |
| 9 | 年度财务会计报告 | 永久 | |
| 四 | 其他会计资料 | | |
| 10 | 银行存款余额调节表 | 10 年 | |
| 11 | 银行对账单 | 10 年 | |
| 12 | 纳税申报表 | 10 年 | |
| 13 | 会计档案移交清册 | 30 年 | |
| 14 | 会计档案保管清册 | 永久 | |
| 15 | 会计档案销毁清册 | 永久 | |
| 16 | 会计档案鉴定意见书 | 永久 | |

附表2

### 财政总预算、行政单位、事业单位和税收会计档案保管期限表

| 序号 | 档 案 名 称 | 保管期限 | | | 备　注 |
|---|---|---|---|---|---|
| | | 财政<br>总预算 | 行政单位<br>事业单位 | 税收<br>会计 | |
| 一 | 会计凭证 | | | | |
| 1 | 国家金库编送的各种报表及<br>缴库退库凭证 | 10 年 | | 10 年 | |

续表

| 序号 | 档案名称 | 保管期限 | | | 备注 |
|---|---|---|---|---|---|
| | | 财政总预算 | 行政单位事业单位 | 税收会计 | |
| 2 | 各收入机关编送的报表 | 10年 | | | |
| 3 | 行政单位和事业单位的各种会计凭证 | | 30年 | | 包括：原始凭证、记账凭证和传票汇总表 |
| 4 | 财政总预算拨款凭证和其他会计凭证 | 30年 | | | 包括：拨款凭证和其他会计凭证 |
| 二 | 会计账簿 | | | | |
| 5 | 日记账 | | 30年 | 30年 | |
| 6 | 总账 | 30年 | 30年 | 30年 | |
| 7 | 税收日记账（总账） | | | 30年 | |
| 8 | 明细分类、分户账或登记簿 | 30年 | 30年 | 30年 | |
| 9 | 行政单位和事业单位固定资产卡片 | | | | 固定资产报废清理后保管5年 |
| 三 | 财务会计报告 | | | | |
| 10 | 政府综合财务报告 | 永久 | | | 下级财政、本级部门和单位报送的保管2年 |
| 11 | 部门财务报告 | | 永久 | | 所属单位报送的保管2年 |
| 12 | 财政总决算 | 永久 | | | 下级财政、本级部门和单位报送的保管2年 |
| 13 | 部门决算 | | 永久 | | 所属单位报送的保管2年 |
| 14 | 税收年报（决算） | | | 永久 | |
| 15 | 国家金库年报（决算） | 10年 | | | |
| 16 | 基本建设拨、贷款年报（决算） | 10年 | | | |
| 17 | 行政单位和事业单位会计月、季度报表 | | 10年 | | 所属单位报送的保管2年 |
| 18 | 税收会计报表 | | | 10年 | 所属税务机关报送的保管2年 |
| 四 | 其他会计资料 | | | | |
| 19 | 银行存款余额调节表 | 10年 | 10年 | | |
| 20 | 银行对账单 | 10年 | 10年 | 10年 | |
| 21 | 会计档案移交清册 | 30年 | 30年 | 30年 | |
| 22 | 会计档案保管清册 | 永久 | 永久 | 永久 | |
| 23 | 会计档案销毁清册 | 永久 | 永久 | 永久 | |
| 24 | 会计档案鉴定意见书 | 永久 | 永久 | 永久 | |

注：税务机关的税务经费会计档案保管期限，按行政单位会计档案保管期限规定办理。

# 附录二 关于新旧《会计档案管理办法》有关衔接规定的通知

财会[2016]3 号

党中央有关部门，国务院各部委、各直属机构，军委后勤保障部、武警总部，各省、自治区、直辖市、计划单列市财政厅（局）、档案局，新疆生产建设兵团财务局、档案局，有关中央管理企业：

财政部、国家档案局联合印发的《会计档案管理办法》（财政部国家档案局令第 79 号，以下简称新《管理办法》）自 2016 年 1 月 1 日起施行，原《会计档案管理办法》（财会字〔1998〕32 号，以下简称原《管理办法》）同时废止。为确保新《管理办法》的有效贯彻实施，实现新旧管理办法平稳过渡，现就有关衔接规定通知如下。

## 一、关于保管期限的衔接规定

（一）新《管理办法》与原《管理办法》规定的最低保管期限不一致的，按照新《管理办法》的规定执行。

（二）已到原《管理办法》规定的最低保管期限，并已于 2015 年 12 月 31 日前鉴定可以销毁但尚未进行销毁的会计档案，应按照新《管理办法》的规定组织销毁；已到原《管理办法》规定的最低保管期限，并已于 2015 年 12 月 31 日前鉴定予以继续保管的会计档案，应按照新《管理办法》确定继续保管期限（最低继续保管期限等于新《管理办法》规定的最低保管期限减去已保管期限，下同）。

（三）已到原《管理办法》规定的最低保管期限，但 2015 年 12 月 31 日前尚未进行鉴定的会计档案，应按照新《管理办法》的规定进行鉴定，确定销毁或继续保管。确定销毁的，应按照新《管理办法》的规定组织销毁；确定继续保管的，应按照新《管理办法》确定继续保管期限。

（四）未到原《管理办法》规定的最低保管期限的会计档案，应按照新《管理办法》的规定重新划定保管期限。

## 二、关于电子会计资料归档的衔接规定

（一）单位如在新《管理办法》施行前已利用现代信息技术手段开展会计核算和会计档案管理，其有关工作符合《企业会计信息化工作规范》（财会〔2013〕20号）的要求，所形成的、尚未移交本单位档案机构统一保管的会计资料符合新《管理办法》第八条、第九条规定的电子会计档案归档条件的，可仅以电子形式归档保管。2014年以前形成的会计资料一律按照原《管理办法》的规定归档保管。

（二）各单位根据新《管理办法》仅以电子形式保存会计档案的，原则上应从一个完整会计年度的年初开始执行，以保证其年度会计档案保管形式的一致性。

财政部　国家档案局

2016 年 3 月 8 日

# 附录三　中华人民共和国电子签名法
# （2015）

（2004 年 8 月 28 日第十届全国人民代表大会常务委员会第十一次会议通过，根据 2015 年 4 月 24 日第十二届全国人民代表大会常务委员会第十四次会议《关于修改〈中华人民共和国电力法〉等六部法律的决定》修正）

**第一章　总则**

第一条　为了规范电子签名行为，确立电子签名的法律效力，维护有关各方的合法权益，制定本法。

第二条　本法所称电子签名，是指数据电文中以电子形式所含、所附用于识别签名人身份并表明签名人认可其中内容的数据。

本法所称数据电文，是指以电子、光学、磁或者类似手段生成、发送、接收或者储存的信息。

第三条　民事活动中的合同或者其他文件、单证等文书，当事人可以约定使用或者不使用电子签名、数据电文。

当事人约定使用电子签名、数据电文的文书，不得仅因为其采用电子签名、数据电文的形式而否定其法律效力。

前款规定不适用下列文书：

（一）涉及婚姻、收养、继承等人身关系的；

（二）涉及土地、房屋等不动产权益转让的；

（三）涉及停止供水、供热、供气、供电等公用事业服务的；

（四）法律、行政法规规定的不适用电子文书的其他情形。

**第二章　数据电文**

第四条　能够有形地表现所载内容，并可以随时调取查用的数据电文，视为符合法律、法规要求的书面形式。

第五条　符合下列条件的数据电文，视为满足法律、法规规定的原件形式要求：

（一）能够有效地表现所载内容并可供随时调取查用；

（二）能够可靠地保证自最终形成时起，内容保持完整、未被更改。但是，在数据电文上增加背书以及数据交换、储存和显示过程中发生的形式变化不影响数据电文的完整性。

第六条　符合下列条件的数据电文，视为满足法律、法规规定的文件保存要求：

（一）能够有效地表现所载内容并可供随时调取查用；

（二）数据电文的格式与其生成、发送或者接收时的格式相同，或者格式不相同但是能够准确表现原来生成、发送或者接收的内容；

（三）能够识别数据电文的发件人、收件人以及发送、接收的时间。

第七条　数据电文不得仅因为其是以电子、光学、磁或者类似手段生成、发送、接收或者储存的而被拒绝作为证据使用。

第八条　审查数据电文作为证据的真实性，应当考虑以下因素：

（一）生成、储存或者传递数据电文方法的可靠性；

（二）保持内容完整性方法的可靠性；

（三）用以鉴别发件人方法的可靠性；

（四）其他相关因素。

第九条　数据电文有下列情形之一的，视为发件人发送：

（一）经发件人授权发送的；

（二）发件人的信息系统自动发送的；

（三）收件人按照发件人认可的方法对数据电文进行验证后结果相符的。

当事人对前款规定的事项另有约定的，从其约定。

第十条　法律、行政法规规定或者当事人约定数据电文需要确认收讫的，应当确认收讫。发件人收到收件人的收讫确认时，数据电文视为已经收到。

第十一条　数据电文进入发件人控制之外的某个信息系统的时间，视为该数据电文的发送时间。

收件人指定特定系统接收数据电文的，数据电文进入该特定系统的时间，视为该数据电文的接收时间；未指定特定系统的，数据电文进入收件人的任何系统的首次时间，视为该数据电文的接收时间。

当事人对数据电文的发送时间、接收时间另有约定的，从其约定。

第十二条　发件人的主营业地为数据电文的发送地点，收件人的主营业地为数据电文的接收地点。没有主营业地的，其经常居住地为发送或者接收地点。

当事人对数据电文的发送地点、接收地点另有约定的，从其约定。

**第三章　电子签名与认证**

第十三条　电子签名同时符合下列条件的，视为可靠的电子签名：

（一）电子签名制作数据用于电子签名时，属于电子签名人专有；

（二）签署时电子签名制作数据仅由电子签名人控制；

（三）签署后对电子签名的任何改动能够被发现；

（四）签署后对数据电文内容和形式的任何改动能够被发现。　当事人也可以选择使用符合其约定的可靠条件的电子签名。

第十四条　可靠的电子签名与手写签名或者盖章具有同等的法律效力。

第十五条　电子签名人应当妥善保管电子签名制作数据。电子签名人知悉电子签名制作数据已经失密或者可能已经失密时，应当及时告知有关各方，并终止使用该电子签名制作数据。

第十六条　电子签名需要第三方认证的，由依法设立的电子认证服务提供者提供认证服务。

第十七条　提供电子认证服务，应当具备下列条件：

（一）取得企业法人资格；

（二）具有与提供电子认证服务相适应的专业技术人员和管理人员；

（三）具有与提供电子认证服务相适应的资金和经营场所；

（四）具有符合国家安全标准的技术和设备；

（五）具有国家密码管理机构同意使用密码的证明文件；

（六）法律、行政法规规定的其他条件。

第十八条　从事电子认证服务，应当向国务院信息产业主管部门提出申请，并提交符合本法第十七条规定条件的相关材料。国务院信息产业主管部门接到申请后经依法审查，征求国务院商务主管部门等有关部门的意见后，自接到申请之日起四十五日内作出许可或者不予许可的决定。予以许可的，颁发电子认证许可证书；不予许可的，应当书面通知申请人并告知理由。

取得认证资格的电子认证服务提供者，应当按照国务院信息产业主管部门的规定在互联网上公布其名称、许可证号等信息。

第十九条　电子认证服务提供者应当制定、公布符合国家有关规定的电子认证业务规则，并向国务院信息产业主管部门备案。

电子认证业务规则应当包括责任范围、作业操作规范、信息安全保障措施等事项。

第二十条　电子签名人向电子认证服务提供者申请电子签名认证证书，应当提供真实、完整和准确的信息。

电子认证服务提供者收到电子签名认证证书申请后，应当对申请人的身份进行查验，并对有关材料进行审查。

第二十一条　电子认证服务提供者签发的电子签名认证证书应当准确无误，并应当载明下列内容：

（一）电子认证服务提供者名称；

（二）证书持有人名称；

（三）证书序列号；

（四）证书有效期；

（五）证书持有人的电子签名验证数据；

（六）电子认证服务提供者的电子签名；

（七）国务院信息产业主管部门规定的其他内容。

第二十二条　电子认证服务提供者应当保证电子签名认证证书内容在有效期内完整、准确，并保证电子签名依赖方能够证实或者了解电子签名认证证书所载内容及其他有关事项。

第二十三条　电子认证服务提供者拟暂停或者终止电子认证服务的，应当在暂停或者终止服务九十日前，就业务承接及其他有关事项通知有关各方。

电子认证服务提供者拟暂停或者终止电子认证服务的，应当在暂停或者终止服务六十日前向国务院信息产业主管部门报告，并与其他电子认证服务提供者就业务承接进行协商，作出妥善安排。

电子认证服务提供者未能就业务承接事项与其他电子认证服务提供者达成协议的，应当申请国务院信息产业主管部门安排其他电子认证服务提供者承接其业务。

电子认证服务提供者被依法吊销电子认证许可证书的，其业务承接事项的处理按照国务院信息产业主管部门的规定执行。

第二十四条　电子认证服务提供者应当妥善保存与认证相关的信息，信息保存期限至少为电子签名认证证书失效后五年。

第二十五条　国务院信息产业主管部门依照本法制定电子认证服务业的具体管理办法，对电子认证服务提供者依法实施监督管理。

第二十六条　经国务院信息产业主管部门根据有关协议或者对等原则核准后，中华人民共和国境外的电子认证服务提供者在境外签发的电子签名认证证书与依照本法设立的电子认证服务提供者签发的电子签名认证证书具有同等的法律效力。

**第四章 法律责任**

第二十七条 电子签名人知悉电子签名制作数据已经失密或者可能已经失密未及时告知有关各方、并终止使用电子签名制作数据，未向电子认证服务提供者提供真实、完整和准确的信息，或者有其他过错，给电子签名依赖方、电子认证服务提供者造成损失的，承担赔偿责任。

第二十八条 电子签名人或者电子签名依赖方因依据电子认证服务提供者提供的电子签名认证服务从事民事活动遭受损失，电子认证服务提供者不能证明自己无过错的，承担赔偿责任。

第二十九条 未经许可提供电子认证服务的，由国务院信息产业主管部门责令停止违法行为；有违法所得的，没收违法所得；违法所得三十万元以上的，处违法所得一倍以上三倍以下的罚款；没有违法所得或者违法所得不足三十万元的，处十万元以上三十万元以下的罚款。

第三十条 电子认证服务提供者暂停或者终止电子认证服务，未在暂停或者终止服务六十日前向国务院信息产业主管部门报告的，由国务院信息产业主管部门对其直接负责的主管人员处一万元以上五万元以下的罚款。

第三十一条 电子认证服务提供者不遵守认证业务规则、未妥善保存与认证相关的信息，或者有其他违法行为的，由国务院信息产业主管部门责令限期改正；逾期未改正的，吊销电子认证许可证书，其直接负责的主管人员和其他直接责任人员十年内不得从事电子认证服务。吊销电子认证许可证书的，应当予以公告并通知工商行政管理部门。

第三十二条 伪造、冒用、盗用他人的电子签名，构成犯罪的，依法追究刑事责任；给他人造成损失的，依法承担民事责任。

第三十三条 依照本法负责电子认证服务业监督管理工作的部门的工作人员，不依法履行行政许可、监督管理职责的，依法给予行政处分；构成犯罪的，依法追究刑事责任。

**第五章 附 则**

第三十四条 本法中下列用语的含义：

（一）电子签名人，是指持有电子签名制作数据并以本人身份或者以其所代表的人的名义实施电子签名的人；

（二）电子签名依赖方，是指基于对电子签名认证证书或者电子签名的信

赖从事有关活动的人;

（三）电子签名认证证书，是指可证实电子签名人与电子签名制作数据有联系的数据电文或者其他电子记录;

（四）电子签名制作数据，是指在电子签名过程中使用的，将电子签名与电子签名人可靠地联系起来的字符、编码等数据;

（五）电子签名验证数据，是指用于验证电子签名的数据，包括代码、口令、算法或者公钥等。

第三十五条　国务院或者国务院规定的部门可以依据本法制定政务活动和其他社会活动中使用电子签名、数据电文的具体办法。

第三十六条　本法自 2005 年 4 月 1 日起施行。

# 附录四  会计基础工作规范

**第一章  总  则**

第一条  为了加强会计基础工作，建立规范的会计工作秩序，提高会计工作水平，根据《中华人民共和国会计法》的有关规定，制定本规范。

第二条  国家机关、社会团体、企业、事业单位、个体工商户和其他组织的会计基础工作，应当符合本规范的规定。

第三条  各单位应当依据有关法律、法规和本规范的规定，加强会计基础工作，严格执行会计法规制度，保证会计工作依法有序地进行。

第四条  单位领导人对本单位的会计基础工作负有领导责任。

第五条  各省、自治区、直辖市财政厅（局）要加强对会计基础工作的管理和指导，通过政策引导、经验交流、监督检查等措施，促进基层单位加强会计基础工作，不断提高会计工作水平。国务院各业务主管部门根据职责权限管理本部门的会计基础工作。

**第二章  会计机构和会计人员**

第六条  各单位应当根据会计业务的需要设置会计机构；不具备单独设置会计机构条件的，应当在有关机构中配备专职会计人员。事业行政单位会计机构的设置和会计人员的配备应当符合国家统一事业行政单位会计制度的规定。设置会计机构，应当配备会计机构负责人；在有关机构中配备专职会计人员，应当在专职会计人员中指定会计主管人员。会计机构负责人会计主管人员任免，应当符合《中华人民共和国会计法》和有关法律的规定。

第七条  会计机构负责人、会计主管人员应当具备下列基本条件：

（一）坚持原则，廉洁奉公；

（二）具有会计专业技术资格；

（三）主管一个单位或者单位内一个重要方面的财务会计工作时间不少于二年；

（四）熟悉国家财经法律、法规、规章和方针、政策，掌握本行业业务管理的有关知识；

（五）有较强的组织能力；

（六）身体状况能够适应本职工作的要求。

第八条　没有设置会计机构和配备会计人员的单位，应当根据《代理记账管理暂行办法》委托会计事务所或者有代理记账许可证书的其他代理记账机构进行代理记账。

第九条　大、中型企业、事业单位、业务主管部门应当根据法律和国家有关规定设置总会计师。总会计师由具有会计师以上专业技术资格的人员担任。总会计师行使《总会计师条例》规定的职责、权限。总会计师的任命（聘任）、免职（解聘）依照《总会计师条例》和有关法律的规定办理。

第十条　各单位应当根据会计业务需要配备持有会计证的会计人员。未取得会计证的人员，不得从事会计工作。

第十一条　各单位应当根据会计业务需要设置会计工作岗位。会计工作岗位一般可分为：会计机构负责人或者会计主管人员，出纳，财产物资核算，工资核算，成本费用核算，财务成果核算，资金核算，往来结算，总账报表，稽核，档案管理等。开展会计电算化和管理会计的单位，可以根据需要设置相应工作岗位，也可以与其他工作岗位相结合。

第十二条　会计工作岗位，可以一人一岗、一人多岗或者一岗多人。但出纳人员不得兼管稽核、会计档案保管和收入、费用、债权债务账目的登记工作。

第十三条　会计人员的工作岗位应当有计划地进行轮换。

第十四条　会计人员应当具备必要的专业知识和专业技术，熟悉国家有关法律、法规、规章和国家统一会计制度，遵守职业道德。会计人员应当按照国家有关规定参加会计业务的培训。各单位应当合理安排会计人员的培训，保证会计人员每年有一定时间用于学习和参加培训。

第十五条　各单位领导人应当支持会计机构、会计人员依法行使职责；对忠于职守，坚持原则，做出显著成绩的会计机构、会计人员，应当给予精神和物质的奖励。

第十六条　国家机关、国有企业、事业单位任用会计人员应当实行回避制度。单位领导人的直系亲属不得担任本单位的会计机构负责人、会计主管人员。会计机构负责人、会计主管人员的直系亲属不得在本单位会计机构中担任出纳工作。需要回避的直系亲属：夫妻关系、直系血亲关系、三代以内旁系血亲以及配偶亲关系。

第十七条　会计人员在会计工作中应当遵守职业道德，树立良好的职业品质、严谨的工作作风，严守工作纪律，努力提高工作效率和工作质量。

第十八条　会计人员应当热爱本职工作，努力钻研业务，使自己的知识和技能适应所从事工作的要求。

第十九条　会计人员应当熟悉财经法律、法规、规章和国家统一会计制度，并结合会计工作进行广泛宣传。

第二十条　会计人员应当按照会计法律、法规和国家统一会计制度规定的程序和要求进行会计工作，保证所提供的会计信息合法、真实、准确、及时、完整。

第二十一条　会计人员办理会计事务应当实事求是、客观公正。

第二十二条　会计人员应当熟悉本单位的生产经营和业务管理情况，运用掌握的会计信息和会计方法，为改善单位内部管理、提高经济效益服务。

第二十三条　会计人员应当保守本单位商业秘密。除法律规定和单位领导人同意外，不能私自向外界提供或者泄露单位的会计信息。

第二十四条　财政部门、业务主管部门和各单位应当定期检查会计人员遵守职业道德的情况，并作为会计人员晋升、晋级、聘任专业职务、表彰奖励的重要考核依据。会计人员违反职业道德的，由所在单位进行处罚；情节严重的，由会计证发证机关吊销其会计证。

第二十五条　会计人员工作调动或者因故离职，必须将本人所经管的会计工作全部移交给接替人员。没有办清交接手续的，不得调动或者离职。

第二十六条　接替人员应当认真接管移交工作，并继续办理移交的未了事项。

第二十七条　会计人员办理移交手续，必须及时做好以下工作：

（一）已经受理的经济业务尚未填制会计凭证的，应当填制完毕。

（二）尚未登记的账目，应当登记完毕，并在最后一笔余额后加盖经办人员印章。

（三）整理应该移交的各项资料，对未了事项写出书面材料。

（四）编制移交清册，列明应当移交的会计凭证、会计账簿、会计报表、印章、现金、有价证券、支票簿、发票、文件、其他会计资料和物品等内容；实行会计电算化的单位，从事该项工作的移交人还应当在移交清册中列明会计软件及密码、会计软件数据磁盘（磁带等）及有关资料、实物等内容。

第二十八条　会计人员办理交接手续，必须有监交人负责监交。一般会计人员交接，由单位会计机构负责人、会计主管人员负责监交；会计机构负责人、会计主管人员交接，由单位领导人负责监交，必要时可由上级主管部门派人会同监交。

第二十九条　移交人员在办理移交时，要按移交注册逐项移交；接替人员要逐项核对点收。

（一）现金、有价证券要根据会计账簿有关记录进行点交。库存现金、有价证券必须与会计账簿记录保持一致。不一致时，移交人员必须限期查清。

（二）会计凭证、会计账簿、会计报表和其他会计资料必须完整无缺，必须查清原因，并在移交注册中注明，由移交人员负责。

（三）银行存款账户余额要与银行对账单核对，如不一致，应当编制银行存款余额调节表调节相符，各种财产物资和债权债务的明细账户余额要与总账有关账户余额核对相符；必要时，要抽查个别账户的余额，与实物核对相符，或者与往来单位、个人核对清楚。

（四）移交人员经管的票据、印章和其他实物等，必须交接清楚；移交人员从事会计电算化工作的，要对有关电子数据在实际操作状态下进行交接。

第三十条　会计机构负责人、会计主管人员移交时，还必须将全部财务会计工作、重大财务收支和会计人员的情况等，向接替人员详细介绍。对需要移交的遗留问题，应当写出书面材料。

第三十一条　交接完毕后，交接双方和监交人员要在移交清册上签名或者盖章。并应在移交清册上注明：单位名称，交接日期，交接双方和监交人员的职务、姓名，移交清册页数以及需要说明的问题和意见等。移交清册一般应当填制一式三份，交接双方各执一份，存档一份。

第三十二条　接替人员应当继续使用移交的会计账簿，不得自行另立新账，以保持会计记录的连续性。

第三十三条　会计人员临时离职或者因病不能工作且需要接替或者代理的，会计机构负责人、会计主管人员或者单位领导人必须指定有关人员接替或者代理，并办理交接手续。临时离职或者因病不能工作的会计人员恢复工作的，应当与接替或者代理人员办理交接手续。移交人员因病或者其他特殊原因不能亲自办理移交的，经单位领导人批准，可由移交人员委托他人代办移交，但委托人应当承担本规范第三十五条规定的责任。

第三十四条　单位撤销时，必须留有必要的会计人员，会同有关人员办理清理工作，编制决算。未移交前，不得离职。接收单位和移交日期由主管部门确定。单位合并、分立的，其会计工作交接手续比照上述有关规定办理。

第三十五条　移交人员对所移交的会计凭证、会计账簿、会计报表和其他有关资料的合法性、真实性承担法律责任。

**第三章　会计核算**

第三十六条　各单位应当按照《中华人民共和国会计法》和国家统一会计制度的规定建立会计账册，进行会计核算，及时提供合法、真实、准确、完整的会计信息。

第三十七条　各单位发生的下列事项，应当及时办理会计手续、进行会计核算：

（一）款项和有价证券的收付；

（二）财物的收发、增减和使用；

（三）债权债务的发生和结算；

（四）资本、基金的增减；

（五）收入、支出、费用、成本的计算；

（六）财务成果的计算和处理；

（七）其他需要办理会计手续、进行会计核算的事项。

第三十八条　各单位的会计核算应当以实际发生的经济业务为依据，按照规定的会计处理方法进行，保证会计指标的口径一致、相互可比和会计处理方法的前后各期相一致。

第三十九条　会计年度自公历一月一日起至十二月三十一日止。

第四十条　会计核算以人民币为记账本位币。收支业务外国货币为主的单位，也可以选定某种外国货币作为记账本位币，但是编制的会计报表应当折算为人民币反映。境外单位向国内有关部门编报的会计报表，应当折算为人民币反映。

第四十一条　各单位根据国家统一会计制度的要求，在不影响会计核算要求、会计报表指标汇总和对外统一会计报表的前提下，可以根据实际情况自行设置和使用会计科目。事业行政单位会计科目的设置和使用，应当符合国家统一事业行政单位会计制度的规定。

第四十二条　会计凭证、会计账簿、会计报表和其他会计资料的内容和要求必须符合国家统一会计制度的规定，不得伪造、变造会计凭证、会计账簿，不得设置账外账，不得报送虚假会计报表。

第四十三条　各单位对外报送的会计报表格式由财政部统一规定。

第四十四条　实行会计电算化的单位，对使用的会计软件及其生成的会计凭证、会计账簿、会计报表和其他会计资料的要求，应当符合财政部关于会计电算化的有关规定。

第四十五条　各单位的会计凭证、会计账簿、会计报表和其他会计资料，应当建立档案，妥善保管。会计档案建档要求、保管期限、销毁办法等依据《会计档案管理办法》的规定进行。实行会计电算化的单位，有关电子数据、会计软件资料等应当作为会计档案进行管理。

第四十六条　会计记录的文字应当使用中文、少数民族自治地区可以同时使用少数民族文字。中国境内的外商投资企业、外国企业和其他外国经济组织也可以同时使用某种外国文字。

第四十七条　各单位办理本规范第三十七条规定的事项，必须取得或者填制原始凭证，并及时送交会计机构。

第四十八条　原始凭证的基本要求是：

（一）原始凭证的内容必须具备：凭证的名称；填制凭证的日期；填制凭证单位名称或者填制人姓名；经办人员的签名或者盖章；接受凭证单位名称；经济业务内容；数量、单价和金额。

（二）从外单位取得的原始凭证，必须盖有填制单位的公章；从个人取得的原始凭证，必须有填制人员的签名或者盖章。自制原始凭证必须有经办单位领导人或者其指定的人员签名或者盖章。对外开出的原始凭证，必须加盖本单位公章。

（三）凡填有大写和小写金额的原始凭证，大写与小写金额必须相符。购买实物的原始凭证，必须有验收证明。支付款项的原始凭证，必须有收款单位和收款人的收款证明。

（四）一式几联的原始凭证，应当注明各联的用途，只能以一联作为报销凭证。一式几联的发票和收据，必须用双面复写纸（发票和收据本身具备复写纸功能的除外）套写，并连续编号。作废时应当加盖"作废"戳记，连同存根一起保存，不得撕毁。

（五）发生销货退回的，除填制退货发票外，还必须有退货验收证明；退款时，必须取得对方的收款收据或者汇款银行的凭证，不得以退货发票代替收据。

（六）职工公出借款凭据，必须附在记账凭证之后。收回借款时，应当另开收据或者退还借据副本，不得退还原借款收据。

（七）经上级有关部门批准的经济业务，应当将批准文件作为原始凭证附件。如果批准文件需要单独归档的，应当在凭证上注明批准机关名称、日期和文件字号。

第四十九条　原始凭证不得涂改、挖补。发现原始凭证有错误的，应当由开出单位重开或者更正，更正处应当加盖开出单位的公章。

第五十条　会计机构、会计人员要根据审核无误的原始凭证填制记账凭证。记账凭证可以分为收款凭证、付款凭证和转账凭证，也可以使用通用记账凭证。

第五十一条　记账凭证的基本要求是：

（一）记账凭证的内容必须具备：填制凭证的日期；凭证编号；经济业务摘要；会计科目；金额；所附原始凭证张数；填制凭证人员、稽核人员、记账人员、会计机构负责人、会计主管人员签名或者盖章。收款和付款记账凭证还应当由出纳人员签名或者盖章。以自制的原始凭证或者原始凭证汇总表代替记账凭证的，也必须具备记账凭证应有的项目。

（二）填制记账凭证时，应当对记账凭证进行连续编号。一笔经济业务需要填制两张以上记账凭证的，可以采用分数编号法编号。

（三）记账凭证可以根据每一张原始凭证填制，或者根据若干张同类原始凭证汇总填制，也可以根据原始凭证汇总表填制。但不得将不同内容和类别的原始凭证汇总填制在一张记账凭证上。

（四）除结账和更正错误的记账凭证可以不附原始凭证外，其他记账必须附有原始凭证。如果一张原始凭证涉及几张记账凭证，可以把原始凭证附在一张主要的记账凭证后面，并在其他记账凭证上注明附有该原始凭证的记账凭证的编号或者附有原始凭证复印件。一张原始凭证所列支出需要几个单位共同负担的，应当将其他单位负担的部分，开给对方原始凭证分割单，进行结算。原始凭证分割单必须具备原始凭证的基本内容：凭证名称、填制凭证日期、填制凭证单位名称或者填制人姓名、经办人的签名或者盖章、接受凭证单位名称、经济业务内容、数量、单价、金额和费用分摊情况等。

（五）如果在填制记账凭证时发生错误，应当重新填制。已经登记入账的记账凭证，在当年内发现填写错误时，可以用红字填写一张与原内容相同的记账凭证，在摘要栏注明"注销某月某日某号凭证"字样，同时再用蓝字重新填制一张正确的记账凭证，注明"订正某月某日某号凭证"字样。如果会计科目没有错误，只是金额错误，也可以将正确数字与错误数字之间的差额，另编一张调整的记账凭证，调增金额用蓝字，调减金额用红字。发现以前年度记账凭证有错误的，应当用蓝字填制一张更正的记账凭证。

（六）记账凭证填制完经济业务事项后，如有空行，应当自金额栏最后一笔金额数字下的空行处至合计数上的空行处划线注销。

第五十二条 填制会计凭证，字迹必须清晰、工整，并符合下列要求：

（一）阿拉伯数字应当一个一个地写，不得连笔写。阿拉伯金额数字前面应当书写货币币种符号或者货币名称简写和币种符号。币种符号与阿拉伯金额数字之间不得留有空白。凡阿拉伯数字前写有币种符号的，数字后面不得再写货币单位。

（二）所有以元为单位（其他货币种类为货币基本单位，下同）的阿拉伯数字，除表示单价等情况外，一律填写到角分；无角分的，角位和分位可写"00"，或者符号"一"；有角无分的，分位应当写"0"，不得用符号"一"代替。

（三）汉字大写数字金额如零、壹、贰、叁、肆、伍、陆、柒、捌、玖、拾、佰、仟、万、亿等，一律用正楷或者行书体书写，不得用0、一、二、三、四、五、六、七、八、九、十等简写字代替，不得任意自造简化字。大写金额数字到元或者角为止的，在"元"或者"角"字之后应当写"整"字或者"正"字；大写金额数字有分的，分字后面不写"整"或者"正"字。

（四）大写金额数字前未印有货币名称的，应当加填货币名称，货币名称与金额数字之间不得留有空白。

（五）阿拉伯金额数字中间有"0"时，汉字大写金额要写"零"字；阿拉伯数字金额中连续有几个"0"时，汉字大写金额中可以只写一个"零"字；阿拉伯金额数字元位是"0"，或者数字中间连续有几个"0"、元位也是"0"但角位不是"0"时，汉字大写金额可以只写一个"零"字，也可以不写"零"字。

第五十三条 实行会计电算化的单位，对于机制记账凭证，要认真审核，做到会计科目使用正确，数字准确无误。打印出的机制记账凭证要加盖制单人员、审核人员、记账人员及会计机构负责人、会计主管人员印章或者签字。

第五十四条 各单位会计凭证的传递程序应当科学、合理，具体办法由各单位根据会计业务需要自行规定。

第五十五条 会计机构、会计人员要妥善保管会计凭证。

（一）会计凭证应当及时传递，不得积压。

（二）会计凭证登记完毕后，应当按照分类和编号顺序保管，不得散乱丢失。

（三）记账凭证应当连同所附的原始凭证或者原始凭证汇总表，按照编号顺序，折叠整齐，按期装订成册，并加具封面，注明单位名称、年度、月份和起讫日期、凭证种类、起讫号码，由装订人在装订线封签处签名或者盖章。对于数量过多的原始凭证，可以单独装订保管，在封面上注明记账凭证日期、编号、种类，同时在记账凭证上注明"附件另订"和原始凭证名称及编号。各种经济合同、存出保证金收据以及涉外文件等重要原始凭证，应当另编目录，单独登记保管，并在有关的记账凭证和原始凭证上相互注明日期和编号。

（四）原始凭证不得外借，其他单位如因特殊原因需要使用原始凭证时，经本单位会计机构负责人、会计主管人员批准，可以复制。向外单位提供的原始凭证复制件，应当在专设的登记簿上登记，并由提供人员和收取人员共同签名或者盖章。

（五）从外单位取得的原始凭证如有遗失，应当取得原开出单位盖有公章的证明，并注明原来凭证的号码、金额和内容等，由经办单位会计机构负责人、会计主管人员和单位领导人批准后，才能代作原始凭证。如果确实无法取得证明的，如火车、轮船、飞机票等凭证，由当事人写出详细情况，由经办单位会计机构负责人、会计主管人员和单位领导人批准后，代作原始凭证。

第五十六条　各单位应当按照国家统一会计制度的规定和会计业务的需要设置会计账簿。会计账簿包括总账、明细账、日记账和其他辅助性账簿。

第五十七条　现金日记账和银行存款日记账必须采用订本式账簿。不得用银行对账单或者其他方式代替日记账。

第五十八条　实行会计电算化的单位，用计算机打印的会计账簿必须连续编号，经审核无误后装订成册，并由记账人员和会计机构负责人、会计主管人员签字或者盖章。

第五十九条　启用会计账簿时，应当在账簿封面上写明单位名称和账簿名称。在账簿扉页上应当附启用表，内容包括：启用日期、账簿页数、记账人员和会计机构负责人、会计主管人员姓名，并加盖名章和单位公章。记账人员或者会计机构负责人、会计主管人员调动工作时，应当注明交接日期、接办人员或者监交人员姓名，并由交接双方人员签名或者盖章。启用订本式账簿，应当从第一页到最后一页顺序编写页数，不得跳页、缺号。使用活页式账页，应当按账户顺序编号，并须定期装订成册。装订后再按实际使用的账页顺序编写页码，另加目录，记明每个账户的名称和页次。

第六十条　会计人员应当根据审核无误的会计凭证登记会计账簿。登记账簿的基本要求是：

（一）登记会计账簿时，应当将会计凭证日期、编号、业务内容摘要、金额和有关资料逐项记入账内、做到数字准确、摘要清楚、登记及时、字迹工整。

（二）登记完毕后，要在记账凭证上签名或者盖章，并注明已经登账的符号，表示已经记账。

（三）账簿中书写的文字和数字上面要留有适当空格，不要写满格，一般应占格距的二分之一。

（四）登记账簿要用蓝黑墨水或者碳素墨水书写，不得使用圆珠笔（银行的复写账簿除外）或者铅笔书写。

（五）下列情况，可以用红色墨水记账：

1．按照红字冲账的记账凭证，冲销错误记录；

2．在不设借贷等栏的多栏式账页中，登记减少数；

3．在三栏式账户的余额栏前，如未印明余额方向的，在余额栏内登记负数余额；

4．根据国家统一会计制度的规定可以用红字登记的其他会计记录。

（六）各种账簿按页次顺序连续登记，不得跳行、隔页。如果发生跑行、隔页，应当将空行、空页划线注销，或者注明"此行空白"、"此页空白"字样，并由记账人员签名或者盖章。

（七）凡需要结出余额的账户，结出余额后，应当在"借或贷"等栏内写明"借"或者"贷"等字样。没有余额的账户，应当在"借或贷"等栏内写"平"字，并在余额栏内用"0"表示。现金日记账和银行存款日记账必须逐日结出余额。

（八）每一账页登记完毕结转下页时，应当结出本页合计数及余额，写在本页最后一行和下页第一行有关栏内，并在摘要栏内分别注明"过次页"和"承前页"字样；也可以将本页合计数及金额只写在下页第一行有关栏内，并在摘要栏内注明"承前页"字样。对需要结计本月发生额的账户，结计"过次页"的本页合计数应当为自本月初起至本页末止发生额合计数；对需要结计本年累计发生额的账户，结计"过次页"的本页合计数应当为自年初起至本页末止的累计数；对既不需要结计本月发生额也不需要结计本年累计发生额的账户，可以只将每页末的余额转次页。

第六十一条　实行会计电算化的单位，总账和明细账应当定期打印。发生收款和付款业务的，在输入收款凭证和付款凭证的当天必须打印出现金日记、银行存款日记账，并在库存现金核对无误。

第六十二条 账簿记录发生错误，不准涂改、挖补、刮擦或者用药水消除字迹，不准重新抄写，必须按照下列方法进行更正：

（一）登记账簿时发生错误，应当将错误的文字或者数字划上红线注销，但必须使原有字迹仍可辨认；然后在划线上方填写正确的文字或者数字，并由记账人员在更正处盖章。对于错误的数字，应当全部划红线更正，不得只更正其中的错误数字。对于文字错误，可只划去错误的部分。

（二）由于记账凭证错误而使账簿记录发生错误，应当按更正的记账凭证登记账簿。

第六十三条 各单位应当定期对会计账簿记录的有关数字与库存实物、货币资金、有价证券、往来单位或者个人进行相互核对，保证账证相符、账账相符、账实相符。对账工作每年至少进行一次。

（一）账证核对。核对会计账簿记录与原始凭证、记账凭证的时间、凭证字号、内容、金额是否一致，记账方向是否相符。

（二）账账核对。核对不同会计账簿之间的账簿记录是否相符，包括：总账有关账户的余额核对，总账与明细账核对，总账与日记账核对，会计部门的财产物资明细账与财产物资保管和使用部门的有关明细账核对等。

（三）账实核对。核对会计账簿记录与财产等实有数额是否相符。包括：现金日记账账面余额与现金实际库存数相核对；银行存款日记账账面余额定期与银行对账单相核对；各种应收、应付款明细账账面余额与有关债务、债权单位或者个人核对等。

第六十四条 各单位应当按照规定定期结账。

（一）结账前，必须将本期内所发生的各项经济业务全部登记入账。

（二）结账时，应当结出每个账户的期末余额。需要结出当月发生额的，应当在摘要栏内注明"本月合计"字样，并在下面通栏划单红线。需要结出本年累计发生额的，应当在摘要栏内注明"本年累计"字样，并在下面通栏划单红线；十二月末的"本年累计"就是全年累计发生额。全年累计发生额下面应当通栏划双红线。年度终了结账时，所有总账账户都应当结出全年发生额和年末余额。

（三）年度终了，要把各账户的余额转到下一会计年度，并在摘要栏注明"结转下年"字样；在下一会计年度新建有关会计账簿的第一行余额栏内填写上年结转的余额，并在摘要栏注明"上年结转"字样。

第六十五条 各单位必须按照国家统一会计制度的规定定期编制财务报

告。财务报告包括会计报表及其说明。会计报表包括会计报表主表、会计报表附表、会计报表附注。

第六十六条　各单位对外报送的财务报告应当根据国家统一会计制度规定的格式和要求编制。单位内部使用的财务报告，其格式和要求由各单位自行规定。

第六十七条　会计报表应当根据登记完整、核结无误的会计账簿记录和其他有关资料编制，做到数字真实、计算准确、内容完整、说明清楚。任何人不得篡改或者授意、指使、强令他人篡改会计报表的有关数字。

第六十八条　会计报表之间、会计报表各项目之间，凡有对应关系的数字，应当相互一致。本期会计报表与上期会计报表之间有关的数字应当相互衔接。如果不同会计年度会计报表中各项目的内容和核算方法有变更的，应当在年度会计报表中加以说明。

第六十九条　各单位应当按照国家统一会计制度的规定认真编写会计报表附注及其说明，做到项目齐全，内容完整。

第七十条　各单位应当按照国家规定的期限对外报送财务报告。对外报送的财务报告，应当依次编写页码，加具封面，装订成册，加盖公章。封面上应当注明：单位名称，单位地址，财务报告所属年度、季度、月度、送出日期，并由单位领导人、总会计师、会计机构负责人、会计主管人员签名或者盖章。单位领导人对财务报告的合法性、真实性负法律责任。

第七十一条　根据法律和国家有关规定应当对财务报告进行审计的，财务报告编制单位应当先行委托注册会计师进行审计，并将注册会计师出具的审计报告随同财务报告按照规定的期限报送有关部门。

第七十二条　如果发现对外报送的财务报告有错误，应当及时办理更正手续。除更正本单位留存的财务报告外，并应同时通知接受财务报告的单位更正。错误较多的，应当重新编报。

**第四章　会计监督**

第七十三条　各单位的会计机构、会计人员对本单位的经济活动进行会计监督。

第七十四条　会计机构、会计人员进行会计监督的依据是：

（一）财经法律、法规、规章；

（二）会计法律、法规和国家统一会计制度；

（三）各省、自治区、直辖市财政厅（局）和国务院业务主管部门根据《中华人民共和国会计法》和国家统一会计制度制定的具体实施办法或者补充规定；

（四）各单位根据《中华人民共和国会计法》和国家统一会计制度制定的单位内部会计管理制度；

（五）各单位内部的预算、财务计划、经济计划、业务计划等。

第七十五条　会计机构、会计人员应当对原始凭证进行审核和监督。对不真实、不合法的原始凭证，不予受理。对弄虚作假、严重违法的原始凭证，在不予受理的同时，应当予以扣留，并及时向单位领导人报告，请求查明原因，追究当事人的责任。对记载不准确、不完整的原始凭证，予以退回，要求经办人员更正、补充。

第七十六条　会计机构、会计人员伪造、变造、故意毁灭会计账簿或者账外设账行为，应当制止和纠正；制止和纠正无效的，应当向上级主管单位报告，请求作出处理。

第七十七条　会计机构、会计人员应当对实物、款项进行监督，督促建立并严格执行财产清查制度。发现账簿记录与实物、款项不符时，应当按照国家有关规定进行处理。超出会计机构、会计人员职权范围的，应当立即向本单位领导报告，请求查明原因，作出处理。

第七十八条　会计机构、会计人员对指使、强令编造、篡改财务报告行为，应当制止和纠正；制止和纠正无效的，应当向上级主管单位报告，请求处理。

第七十九条　会计机构、会计人员应当对财务收支进行监督。

（一）对审批手续不全的财务收支，应当退回，要求补充、更正。

（二）对违反规定不纳入单位统一会计核算的财务收支，应当制止和纠正。

（三）对违反国家统一的财政、财务、会计制度规定的财务收支，不予办理。

（四）对认为是违反国家统一的财政、财务、会计制度规定的财务收支，应当制止和纠正；制止和纠正无效的，应当向单位领导人提出书面意见请求处理。单位领导人应当在接到书面意见起十日内作出书面决定，并对决定承担责任。

（五）对违反国家统一的财政、财务、会计制度规定的财务收支，不予制止和纠正，又不向单位领导人提出书面意见的，也应当承担责任。

（六）对严重违反国家利益和社会公众利益的财务收支，应当向主管单位或者财政、审计、税务机关报告。

第八十条　会计机构、会计人员对违反单位内部会计管理制度的经济活动，应当制止和纠正；制止和纠正无效的，向单位领导人报告，请求处理。

第八十一条　会计机构、会计人员应当对单位制定的预算、财务计划、经济计划、业务计划的执行情况进行监督。

第八十二条　各单位必须依照法律和国家有关规定接受财政、审计、税务等机关的监督，如实提供会计凭证、会计账簿、会计报表和其他会计资料以及有关情况，不得拒绝、隐匿、谎报。

第八十三条　按照法律规定应当委托注册会计师进行审计的单位，应当委托注册会计师进行审计，并配合注册会计师的工作，如实提供会计凭证、会计账簿、会计报表和其他会计资料以及有关情况，不得拒绝、隐匿、谎报，不得示意注册会计师出具不当的审计报告。

### 第五章　内部会计管理制度

第八十四条　各单位应当根据《中华人民共和国会计法》和国家统一会计制度的规定，结合单位类型和内部管理的需要，建立健全相应的内部会计管理制度。

第八十五条　各单位制定内部会计管理制度应当遵循下列原则：

（一）应当执行法律、法规和国家统一的财务会计制度。

（二）应当体现本单位的生产经营、业务管理的特点和要求。

（三）应当全面规范本单位的各项会计工作，建立健全会计基础，保证会计工作的有序进行。

（四）应当科学、合理，便于操作和执行。

（五）应当定期检查执行情况。

（六）应当根据管理需要和执行中的问题不断完善。

第八十六条　各单位应当建立内部会计管理体系。主要内容包括：单位领导人、总会计师对会计工作的领导职责；会计部门及其会计机构负责人、会计主管人员的职责、权限；会计部门与其他职能部门的关系；会计核算的组织形式。

第八十七条　各单位应当建立会计人员岗位责任制度。主要内容包括：会计人员工作岗位设置；各会计工作岗位的职责和标准；各会计工作岗位的人员和具体分工；会计工作岗位轮换办法；对各会计工作岗位的考核办法。

第八十八条　各单位应当建立账务处理程序制度。主要内容包括：会计科目及其明细科目的设置和使用；会计凭证的格式、审核要求和传递程序；会计核算方法；会计账簿的设置；编制会计报表的种类和要求；单位会计指标体系。

第八十九条　各单位应当建立内部牵制制度。主要内容包括：内部牵制制度的原则；组织分工；出纳岗位的职责和限制条件；有关岗位的职责和权限。

第九十条　各单位应当建立稽核制度。主要内容包括：稽核工作的组织形式和具体分工；稽核工作的职责、权限；审核会计凭证和复核会计账簿、会计报表的方法。

第九十一条　各单位应当建立原始记录管理制度。主要内容包括：原始记录的内容和填制方法；原始记录的格式；原始记录的审核；原始记录填制人的责任；原始记录签署、传递、汇集要求。

第九十二条　各单位应当建立定额管理制度。主要内容包括：定额管理的范围；规定和修订定额的依据、程序和方法；定额的执行；定额考核和奖惩办法等。

第九十三条　各单位应当建立计量验收制度。主要内容包括：计量检测手段和方法；计量验收管理的要求；计量验收人员的责任和奖惩办法。

第九十四条　各单位应当建立财产清查制度。主要内容包括：财产清查的范围；财产清查的组织；财产清查的期限和方法；对财产清查中发现问题的处理办法；对财产管理人员的奖惩办法。

第九十五条　各单位应当建立财务收支审批制度。主要内容包括：财务收支审批人员和审批权限；财务收支审批程序；财务收支审批人员的责任。

第九十六条　实行成本核算的单位应当建立成本核算制度。主要内容包括：成本核算的对象；成本核算的方法和程序；成本分析等。

第九十七条　各单位应当建立财务会计分析制度。主要内容包括：财务会计分析的主要内容；财务会计分析的基本要求和组织程序；财务会计分析的具体方法；财务会计分析报告的编写要求等。

第六章　附　则

第九十八条　本规范所称国家统一会计制度，是指由财政部制定，或者财政部与国务院有关部门联合制定，或者经财政部审核批准的在全国范围内统一执行的会计规章、准则、办法等规范性文件。本规范所称会计主管人员，是指不设置会计机构、只在其他机构中设置专职会计人员的单位行使会计机构负责人职权的人员。本规范第三章第二节和第三节关于填制会计凭证、登记会计账簿的规定，除特别指出外，一般适用于手工记账。实行会计电算化的单位，填制会计凭证和登记会计账簿的有关要求，应当符合财政部关于会计电算化的有关规定。

第九十九条　各省、自治区、直辖市财政厅（局）、国务院各业务主管部门可以根据本规范的原则，结合本地区、本部门的具体情况，制定具体实施办法，报财政部备案。

第一百条　本规范由财政部负责解释、修改。

第一百零一条　本规范自发布之日起实施。1984 年 4 月 24 日财政部发布的《会计人员工作规则》同时废止。

# 附录五　企业会计信息化工作规范

财会〔2013〕20 号

## 第一章　总　则

**第一条**　为推动企业会计信息化，节约社会资源，提高会计软件和相关服务质量，规范信息化环境下的会计工作，根据《中华人民共和国会计法》《财政部关于全面推进我国会计信息化工作的指导意见》（财会〔2009〕6 号），制定本规范。

**第二条**　本规范所称会计信息化，是指企业利用计算机、网络通信等现代信息技术手段开展会计核算，以及利用上述技术手段将会计核算与其他经营管理活动有机结合的过程。

本规范所称会计软件，是指企业使用的，专门用于会计核算、财务管理的计算机软件、软件系统或者其功能模块。会计软件具有以下功能：

（一）为会计核算、财务管理直接采集数据；

（二）生成会计凭证、账簿、报表等会计资料；

（三）对会计资料进行转换、输出、分析、利用。

本规范所称会计信息系统，是指由会计软件及其运行所依赖的软硬件环境组成的集合体。

**第三条**　企业（含代理记账机构，下同）开展会计信息化工作，软件供应商（含相关咨询服务机构，下同）提供会计软件和相关服务，适用本规范。

**第四条**　财政部主管全国企业会计信息化工作，主要职责包括：

（一）拟订企业会计信息化发展政策；

（二）起草、制定企业会计信息化技术标准；

（三）指导和监督企业开展会计信息化工作；

（四）规范会计软件功能。

**第五条**　县级以上地方人民政府财政部门管理本地区企业会计信息化工作，指导和监督本地区企业开展会计信息化工作。[3]

## 第二章　会计软件和服务

第六条　会计软件应当保障企业按照国家统一会计准则制度开展会计核算，不得有违背国家统一会计准则制度的功能设计。

第七条　会计软件的界面应当使用中文并且提供对中文处理的支持，可以同时提供外国或者少数民族文字界面对照和处理支持。

第八条　会计软件应当提供符合国家统一会计准则制度的会计科目分类和编码功能。

第九条　会计软件应当提供符合国家统一会计准则制度的会计凭证、账簿和报表的显示和打印功能。

第十条　会计软件应当提供不可逆的记账功能，确保对同类已记账凭证的连续编号，不得提供对已记账凭证的删除和插入功能，不得提供对已记账凭证日期、金额、科目和操作人的修改功能。

第十一条　鼓励软件供应商在会计软件中集成可扩展商业报告语言（XBRL）功能，便于企业生成符合国家统一标准的 XBRL 财务报告。

第十二条　会计软件应当具有符合国家统一标准的数据接口，满足外部会计监督需要。

第十三条　会计软件应当具有会计资料归档功能，提供导出会计档案的接口，在会计档案存储格式、元数据采集、真实性与完整性保障方面，符合国家有关电子文件归档与电子档案管理的要求。

第十四条　会计软件应当记录生成用户操作日志，确保日志的安全、完整，提供按操作人员、操作时间和操作内容查询日志的功能，并能以简单易懂的形式输出。

第十五条　以远程访问、云计算等方式提供会计软件的供应商，应当在技术上保证客户会计资料的安全、完整。对于因供应商原因造成客户会计资料泄露、毁损的，客户可以要求供应商承担赔偿责任。

第十六条　客户以远程访问、云计算等方式使用会计软件生成的电子会计资料归客户所有。

软件供应商应当提供符合国家统一标准的数据接口供客户导出电子会计资料，不得以任何理由拒绝客户导出电子会计资料的请求。

第十七条　以远程访问、云计算等方式提供会计软件的供应商，应当做好本厂商不能维持服务情况下，保障企业电子会计资料安全以及企业会计工作持续进行的预案，并在相关服务合同中与客户就该预案做出约定。

第十八条　软件供应商应当努力提高会计软件相关服务质量，按照合同约定及时解决用户使用中的故障问题。

会计软件存在影响客户按照国家统一会计准则制度进行会计核算问题的，软件供应商应当为用户免费提供更正程序。

第十九条　鼓励软件供应商采用呼叫中心、在线客服等方式为用户提供实时技术支持。

第二十条　软件供应商应当就如何通过会计软件开展会计监督工作，提供专门教程和相关资料。

**第三章　企业会计信息化**

第二十一条　企业应当充分重视会计信息化工作，加强组织领导和人才培养，不断推进会计信息化在本企业的应用。

除本条第三款规定外，企业应当指定专门机构或者岗位负责会计信息化工作。

未设置会计机构和配备会计人员的企业，由其委托的代理记账机构开展会计信息化工作。

第二十二条　企业开展会计信息化工作，应当根据发展目标和实际需要，合理确定建设内容，避免投资浪费。

第二十三条　企业开展会计信息化工作，应当注重信息系统与经营环境的契合，通过信息化推动管理模式、组织架构、业务流程的优化与革新，建立健全适应信息化工作环境的制度体系。

第二十四条　大型企业、企业集团开展会计信息化工作，应当注重整体规划，统一技术标准、编码规则和系统参数，实现各系统的有机整合，消除信息孤岛。

第二十五条　企业配备的会计软件应当符合本规范第二章要求。

第二十六条　企业配备会计软件，应当根据自身技术力量以及业务需求，考虑软件功能、安全性、稳定性、响应速度、可扩展性等要求，合理选择购买、定制开发、购买与开发相结合等方式。

定制开发包括企业自行开发、委托外部单位开发、企业与外部单位联合开发。

第二十七条　企业通过委托外部单位开发、购买等方式配备会计软件，应当在有关合同中约定操作培训、软件升级、故障解决等服务事项，以及软件供应商对企业信息安全的责任。

第二十八条　企业应当促进会计信息系统与业务信息系统的一体化，通过业务的处理直接驱动会计记账，减少人工操作，提高业务数据与会计数据的一致性，实现企业内部信息资源共享。

第二十九条　企业应当根据实际情况，开展本企业信息系统与银行、供应商、客户等外部单位信息系统的互联，实现外部交易信息的集中自动处理。

第三十条　企业进行会计信息系统前端系统的建设和改造，应当安排负责会计信息化工作的专门机构或者岗位参与，充分考虑会计信息系统的数据需求。

第三十一条　企业应当遵循企业内部控制规范体系要求，加强对会计信息系统规划、设计、开发、运行、维护全过程的控制，将控制过程和控制规则融入会计信息系统，实现对违反控制规则情况的自动防范和监控，提高内部控制水平。

第三十二条　对于信息系统自动生成、且具有明晰审核规则的会计凭证，可以将审核规则嵌入会计软件，由计算机自动审核。未经自动审核的会计凭证，应当先经人工审核再行后续处理。

第三十三条　处于会计核算信息化阶段的企业，应当结合自身情况，逐步实现资金管理、资产管理、预算控制、成本管理等财务管理信息化。

处于财务管理信息化阶段的企业，应当结合自身情况，逐步实现财务分析、全面预算管理、风险控制、绩效考核等决策支持信息化。

第三十四条　分公司、子公司数量多、分布广的大型企业、企业集团应当探索利用信息技术促进会计工作的集中，逐步建立财务共享服务中心。

实行会计工作集中的企业以及企业分支机构，应当为外部会计监督机构及时查询和调阅异地储存的会计资料提供必要条件。

第三十五条　外商投资企业使用的境外投资者指定的会计软件或者跨国企业集团统一部署的会计软件，应当符合本规范第二章要求。

第三十六条　企业会计信息系统数据服务器的部署应当符合国家有关规定。数据服务器部署在境外的，应当在境内保存会计资料备份，备份频率不得低于每月一次。境内备份的会计资料应当能够在境外服务器不能正常工作时，独立满足企业开展会计工作的需要以及外部会计监督的需要。

第三十七条　企业会计资料中对经济业务事项的描述应当使用中文，可以同时使用外国或者少数民族文字对照。

第三十八条　企业应当建立电子会计资料备份管理制度，确保会计资料的安全、完整和会计信息系统的持续、稳定运行。

第三十九条　企业不得在非涉密信息系统中存储、处理和传输涉及国家秘密，关系国家经济信息安全的电子会计资料；未经有关主管部门批准，不得将其携带、寄运或者传输至境外。

第四十条　企业内部生成的会计凭证、账簿和辅助性会计资料，同时满足下列条件的，可以不输出纸面资料：

（一）所记载的事项属于本企业重复发生的日常业务；

（二）由企业信息系统自动生成；

（三）可及时在企业信息系统中以人类可读形式查询和输出；

（四）企业信息系统具有防止相关数据被篡改的有效机制；

（五）企业对相关数据建立了电子备份制度，能有效防范自然灾害、意外事故和人为破坏的影响；

（六）企业对电子和纸面会计资料建立了完善的索引体系。

第四十一条　企业获得的需要外部单位或者个人证明的原始凭证和其他会计资料，同时满足下列条件的，可以不输出纸面资料：

（一）会计资料附有外部单位或者个人的、符合《中华人民共和国电子签名法》的可靠的电子签名；

（二）电子签名经符合《中华人民共和国电子签名法》的第三方认证；

（三）满足第四十条第（一）项、第（三）项、第（五）项和第（六）项规定的条件。

第四十二条　企业会计资料的归档管理，遵循国家有关会计档案管理的规定。

第四十三条　实施企业会计准则通用分类标准的企业，应当按照有关要求向财政部报送 XBRL 财务报告。

**第四章　监　督**

第四十四条　企业使用会计软件不符合本规范要求的，由财政部门责令限期改正。限期不改的，财政部门应当予以公示，并将有关情况通报同级相关部门或其派出机构。

第四十五条　财政部采取组织同行评议，向用户企业征求意见等方式对软件供应商提供的会计软件遵循本规范的情况进行检查。

省、自治区、直辖市人民政府财政部门发现会计软件不符合本规范规定的，应当将有关情况报财政部。

任何单位和个人发现会计软件不符合本规范要求的，有权向所在地省、自治区、直辖市人民政府财政部门反映，财政部门应当根据反映开展调查，并按本条第二款规定处理。

第四十六条　软件供应商提供的会计软件不符合本规范要求的，财政部可以约谈该供应商主要负责人，责令限期改正。限期内未改正的，由财政部予以公示，并将有关情况通报相关部门。[3]

**第五章　附　则**

第四十七条　省、自治区、直辖市人民政府财政部门可以根据本规范制定本地区具体实施办法。

第四十八条　自本规范施行之日起，《会计核算软件基本功能规范》（财会字〔1994〕27 号）、《会计电算化工作规范》（财会字〔1996〕17 号）不适用于企业及其会计软件。

第四十九条　本规范自 2014 年 1 月 6 日起施行，1994 年 6 月 30 日财政部发布的《商品化会计核算软件评审规则》（财会字〔1994〕27 号）、《会计电算化管理办法》（财会字〔1994〕27 号）同时废止。

# 附录六　会计档案案卷格式

DA/T 39—2008

## 1．范围

本标准规定了会计档案卷盒及其有关表格的项目设置、规格、质量要求。本标准适用于各级各类机关、团体、企业事业单位和其他组织。

## 2．规范性引用文件

下列文件中的条款通过本标准的引用而成为本标准的条款。凡是注日期的引用文件，其随后所有的修改单（不包括勘误的内容）或修订版均不适用于本标准，然而，鼓励根据本标准达成协议的各方研究是否可使用这些文件的最新版本。凡是不注日期的引用文件，其最新版本适用于本标准。

GB/T 9705-88　文书档案案卷格式

财会字[1998]32 号《会计档案管理办法》

## 3．会计凭证封面格式

3.1　会计凭证封面外形尺寸

封面尺寸规格采用 245mm×130mm（长×宽）或 245mm×150mm（长×宽）。封底尺寸同封面尺寸。

3.2　会计凭证封面项目

封面项目包括单位名称、会计凭证名称、时间、册数、册次、记账凭证起止号、记账凭证数、附件数、会计凭证总数、会计主管、装订人、装订时间、备注。各项目具体位置、尺寸［见图 A-1（a）、图 A-1（b）］。

3.3　封面项目的填写方法

3.3.1　单位名称：填写形成会计档案的单位名称，必须用全称或通用简称。如"中国共产党中央委员会"简称为"中共中央"；"中华人民共和国卫生部"简称为"卫生部"；"云南省人民政府财政厅"简称为"云南省财政厅"。不得简称"本部""本委""本省财政厅"等。

3.3.2　会计凭证名称：填写能够反映会计凭证用途或内容的名称，如："收款会计凭证""付款会计凭证""转账会计凭证"或"基建会计凭证""工会会计凭证""预算外会计凭证"等。

3.3.3　时间：填写本册会计凭证的起止年月日。

3.3.4　册数：填写会计凭证的册数。

3.3.5　册次：填写本册会计凭证的序号。

3.3.6　记账凭证起止号：填写本册记账凭证起号和止号。

3.3.7　记账凭证数：填写记账凭证的张数。

3.3.8　附件数：填写本册会计凭证的附件张数。

3.3.9　会计凭证总数：填写本册所有凭证的合计张数。

3.3.10　会计主管：填写单位内部具体负责会计工作的中层领导人员。

3.3.11　装订人：填写负责该本会计凭证装订的人员。

3.3.12　装订时间：填写该本会计凭证装订结束的时间。

3.3.13　备注：填写该本凭证需要说明的事项。

3.4　制成材料质量

记账凭证封面和封底宜采用 126 克以上牛皮纸制作。

## 4．会计凭证盒格式

4.1　会计凭证盒外形尺寸

会计凭证盒的外形尺寸采用 275mm×155mm（长×宽），盒脊厚度可根据需要设置 30mm、40mm、60mm 等。[见图 A-2（a）]

4.2　会计凭证盒项目及填写方法

4.2.1　会计凭证盒正面项目

会计凭证盒正面项目包括单位名称、凭证名称、时间、册数、册次、记账凭证起止号、附件数、会计凭证总数、起止时间、归档时间、立卷人、保管期限、全宗号、目录号、案卷号。各项具体位置、尺寸[见图 A-2（b）]。

4.2.2　正面项目的填写方法

4.2.2.1　单位名称、凭证名称、时间、册数、册次、记账凭证起止号、附件数、会计凭证总数、起止时间根据记账凭证封面的有关项目对应填写，填写方法与记账凭证封面一致。

4.2.2.2　归档时间：填写单位内财务部门向档案部门移交会计档案的年月日。

4.2.2.3 立卷人：填写整理本盒会计凭证的人员姓名。

4.2.2.4 保管期限：根据财政部和国家档案局 1998 年颁布的《会计档案保管期限表》确定填写该案卷的保管期限。

4.2.2.5 全宗号：填写档案馆给立档单位编制的代号。企业可填写表达单位的汉语拼音代字。

4.2.2.6 目录号：填写全宗内案卷所属目录的编号，在同一个全宗内不允许出现重复的案卷目录号，企业或参照《工业企业档案分类试行规则》编制分类方案的单位，可填写类别特征代码。

4.2.2.7 案卷号：目录内案卷的顺序编号，在同一个案卷目录（或分类体系的最低一级类目）内不允许出现重复的案卷号。

4.2.3 会计凭证盒盒脊项目及填写方法

会计凭证盒盒脊项目包括全宗号、目录号、案卷号、年度、月份、册数、册次、保管期限，其排列格式尺寸［见图 A-2（c）］。

盒脊项目与正面有关项目对应填写。

4.3 制成材料质量

会计凭证盒宜采用 340 克以上箱板纸制作。

## 5. 会计档案盒格式

5.1 会计档案盒外形尺寸

会计档案盒的外形尺寸采用 310mm×220mm 或 310mm×260mm（长×宽），盒脊厚度可根据需要设置 20mm、30mm、40mm 等。［见图 A-3（a）］

5.2 会计档案盒项目及填写方法

5.2.1 会计档案盒正面项目

会计档案盒正面项目包括全宗名称、案卷题名、时间、卷数、张数、保管期限、全宗号、目录号、案卷号、盒号。各项目具体位置、尺寸［见图 A-3（b）、图 A-3（c）］。

5.2.2 正面项目的填写方法

5.2.2.1 全宗名称：全宗名称相当于立档单位的名称，填写时和会计凭证盒正面上的"单位名称"要求一致。

5.2.2.2 案卷题名：由整理会计凭证的人员自拟。案卷题名应准确概括本盒会计档案的形成单位、时间、内容、类别，如："曲靖市财政局 2002 年度（或上半年、下半年、季度）财务报告""曲靖市财政局 2002 年基金管理总账""曲靖市乡镇企业局 2002 年行政（或事业、或工会）

现金日记账"。文字力求简炼、明确。

5.2.2.3 时间：填写形成本盒会计档案的起止年月日。

5.2.2.4 卷数、张数：填写本盒内会计档案的卷数和张数。

5.2.2.5 保管期限：按照《会计档案保管期限表》填写该盒会计档案的保管期限。

5.2.2.6 全宗号、目录号：填写方法与会计凭证盒上的"全宗号""目录号"的要求相同。

5.2.2.7 案卷号：填写本盒内会计档案的案卷号或案卷起止号，在案卷起号和止号之间用"—"隔开。

5.2.2.8 盒号：盒号是同一全宗、同一目录内按照案卷顺序号装盒的编号。

5.2.3 会计档案盒盒脊项目的填写方法

会计档案盒盒脊项目包括年度、全宗号、目录号、案卷号、盒号、保管期限。其排列格式尺寸［见图 A-3（d）］。

年度填写本盒会计档案所属年度，其他项目与正面相应项目填写一致。

5.3 制成材料质量

会计档案盒宜采用 700 克以上无酸纸制作。

## 6．账簿启用及接交表格式

6.1 账簿启用及接交表用纸尺寸及质量要求

6.1.1 用纸尺寸

账簿启用及接交表用纸幅面尺寸采用国际标准 A4 型（长×宽为 297mm×210mm）。非国际标准纸账簿可根据实际需要另外确定用纸尺寸。

6.1.2 质量要求

账簿启用及接交表宜采用 70 克以上白色书写纸制作。

6.2 账簿启用及接交表项目和填写方法

6.2.1 账簿启用及接交表正面项目和填写方法

6.2.1.1 正面项目

账簿启用及接交表正面项目包括单位名称、账簿名称及编号、账簿页数、账簿起止日期、经管人员、接交记录、备注、档号、贴印花税。各项目具体位置、尺寸［见图 A-4（a）］。

6.2.1.2　正面项目的填写方法

6.2.1.2.1　单位名称：填写形成会计档案的单位名称，并加盖公章，填写要求与记账凭证封面上的"单位名称"相同。

6.2.1.2.2　账簿名称及编号：填写该账簿所属的类别及其排列顺序号。

6.2.1.2.3　账簿页数：填写该账簿中有内容记载的账簿页数（空白账页除外）。

6.2.1.2.4　账簿起止时期：填写该账簿启用和终止的年月日。

6.2.1.2.5　经管人员：填写单位内管理财务的负责人姓名、会计姓名、复核姓名、出纳姓名。

6.2.1.2.6　接交记录：该账簿在使用过程中人员发生变化时，由接管和交出双方分别签名，并填写接交日期，同时，经管人员要填写职别并签名。

6.2.1.2.7　备注：填写该账簿中需要特别说明的情况。

6.2.1.2.8　印花税：在印有"贴印花税"的空格处贴上印花税票。

6.2.1.2.9　档号：按照本单位档案分类编号方案的要求填写该账簿的编号。

6.2.2　账簿启用及接交表背面项目和填写方法

6.2.2.1　背面项目

账簿启用及接交表背面项目包括科目名称、页次。各项目具体位置尺寸［见图 A-4（b）］。非国际标准纸账簿可根据实际需要另外确定用纸尺寸。

6.2.2.2　背面项目的填写方法

6.2.2.2.1　科目名称：根据该账簿设置的科目名称依次填写。

6.2.2.2.2　页次：在编写该账簿页码总流水顺序号的基础上，分别填写各个科目在该账簿中的页码位置。

## 7. 会计档案目录格式

7.1　会计档案目录用纸尺寸及质量要求

会计档案目录的用纸尺寸采用国际标准 A4 型（长宽为 297mm×210mm），纸张质量宜采用 70 克以上白色书写纸制作。

7.2　会计档案目录项目

会计档案目录项目包括案卷号、类别、题名、起止时间、保管期限、卷内张数、备注。各项目具体位置、尺寸（见图 A-5）。

7.3　项目的填写方法

7.3.1　案卷号：根据整理会计档案时会计凭证盒或会计档案盒上的对应项目填写。

7.3.2　类别：填写该卷会计档案所属的类别，如："会计凭证类""会计账簿类""财务报告类"等。

7.3.3　题名：题名即案卷题名，填写要求与会计档案盒上的"案卷题名"相同。

7.3.4　起止时间：填写该卷档案启用和终止的年月。

7.3.5　保管期限：根据整理会计档案时确定的会计凭证盒或会计档案盒上的保管期限填写。

7.3.6　卷内张数：指会计凭证总数、账页总数或财务报告的总张数，根据该卷会计档案的具体张数填写。

7.3.7　备注：填写记账凭证起止号或其他需要说明的事项。

## 8．卷内目录格式

8.1　卷内目录纸尺寸及质量要求

卷内目录用纸尺寸及质量要求与会计档案目录相同。

8.2　卷内目录项目包括顺序号、责任者、文号、题名、日期、页号、备注、各项目具体位置、尺寸（见图 A-6）。

8.3　项目的填写方法

8.3.1　顺序号：以卷内文件材料排列先后顺序填写序号，亦即件号。

8.3.2　责任者：填写对档案内容进行创造或负有责任的团体和个人，即文件材料的署名者。

8.3.3　文号：填写文件制发机关的发文字号。

8.3.4　题名：即文件材料标题，一般应照实抄录，没有标题或标题不规范的，可自拟标题，外加"[]"号。

8.3.5　日期：填写文件材料的形成时间，以 8 位阿拉伯数字标注年月日，如 20070619。

8.3.6　页号：填写卷内文件材料所在之页的编号。

8.3.7　备注：在需要说明情况的文件材料栏内打"*"号，并将需说明的情况填写在备考表中。

## 9. 卷内备考表格式

9.1 卷内备考表用纸尺寸及质量要求

卷内备考表用纸尺寸及质量要求与会计档案目录相同。

9.2 卷内备考表项目

卷内备考表项目包括本卷情况说明、立卷人、检查人、立卷时间、检查时间，各项目具体位置、尺寸（见图 A-7）。

9.3 项目的填写方法

9.3.1 本卷情况说明：填写卷内文件材料（财务报告类和其他类）缺损、修改补充、移出、销毁等情况。案卷立好后发生或发现的问题由有关的管理人员填写并签名，标注时间。

9.3.2 立卷人：由负责立卷者签名。

9.3.3 检查人：由案卷质量审查者签名。

9.3.4 立卷时间：填写完成立卷工作的年月日。

9.3.5 检查时间：填写审查案卷质量的年月日。

## 10. 会计档案移交清单格式

10.1 会计档案移交清单用纸尺寸及质量要求

与会计档案目录相同。

10.2 会计档案移交清单项目

会计档案移交清单项目包括年度、种类及数量、移交部门及移交人、接收部门及接收人、监交人、移交时间、备注。各项具体位置、尺寸（见图 A-8）。

10.3 项目填写方法

10.3.1 年度：填写需要移交的会计档案所属年度，用 4 位阿拉伯数字填写。

10.3.2 移交部门及移交人：由单位内财务部门及其管理人员填写并盖章签字。

10.3.3 接收部门及接收人：由单位内档案部门或接收会计档案的有关部门及其管理人员填写并盖章签字。

10.3.4 监交人：由监督办理接交档案手续的人员签名。

10.3.5 移交时间：填写办理会计档案移交手续的年月日。

10.3.6 备注：填写移交范围的会计档案中需标明的情况。

附注

（规范性附录）

会计档案用盒及表格格式

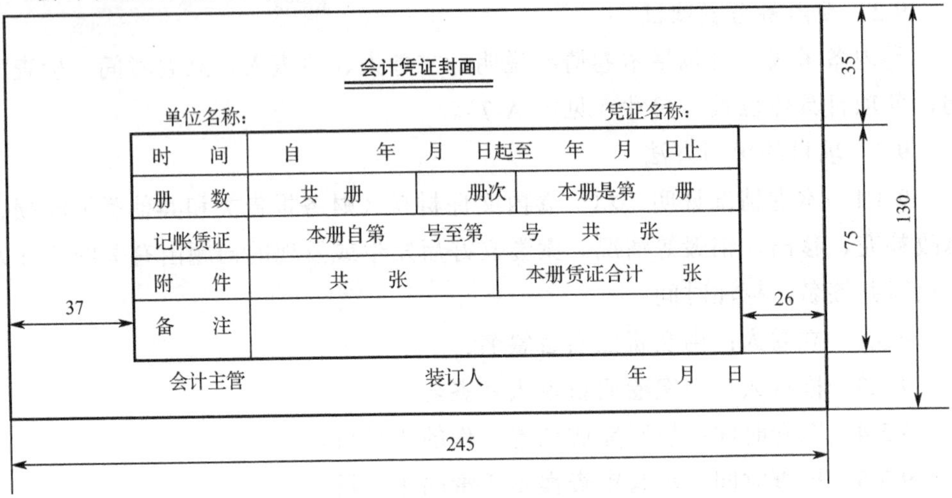

**会计凭证封面**

| 单位名称： | | | | 凭证名称： |
|---|---|---|---|---|
| 时 间 | 自 年 月 日起至 年 月 日止 | | | |
| 册 数 | 共 册 | 册次 | 本册是第 册 | |
| 记帐赁证 | 本册自第 号至第 号 共 张 | | | |
| 附 件 | 共 张 | 本册赁证合计 张 | | |
| 备 注 | | | | |

会计主管　　　　　装订人　　　　年 月 日

245

37　　　26　　　35　　75　　130

单位统一：mm
比例：1:2

**图 A-1（a）会计凭证封面格式一**

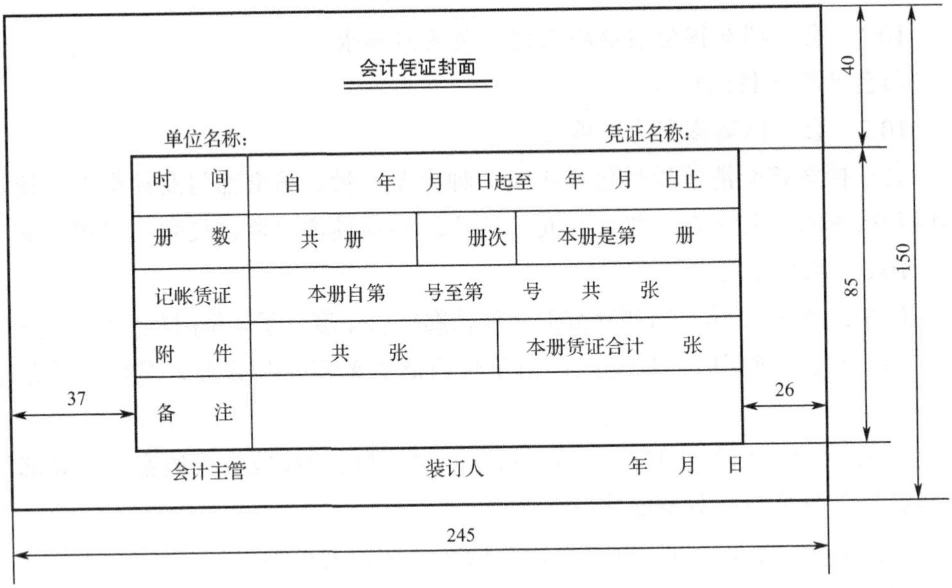

**会计凭证封面**

| 单位名称： | | | 凭证名称： |
|---|---|---|---|
| 时 间 | 自 年 月 日起至 年 月 日止 | | |
| 册 数 | 共 册 | 册次 | 本册是第 册 |
| 记帐赁证 | 本册自第 号至第 号 共 张 | | |
| 附 件 | 共 张 | 本册赁证合计 张 | |
| 备 注 | | | |

会计主管　　　　　装订人　　　　年 月 日

245

37　　　26　　　40　　85　　150

单位统一：mm
比例：1:2

**图 A-1（b）　会计凭证封面格式二**

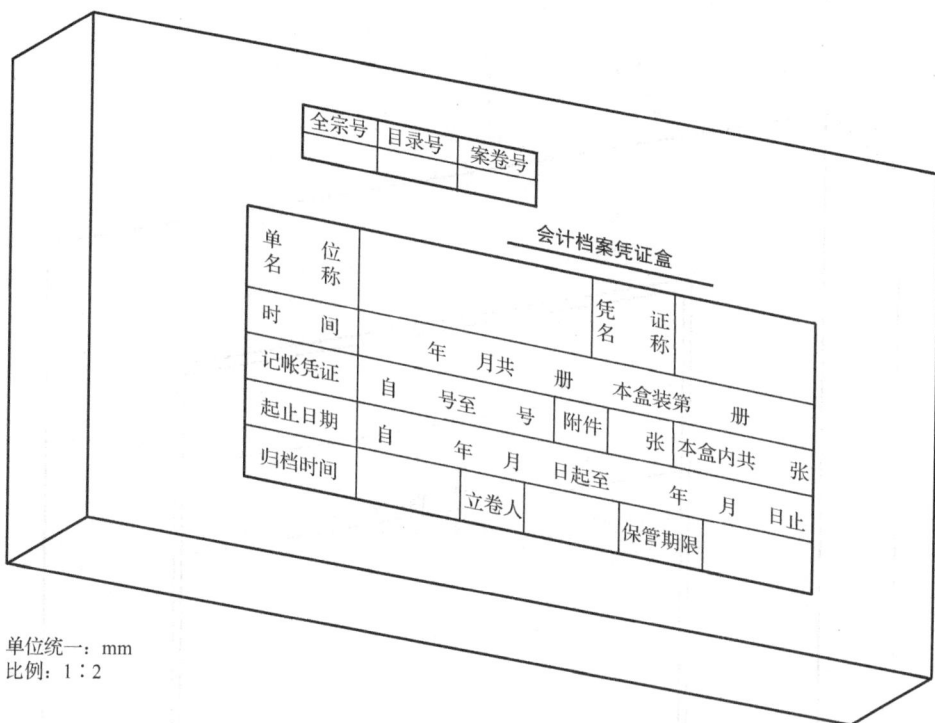

单位统一：mm
比例：1：2

图 A-2（a） 会计档案凭证盒立体图

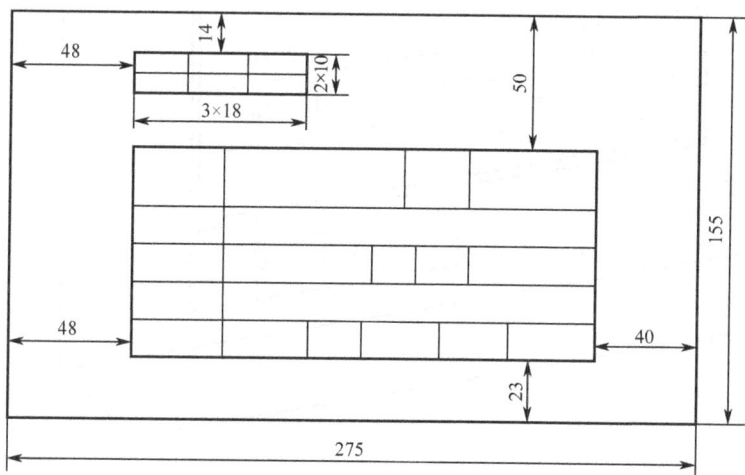

单位统一：mm
比例：1：2

D=30、40、60
单位统一：mm
比例：1：2

图 A-2（b） 会计档案凭证盒正面格式　　图 A-2（c） 会计档
案凭证盒脊格式

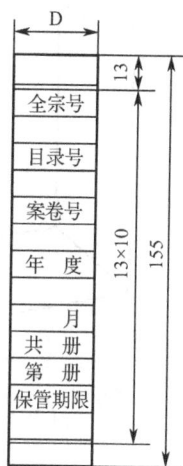

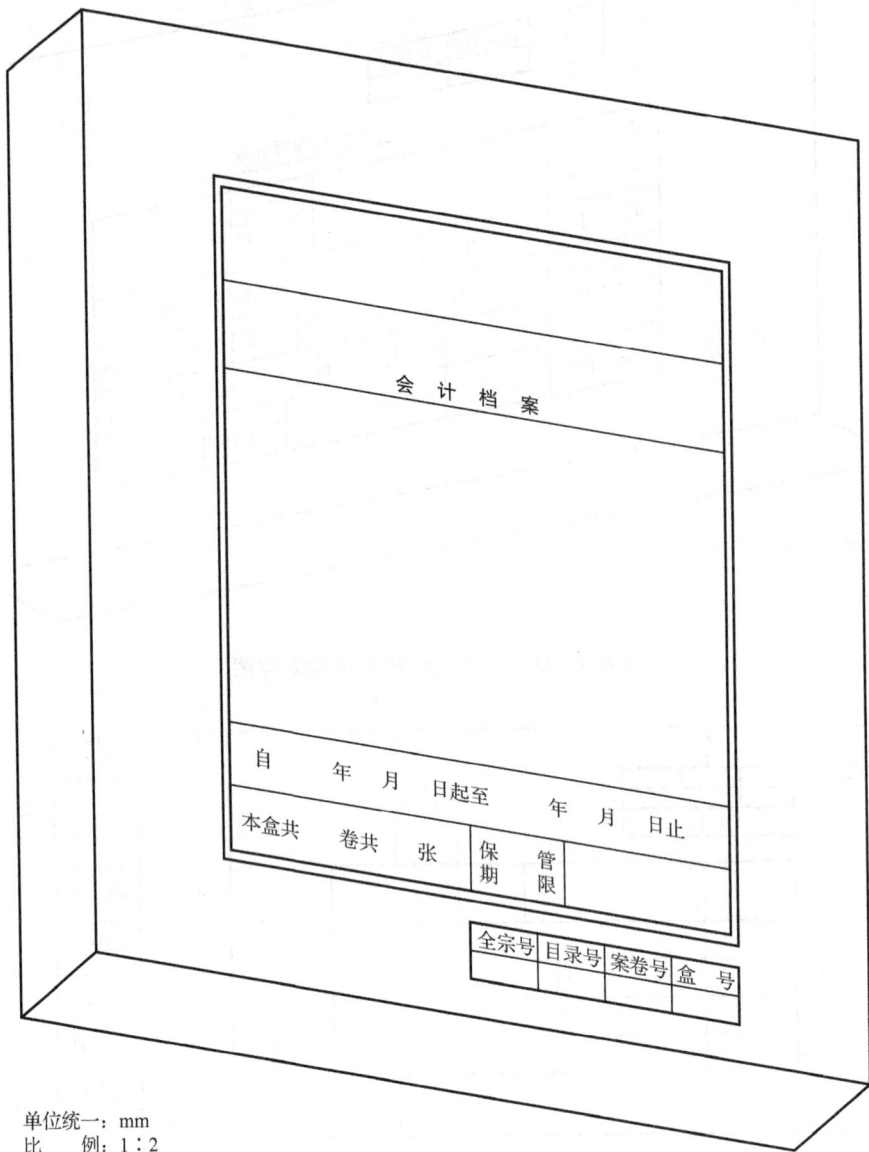

单位统一：mm
比　例：1：2

图 A-3（a）　会计档案盒立体图

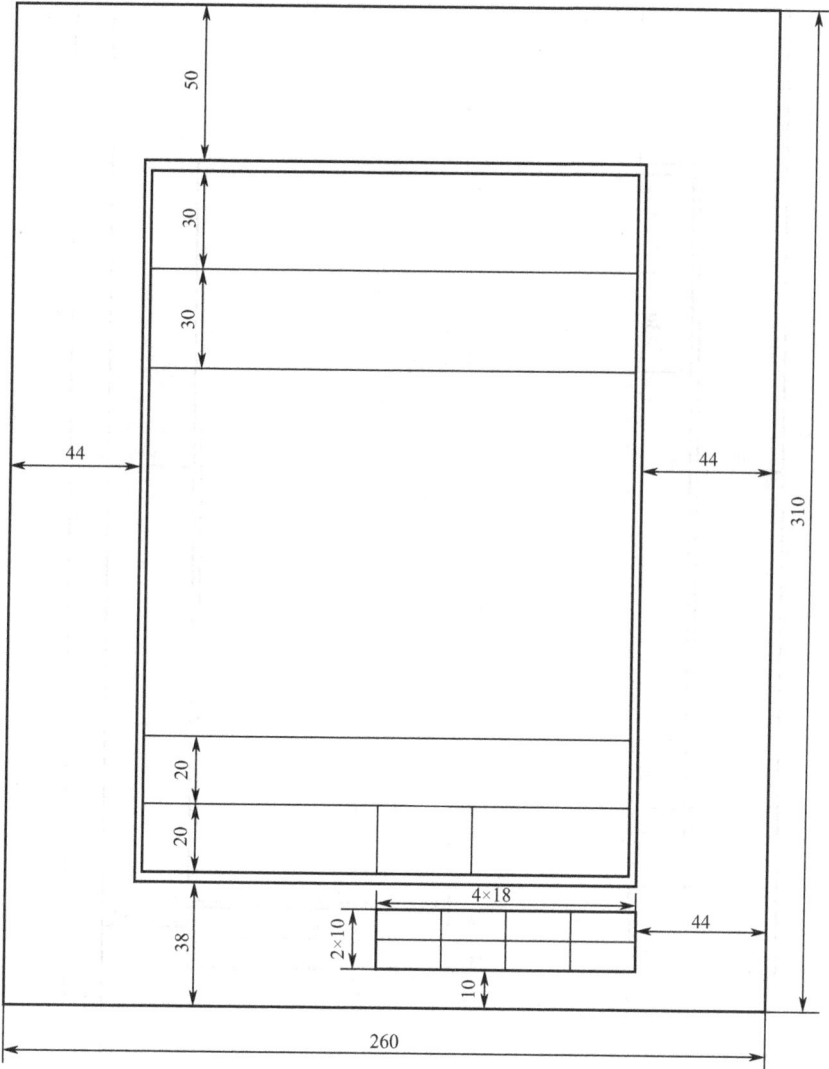

单位统一: mm
比　　例: 1：2

图 A-3（b）　会计档案盒正面格式一

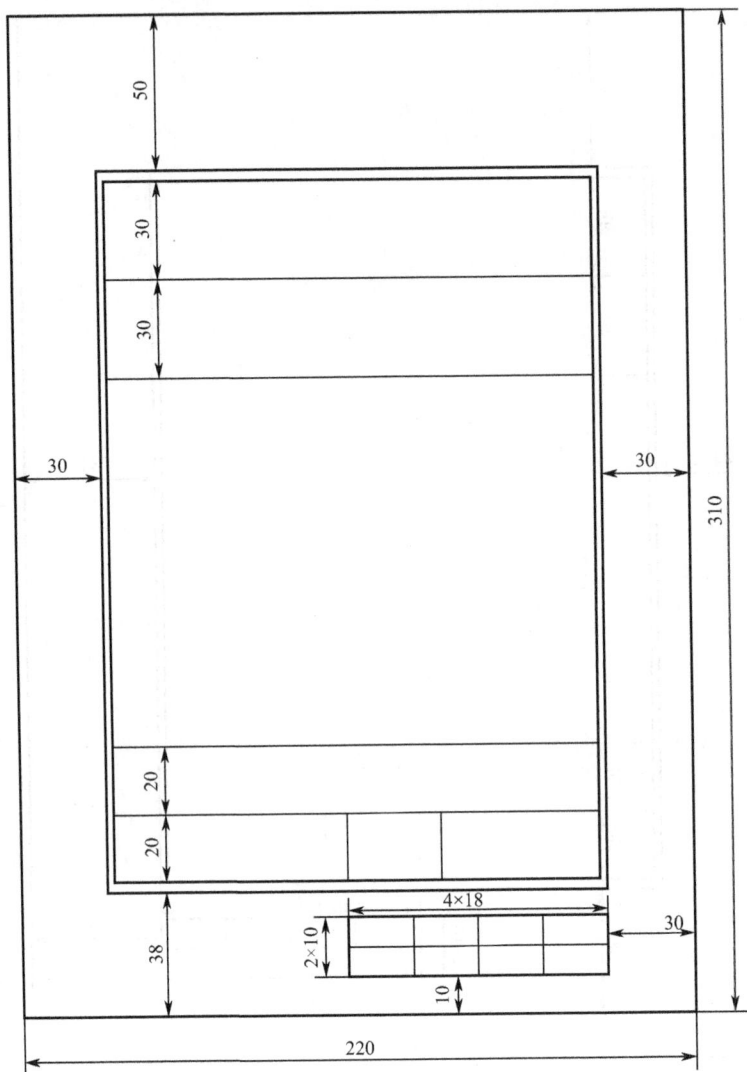

单位统一：mm
比　　例：1：2

图 A-3（c）　会计档案盒正面格式二

会计档案

年　度

全宗号

目录号

案卷号

盒　号

保管期限

44

55

6×30

310

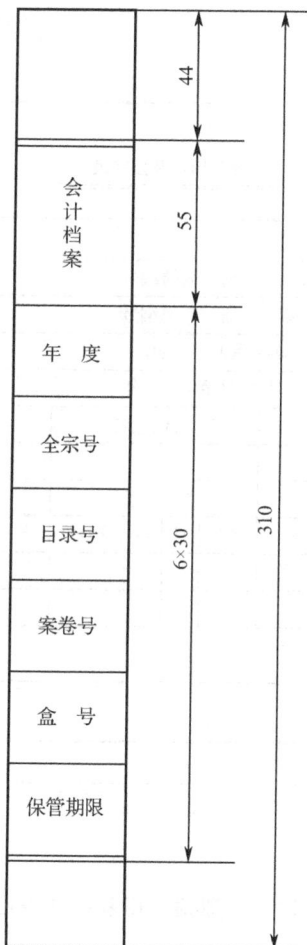

D=20、30、40
单位统一：mm
比　　例：1：2

**图 A-3（d）　会计档案盒脊格式**

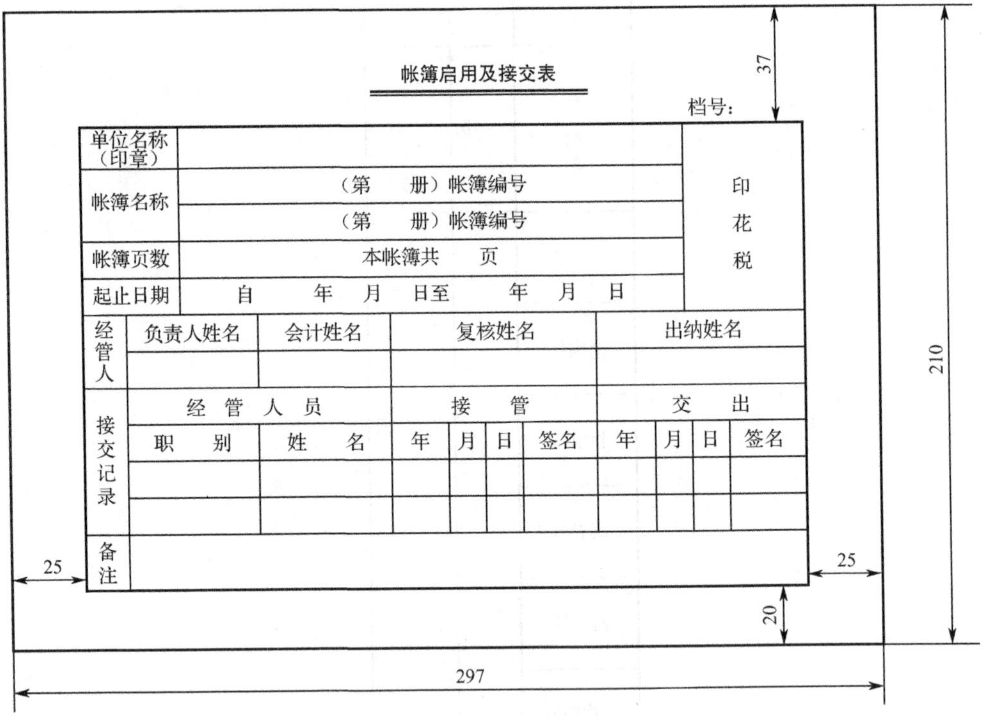

帐簿启用及接交表

档号：

| 单位名称<br>（印章） | | | | | | | | 印<br>花<br>税 |
| 帐簿名称 | （第　　册）帐簿编号 | | | | | | | |
| | （第　　册）帐簿编号 | | | | | | | |
| 帐簿页数 | 本帐簿共　　页 | | | | | | | |
| 起止日期 | 自　　年　　月　　日至　　年　　月　　日 | | | | | | | |
| 经管人 | 负责人姓名 | 会计姓名 | | 复核姓名 | | | 出纳姓名 | |
| | | | | | | | | |
| 接交记录 | 经　管　人　员 | | 接　　管 | | | 交　　出 | | |
| | 职　别 | 姓　　名 | 年 | 月 | 日 | 签名 | 年 | 月 | 日 | 签名 |
| | | | | | | | | | |
| | | | | | | | | | |
| 备注 | | | | | | | | | |

37

210

25

25

20

297

单位统一：mm
比　　例：1∶2

图 A-4（a）　账簿启用及接交表正面格式

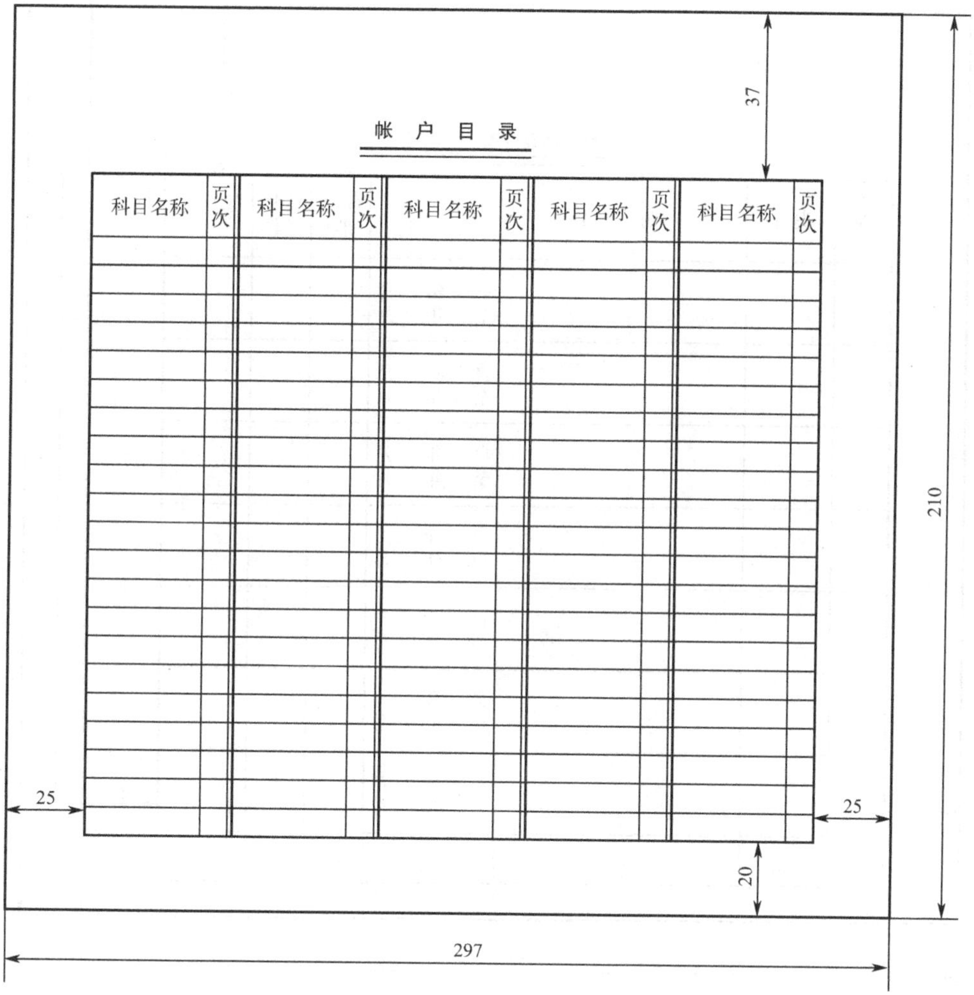
帐 户 目 录
科目名称
页次
科目名称
页次
科目名称
页次
科目名称
页次
科目名称
页次
37
210
25
25
20
297

单位统一：mm
比　　例：1：2

图 A-4（b） 账簿启用及接交表背面格式

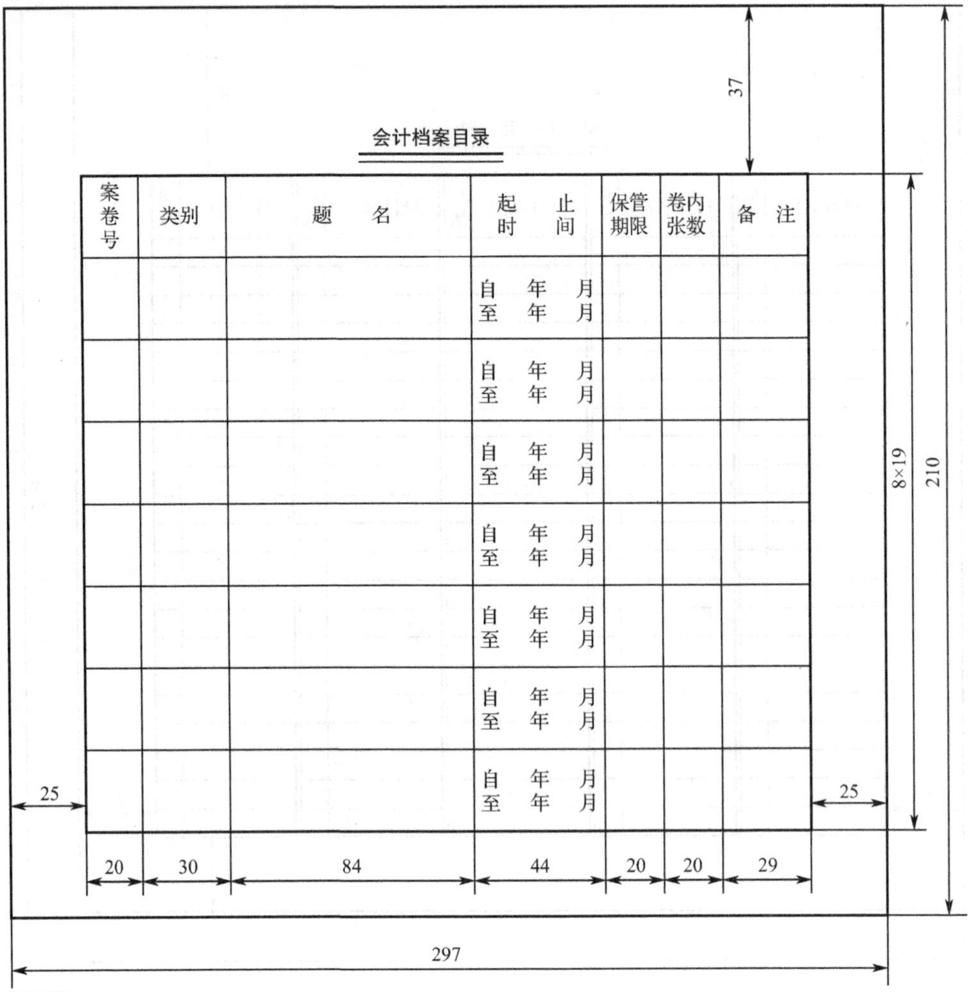

会计档案目录

| 案卷号 | 类别 | 题　名 | 起止时间 | 保管期限 | 卷内张数 | 备　注 |
|---|---|---|---|---|---|---|
| | | | 自　年　月<br>至　年　月 | | | |
| | | | 自　年　月<br>至　年　月 | | | |
| | | | 自　年　月<br>至　年　月 | | | |
| | | | 自　年　月<br>至　年　月 | | | |
| | | | 自　年　月<br>至　年　月 | | | |
| | | | 自　年　月<br>至　年　月 | | | |
| | | | 自　年　月<br>至　年　月 | | | |

37

8×19

210

25　　20　30　84　44　20　20　29　　25

297

单位统一: mm
比　例: 1:2

图 A-5　会计档案目录格式

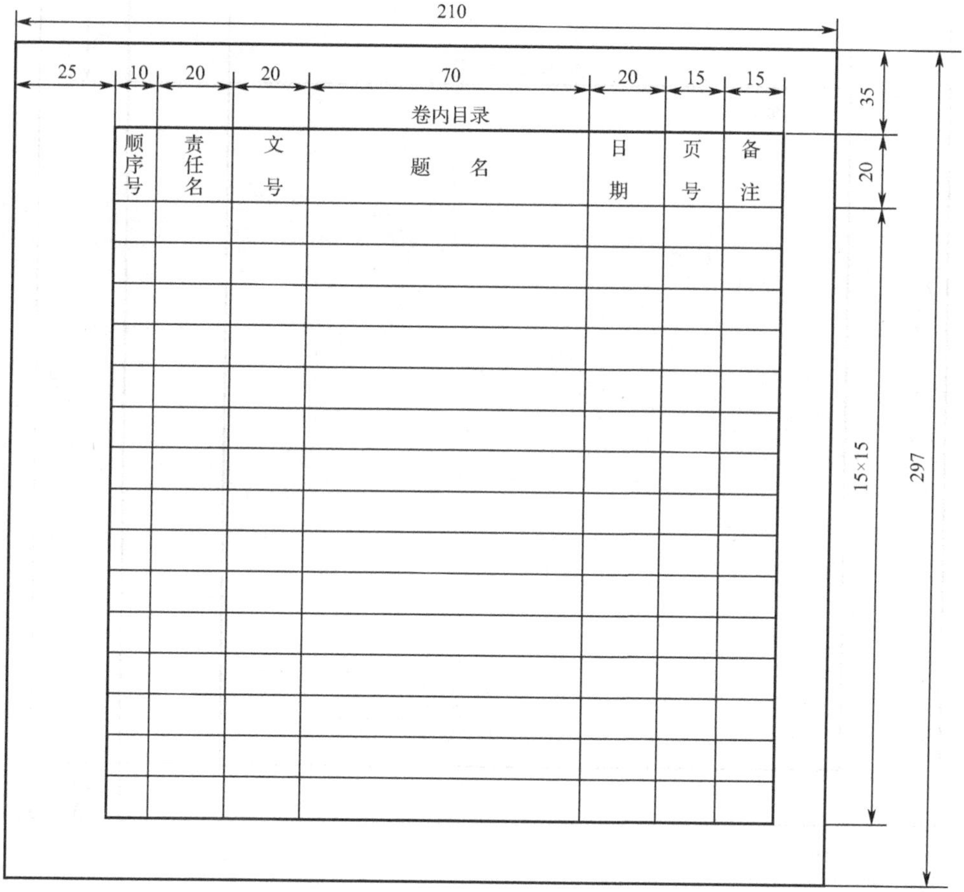

| 顺序号 | 责任名 | 文号 | 题 名 | 日期 | 页号 | 备注 |
|---|---|---|---|---|---|---|
| | | | | | | |
| | | | | | | |
| | | | | | | |
| | | | | | | |
| | | | | | | |
| | | | | | | |
| | | | | | | |
| | | | | | | |
| | | | | | | |
| | | | | | | |
| | | | | | | |
| | | | | | | |
| | | | | | | |
| | | | | | | |
| | | | | | | |
| | | | | | | |
| | | | | | | |

卷内目录

单位统一：mm
比　　例：1：2

图 A-6　卷内目录格式

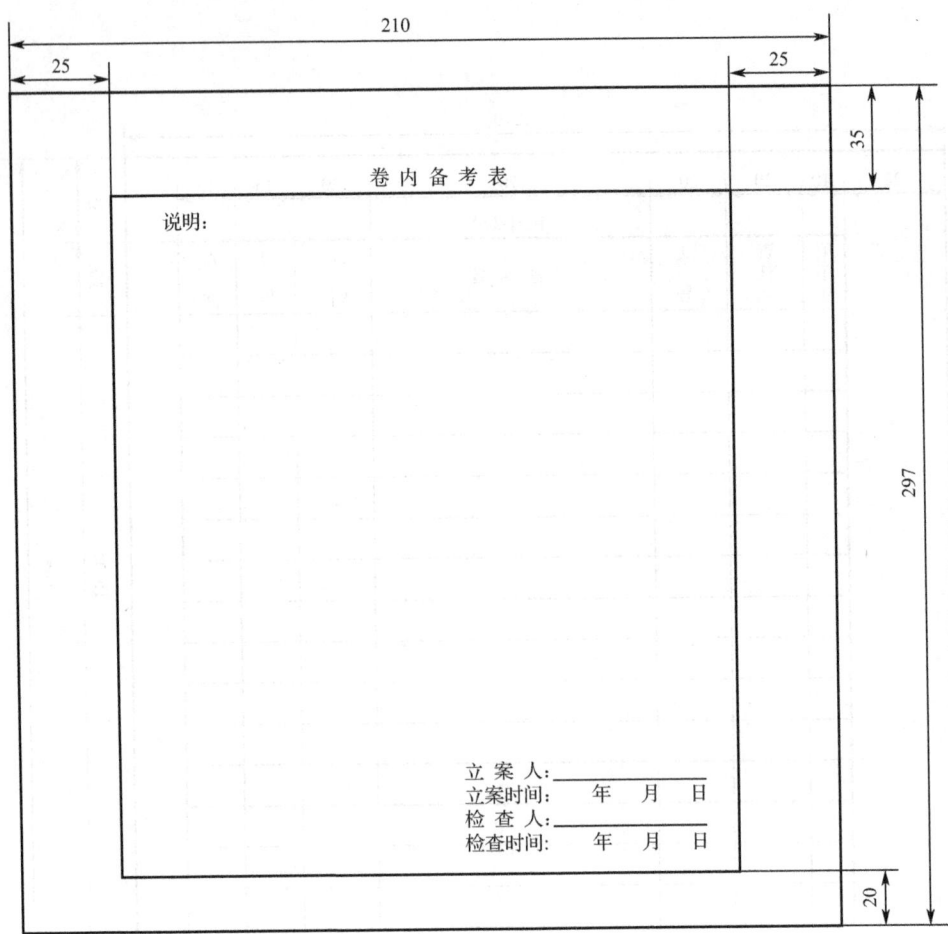

卷 内 备 考 表

说明：

立 案 人：_____
立案时间：　年　月　日
检 查 人：_____
检查时间：　年　月　日

单位统一：mm
比　　例：1∶2

图 A-7　卷内备考格式

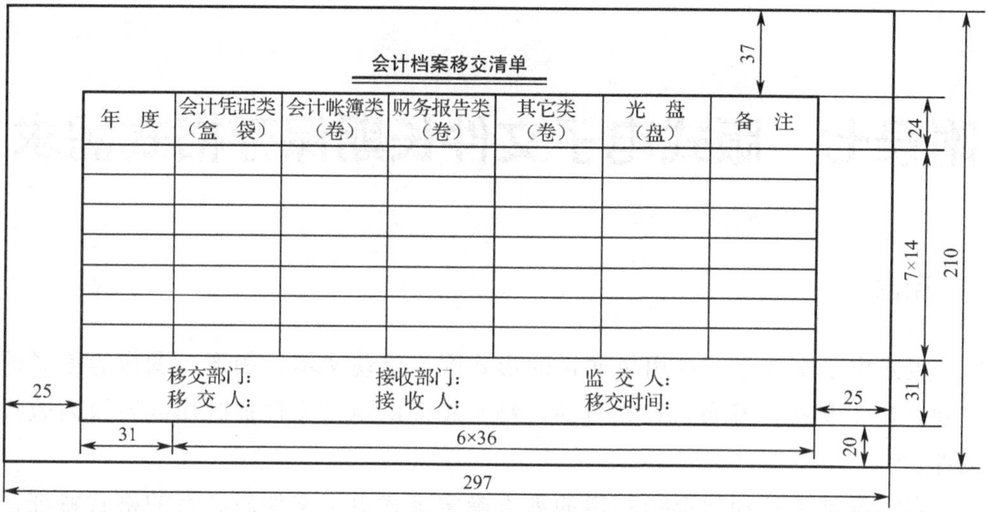

| 年　度 | 会计凭证类（盒　袋） | 会计帐簿类（卷） | 财务报告类（卷） | 其它类（卷） | 光　盘（盘） | 备　注 |
|---|---|---|---|---|---|---|
| | | | | | | |
| | | | | | | |
| | | | | | | |
| | | | | | | |
| | | | | | | |
| | | | | | | |
| | | | | | | |

会计档案移交清单

移交部门：　　　　　接收部门：　　　　　监交人：
移交人：　　　　　　接收人：　　　　　　移交时间：

37
24
7×14
210
31
25
31
6×36
20
297
25
25

单位统一：mm
比　　例：1∶2

图 A-8　会计档案移交清单格式

# 附录七　版式电子文件长期保存格式需求

## 引言

版式电子文件是一种用页面化的形式固定呈现文本、图形、图像等信息的文件。出于交换、发布、存档目的，越来越多的电子文件被制作或转换为版式文件。

本标准基于长期保存和利用的需求确定版式电子文件应具有的格式特征，为制订版式电子文件格式标准，开发相应的制作、阅读、打印等软件提供依据。保证电子文件的长期可读、可解析、可理解。

## 1. 范围

本标准明确了版式电子文件长期保存格式的特征。

本标准适用于各级各类档案馆、机关、团体、企业事业单位和其他社会组织遴选归档保存版式电子文件格式，也适用于版式电子文件格式标准的制订与相关软件开发。

## 2. 规范性引用文件

下列文件对于本文件的应用是必不可少的。凡是标注日期的引用文件，仅标注日期的版本适用于本文件。凡是不标注日期的引用文件，其最新版本（包括所有的修改单）适用于本文件。

GB/T 16964.1—1997 信息技术 字型信息交换第 1 部分：体系结构

GB/T 18894—2002 电子文件归档与管理规范

ISO 14721:2003 空间数据和信息传输系统开放档案信息系统 参考模型（Space data and information transfer systems-Open archival information system-Reference model）

ISO 15489-1:2001 信息与文献 文件管理 第 1 部分 通则（Information and documentation-Records management-Part 1:General）

## 3．术语和定义

GB/T 18894—2002 和 ISO 15489-1:2001 界定的以及下列术语和定义适用于本文件。

3.1 版式电子文件 fixed-layout electronic records
内容信息被排版在预定义页面中，具有显示一致性的版面固定的电子文件。

3.2 长期 long-term
虑及技术变化（包括支持新载体、新数据格式）和用户群体变化对典藏信息影响的足够长的时间段。这个时间段延伸到无限未来。

[ISO 14721:2003]

3.3 长期保存 long-term preservation
用一种可靠的、科学合理的方式长期（3.2）维护电子文件真实、完整、有效的行为。

3.4 字体 font
具有同一的基本设计的字形图像集合。如：黑斜体。

3.5 字形 glyph
一个可辨认的抽象的图形符号，它不依赖于任何特定的设计。

[GB/T 16964.1—1997,定义 3.12]

3.6 光栅图像 raster image
由一组按栅格图案排列的像素形成的图像。

3.7 矢量图形 vector graphics
以给定方向与长度数值的线表示的图形。

3.8 稳健 robustness
表现在容错、格式兼容和避免数据缺失等方面的能力。

## 4．版式电子文件长期保存格式应满足的需求

4.1 格式开放
4.1.1 有公开发表的相应标准和技术规范。
4.1.2 格式标准和技术规范简洁明了，页面描述语言不应仅为少数厂商认知和掌握。
4.1.3 没有专利和许可的限制。
4.1.4 厂商中立。

4.1.5 有与产品无关的专家组、标准化组织和产业联盟等维护和支持该格式。

4.2 不绑定软硬件

4.2.1 被多种操作系统和硬件平台支持。

4.2.2 文件的阅读不依赖于特定的阅读软件。

4.2.3 使用与设备无关的颜色规范实现准确打印和再现。

4.3 文件自包含

4.3.1 文件呈现的全部信息完全自包含。

4.3.2 文件中必须包括全部字体的字形描述信息或嵌入字体程序信息。

4.3.3 文件中还应包括光栅图像、矢量图形、颜色信息等其他需要呈现的信息。

4.3.4 文件的呈现不依赖于外部对象。

4.3.5 当文件或文件中的部分信息由模拟源转换而来时，有编码保存其重要属性的能力。

4.4 格式自描述

4.4.1 设置规范的元数据集（可以与国际、国内相关标准建立映射），以文本方式（通常为 XML）内嵌于文件中，用于描述文件和对象的属性特征,并易于提取和检索。

4.4.2 文件中应声明遵循的格式标准和版本。

4.4.3 文件中允许封装用户自定义的元数据。

4.4.4 文件中的字符对象应声明编码标准。

4.4.5 文件有必要且充分的结构信息和语义信息，用于解析数字对象。

4.5 显示 一致性

4.5.1 固定呈现文件页面、章节、段落、字体、图形、图像、色彩等，呈现效果不因软硬件平台和阅读软件变化而变化。

4.5.2 禁止由条件触发的显示或打印的内容。

4.5.3 禁用音频、视频等多媒体对象。

4.5.4 禁用交互式表单和内部可执行代码。

4.5.5 当使用某些技术将导致显示、打印不一致时应禁止使用，如透明、隐藏和开放式印前接口(OPI）等。

4.6 持续可解释

4.6.1 允许用户对文件和文件中的对象添加注释，注释应符合 4.5 规定。

4.6.2 不允许设置口令保护。

4.6.3 禁止对文件或文件中的对象实施加密。

4.6.4 文件中运用的算法应该是公开的算法。

4.6.5 文件中引用的字体和运用的算法不应是知识产权保护对象。

4.7 稳健

4.7.1 文件格式稳定，版本升级更新有序，前后兼容。

4.7.2 设置有效的容错机制。

4.7.3 不采用有损压缩、子采样、缩减采样或者其他任何有可能改变文件内容或降低原始数据质量的操作。

4.8 可转换

4.8.1 支持其他格式与版式电子文件长期保存格式相互转换。

4.8.2 支持过时的版式电子文件长期保存格式转换为新的版式电子文件长期保存格式。

4.9 利于存储

4.9.1 格式紧凑，数据结构合理，数据占用字节数少。

4.9.2 支持在一个文件中容纳大量对象和数据。

4.9.3 具有聚合能力，可以把几个相同格式的文件聚合到一个文件中。

4.10 支持技术认证机制

4.10.1 支持数字签名。

4.10.2 使用的数字签名被多种操作系统和硬件平台支持。

4.10.3 数字签名的全部信息完全自包含，包括签名日期、摘要算法、签名算法、签名值、证书信息等。

4.10.4 数字签名必须视觉呈现。

4.10.5 呈现数字签名的电子印章、手写签名等必须自包含。

4.11 易于利用

4.11.1 支持增值服务，方便提取数据的子集，如分割页面、提取文本串、图像等。

4.11.2 支持全文检索。

4.11.3 文件中包含的文本信息符合自然阅读顺序。

## 5．测试与评估

依据本标准制订版式电子文件长期保存格式和开发软件产品，必须按相关规定经过测试和评估后，才能确认与本标准的一致性。

# 参考文献

[1] 《<会计档案管理办法>讲解》编写组.《会计档案管理办法》讲解[M].北京：中国财政经济出版社：2016

[2] 王英，蔡盈芳，黄磊.电子文件管理[M].北京：清华大学出版社：2016

[3] 全国档案工作标准化技术委员会.档案工作标准汇编 9[M].北京：中国档案出版社：2010

[4] 全国档案工作标准化技术委员会.档案工作标准汇编 10[M].北京：中国标准出版社：2015

[5] 全国会计从业资格考试专业教材编写组.会计基础[M].北京：北京理工大学出版社：2014

[6] 财政部会计司.企业会计信息化工作规范释义[M].北京：经济科学出版社，2014

[7] 财政部会计资格评价中心.初级会计实务[M].北京：中国财政经济出版社：2015

[8] 邵瑞庆.《会计学原理（第四版）》学习指导书[M].上海：立信会计出版社：2013

[9] 段东升.会计档案整理[M].北京：中国文史出版社：2013

[10] 王英玮，陈智为，刘越男.档案管理学（第四版）[M].北京：中国人民大学出版社有限公司：2015

[11] 蔡盈芳.企业数字档案馆建设理论与实践[M].北京：电子工业出版社：2017

[12] 陈兆祦，和宝荣，王英玮.档案管理学基础（第三版）.北京：中国人民大学出版社有限公司：2005

[13] 国际档案理事会.电子办公环境中文件管理原则与功能要求（中英双语）[M].北京：中国人民大学出版社，2012

[14] 北京市国家税务局，北京市地方税务局.北京关于推广电子发票应用试点若干事项的公告（北京市国家税务局，北京市地方税务局公告 2013 年第

25 号）[EB/OL]. http://www.shui5.cn/article/5c/68707.html

[15] 国家税务总局. 关于推行通过增值税电子发票系统开具的增值税电子普通发票有关问题的公告（国家税务总局公告 2015 年第 84 号）[EB/OL].http://www.chinatax.gov.cn/n810341/n810765/n1465977/n1466007/c2061033/content.html

# 后 记

　　在工作中，经常听到会计人员和档案人员提出希望，能有一本专门介绍会计档案工作的参考书。经调研，由于我国专门研究会计档案工作的专家和学者较少，这方面的参考书确实较少。近些年，随着会计信息化的发展，随着电子发票、电子财政票据的推广应用，要求全面贯彻实施新的《会计档案管理办法》，并实施电子会计档案管理的单位越来越多。为了促进这方面的工作，加快电子会计档案管理的实施，使会计档案工作更好地服务经济建设和改革开放，本人逐利用业余时间，将在工作中积累的有关经验汇编成本书。

　　在全书撰写完成之际，首先，要感谢各级领导的关心与指导，感谢广大企业电子文件归档和电子档案管理试点单位在工作上给予我学习的机会；其次，要感谢提供案例的企业及其档案部门领导，这些案例对充实本书内容具有重要意义，感谢业内专家，在书稿形成过程中，大量借鉴并参考了你们的文献，这些文献已列在参考书目中；最后，要感谢在书稿形成过程中帮助我校对、审核的亲人和朋友，正是有了你们的大力支持和帮助，使书稿得以完成。

　　在本书的编写过程中，姚荷英女士做了全书的统稿工作，在此表示感谢。

　　希望本书能为广大会计及档案工作者提供借鉴、参考和启发。

蔡盈芳

2019 年 5 月于北京